中国社会科学院 学者文选

朱绍文集

中国社会科学院科研局组织编选

中国社会科学出版社

图书在版编目(CIP)数据

朱绍文集 / 中国社会科学院科研局组织编选. —北京：中国社会科学出版社，2009.1（2018.8 重印）
(中国社会科学院学者文选)
ISBN 978-7-5004-7396-1

Ⅰ.①朱… Ⅱ.①中… Ⅲ.①经济学—文集 Ⅳ.①F0-53

中国版本图书馆 CIP 数据核字(2008)第 182191 号

出 版 人	赵剑英
责任编辑	吴连生
责任校对	石春梅
责任印制	郝美娜

出　　版	中国社会科学出版社
社　　址	北京鼓楼西大街甲 158 号
邮　　编	100720
网　　址	http://www.csspw.cn
发 行 部	010-84083685
门 市 部	010-84029450
经　　销	新华书店及其他书店
印刷装订	北京市十月印刷有限公司
版　　次	2009 年 1 月第 1 版
印　　次	2018 年 8 月第 2 次印刷
开　　本	880×1230　1/32
印　　张	13.25
字　　数	315 千字
定　　价	79.00 元

凡购买中国社会科学出版社图书，如有质量问题请与本社营销中心联系调换
电话：010-84083683
版权所有　侵权必究

出版说明

一、《中国社会科学院学者文选》是根据李铁映院长的倡议和院务会议的决定，由科研局组织编选的大型学术性丛书。它的出版，旨在积累本院学者的重要学术成果，展示他们具有代表性的学术成就。

二、《文选》的作者都是中国社会科学院具有正高级专业技术职称的资深专家、学者。他们在长期的学术生涯中，对于人文社会科学的发展做出了贡献。

三、《文选》中所收学术论文，以作者在社科院工作期间的作品为主，同时也兼顾了作者在院外工作期间的代表作；对少数在建国前成名的学者，文章选收的时间范围更宽。

中国社会科学院

科研局

1999 年 11 月 14 日

献给亡妻博略

目 录

序言 ………………………………………………………… (1)

第一编 商品价值理论的基本问题

（一）前言 ………………………………………………… (3)
（二）商品价值理论是具体的历史抽象 ………………… (6)
（三）抽象人类劳动的相对性 …………………………… (13)
（四）商品价值如何转化为价值形态即交换价值 ……… (23)
（五）商品交换中的价值规律 …………………………… (29)
（六）生产力与商品价值的关系 ………………………… (40)

第二编 货币的基础理论

第一章 货币的本质及其种种错误理解 …………………… (47)
  第一节 货币的本质 ……………………………………… (47)
  第二节 货币本质的种种错误理解 ……………………… (53)
第二章 货币的基本职能 …………………………………… (72)
  第一节 作为价值尺度 …………………………………… (72)
  第二节 货币的价值尺度与价格标度的混淆 ………… (76)

第三章　中国货币单位名称"元"的价值基础 …………（84）

第三编　反封建的经典经济学

第四章　亚当·斯密与中国的现代化 ………………（107）
　　第一节　《国富论》在中国的传播 ………………（107）
　　第二节　《原富》问世以后 ………………………（112）
　　第三节　亚当·斯密与中国的现代化 ……………（117）
第五章　弗·李斯特的经济理论 ………………………（124）
　　第一节　前言 ………………………………………（124）
　　第二节　历史的教训和历史的方法 ………………（128）
　　第三节　李斯特的国民生产力理论 ………………（132）
　　第四节　物的生产诸力的结构和组合 ……………（140）

第四编　日本市场经济及日本式企业经营

第六章　日本的市场经营 ………………………………（155）
　　第一节　《日本市场经济》季刊发刊辞 …………（155）
　　第二节　第二次世界大战后日本经济的高速增长
　　　　　　及其社会历史条件 ……………………（159）
　　第三节　日本"泡沫经济"的破裂及其教训 ………（171）
　　第四节　日元异常升值：国际通货危机的序幕 …（190）
第七章　日本式企业经营 ………………………………（194）
　　第一节　日本的"经营者企业"的组织形态 ………（194）
　　第二节　日本式企业经营的所谓"三大神器" ……（201）
　　第三节　日本式企业经营的社会经济基础 ………（209）
　　第四节　日本式企业经营的问题 …………………（213）
第八章　日、美企业经营的比较 ………………………（216）
　　第一节　日、美企业经营的特征 …………………（216）

第二节　日、美企业经营的若干比较 …………………（226）
　　第三节　"日本式企业经营"的国际评价——出席东京
　　　　　　法政大学第九次国际讨论会侧记 …………（229）
　　第四节　日、美大中型企业经验给我们的启示 ………（237）
　　附一　《现代日本企业制度》中译本序 …………………（242）
　　附二　《中国经济——日中企业的比较分析》
　　　　　中译本序 ……………………………………（249）
　　附三　"索尼"创始人的用心 ………………………………（251）

第五编　思考中国现代化问题

第九章　21世纪中国经济的高速发展与改革 ……………（257）
　　第一节　学习经典经济学的基础理论与中国的现代化
　　　　　　……………………………………………（257）
　　第二节　发展商品生产与国民经济现代化 …………（265）
　　第三节　流通体制改革要从现实出发 …………………（279）
第十章　翻译与中国现代化 ………………………………（282）
　　第一节　经典经济学的基础理论与中国现代化 ……（282）
　　第二节　《资本论》日本新译本的特色 ………………（288）
　　第三节　《现代日本社会科学名著译丛》总序 ………（289）
　　第四节　《股份公司发展史论》译序 …………………（293）
　　第五节　《过渡时期的经济思想——亚当·斯密与
　　　　　　弗·李斯特》译序 ………………………（295）
　　第六节　《微观规制经济学》译后记 …………………（299）
　　第七节　《消费社会的批判》译后记 …………………（301）
　　第八节　《经济全球化与市场战略——市场原理主义
　　　　　　批判》译序 …………………………………（305）
　　第九节　《可持续经济发展的道路》译序 ……………（308）

第十一章 韩国"出口主导型"工业化模式 …………… (311)
　第一节　依附于国家、出口和外资的工业化 ………… (312)
　第二节　韩国国家资本主义的发展 …………………… (315)
　第三节　韩国出口依存的再生产结构 ………………… (320)
　第四节　韩国进口依存的再生产结构 ………………… (326)
　附：中国经济应"合理性"互补 ……………………………… (333)

附录　日本军国主义"九一八"后对中国东北的经济掠夺
　　（1931—1945年）……………………………………… (340)

作者简历和著述年表 ……………………………………… (406)

序　言

《朱绍文文集》是笔者几十年来为了祖国的现代化，为了研究中国国民经济发展所留下的几篇心得，也是笔者的复兴祖国研究经济的思想。任何一个国家要想求得民族解放，民富国强，成为现代化的国家，屹立于世界强国之林，都必须经过长期的艰苦奋斗，推翻压在人民身上的封建专制势力，否则，人民只有当奴隶，国家也永远不能走上现代文明、民主和富强之路。

《朱绍文文集》共六编。前五编主要是笔者思考如何学习先进国家的经验和教训，特别是要学习人类历史发展不朽的经典理论。现代的发达国家已经进入"后工业化时代"，而我们的国家刚从"三座大山"的压迫下解放出来。一方面，我们既要改革开放，进入全球化的世界，在一百多年来落后的劣势中去谋求生存和发展；另一方面，我们又不能跳跃历史发展阶段，必须要填补在商品生产和市场制度的基础上积极发展民族产业和统一的国内市场的历史发展的空白。

这就要求我们必须在理论上知道现代发达国家所走过的近代发展史的基本过程和经验教训，认真学习亚当·斯密的《国富论》、弗·李斯特的《经济学的国民体系》等经典著作，特别是还要学习马克思的科学分析资本家生产方式的运行规律的《资本论》。笔者的这种认识好像是经院学派学者的书生之见，但由于我们实际上还没有建立起一个自由和民主的公民社会，这就使我们不容易真正体会到这些经典著作的核心精神。这也是中国马克思主义经济学家应该思考的科学发展观。

《朱绍文文集》第一、第二编是叙述马克思《资本论》关于商品生产基本概念和基本规律，以及市场经济中货币的本质问题。这是笔者半个世纪之前写的，早就以为在笔者被错划为"右派"又在"文化大革命"中受尽耻辱的坎坷人生过程中被毁了。哪里会想到，五十多年以后在整理房间的时候，忽然从一个破箱子底下发现了这些稿子，让我自己找回了几十年的心血。所以，在这里记上一笔，以示庆幸。

《朱绍文文集》的第三编是笔者曾在拙著《经典经济学与现代经济学》中发表过，现在略加增订，编入本集。笔者希望能为青年学子提供一点"老马识途"的作用。

《朱绍文文集》第四编是在1992年中国宣布建立市场经济以后写的。笔者认为，构成市场经济的单位细胞是现代企业，也就是作为宏观经济调控基础的微观经济。企业经营的理论和实践是非常重要的。当时，笔者在这方面没有研究，但感到非常重要，开始学习了符合东方社会传统的"日本式企业经营"的经验与教训，还为此，努力成立了中国社会科学院下属的"日本市场经济研究中心"。该编是笔者对"二战"后日本经济和日本企业经营的学习笔记和论证。

《朱绍文文集》第五编是笔者在不同时期所写的零星文章，其中心思想是以"赤子之情"，热切希望祖国稳步走上现代化的征途，努力向人类现代化的学问和历史经验学习，因而强调翻译的重要性，吸取人类现代科学的精华，发挥后进赶先进的有效功能。

《朱绍文文集》第六编是［附录］，它记录了从1931年到1945年，日本帝国主义"九一八"事件后对中国东北经济掠夺的部分历史实际情况。以警示后人，毋忘国耻，"落后者必挨打"的民族耻辱和牺牲。笔者已九旬有余，来日苦短，无限期待后人，但也鞭策自己不断前进，奋斗终生，以报答祖国人民和父母的养育恩情。这本《朱绍文文集》如能为青年学子提供经济学的基础，不致彷徨，则是笔者的望外之幸。

当前中国的经济形势，已面临亟须稳步转变的关头。改革开放以来，我们采用了廉价劳动力引进外资进行加工贸易的"资源出口主导型"的经济政策，不惜牺牲祖国东南沿海的土地、江河湖海和空气的污染，落得了一个"中国制造"（Made in China）的名声。虽也积累了大量美元储备，但现在国内外形势变了，美元大幅贬值，美国长期双赤字，经济江河日下，"次贷"危机深刻，美国又煽起了贸易保护主义，不断以中国的巨额顺差为由，迫使人民币升值，等等。我们如何稳步转变这种经济形势呢？历史的经验告诉我们，必须发展壮大本国的国民经济，形成国内的统一市场，再不能在沙丘上建立大厦了。

这本《朱绍文文集》的基本精神就是希望能为建立现代国民经济的理论和政策提供若干经典著作中所应吸取的知识。祖国正在发展，但还只是万里长征刚刚迈出艰难的第一步。衷心期待青年学子的批评指正。

朱绍文
2008年5月

第一编
商品价值理论的基本问题

（一）前言

商品生产之所以能得以成立，它必须要以一定的生产力的发展为条件，并在这种生产力的基础上形成了一定的生产关系为基础的。所以，在我们分析商品价值和它的价值关系的时候，首先要从"交换"这个问题开始，因为商品是以交换为前提的。

我们知道交换的形式，不仅是物物交换，或者是通过货币媒介的"买卖"，都是一种变更"物"的所有权的人类相互之间的活动。因此，这种活动就必须要有合乎条件的物品的存在。这种物品必须是存在于人们身体之外，而又能为人们所占有。但是，如果这种自然物不能满足人们的某种欲望，不具有一定的效用或使用价值，那么它就不可能被交换。所以这种被人们交换的物品，必须对我们有用，具有一定的使用价值。既然这种物品具有使用价值，那么，它就必然是我们人类劳动的生产物。否则，它就不能作为价值凝聚物而被交换。

但是，并不是所有具有使用价值的产品都可以进行交换，如果是相同种类的产品，它们之间是不可能产生交换的。同时，即使由于社会分工，出现了可以满足人们欲望的不同种类的产品，如果它的数量，仅是以满足生产者自己的欲望，也就不会产生交换的行为。因此，交换必须要有一定的剩余产品的存在为前提，因而交换是要以一定的生产力的发展为基础。

然而，单单只有一定程度的生产力的发展水平，只有剩余产品的存在，如果这种剩余产品不是对别人的一种使用价值，也不会发生交换行为。所以一种产品之所以能成为商品，从而必须是满足别人的欲望，这种能满足别人的欲望的产品，才有可能成为商品。

上面所说，商品必须是满足别人需要的人类劳动的产品，这一点只不过决定了产品成为商品的可能性。它要现实地成为商品，还需要在一定的社会生产关系下才有可能。尽管生产出来的产品对别人具有使用价值，但仅仅如此，还不能发生交换。例如，在原始公社时代的交换，在家庭内部的交换，不是我们这里所要讨论的交换。还有，例如在中世纪的时代，为封建领主生产利息谷物，为牧师生产什一税谷物，这种利息谷物和什一税谷物，决不因为是为别人创造的，就可以成为商品。在这里就必须要考虑到所有权的关系。这种对于别人是使用的产品，只有在私有社会或不同的所有者的条件下，交换才能成立。所以作为满足人类物质生活需要的一种制度——商品交换，它一方面要有一定的生产力的发展为基础，同时它又要以一定的所有关系为前提。

马克思曾指出："商品不能自己走到市场上去自己交换"。因此，我们必须找寻它们的监护人，商品所有者。商品是物，是不能反抗人的。如果它们顺从，商品所有者就可以行使权力，那就是可以将它占有。要使这种物品当做商品来相互发生关系，商品监护人必须是有自己意志存在于这种物品的人，从而来相互发生关系，所以一方必须得到另一方的同意，这样依照双方共同的意志行为，才在转让自己的商品时，占有对方的商品。他们必须互相承认是私有者。这种权利关系——不问是不是依法成立的，总归是在"契约"的形式上——是一种意志关系，在这里由经济关系反映出来。这种权利关系或意志关系的内容，也就是由这种经济关系所规定。在此，人是以商品的代表者，以商品所有者的身份来相互对待的。

对于商品所有者来说，商品已经完全不是使用价值的存在，而仅仅把它当做价值——交换价值的负荷体。一切商品，对于它的所有者，是非使用价值，而对于它的非所有者却是使用价值。商品所有者们由于生活上的需要，相互交换他们的商品，所以，从商品方面来说，商品的所有者只不过是商品的监护人，商品这样相互交换其所有者，这即是所谓的"交换"。

所以，商品首先必须是人类劳动的生产品，其次它必须是满足别人欲望的使用价值。这两个条件是属于人类劳动与自然界的关系，换句话说，也就是要以一定的生产力发达水平为它的前提。商品还必须通过交换后才能成为商品，也即是说，要在一定的生产关系下，要在社会分工和一定的所有制的条件下，商品才能够有存在的必要。商品的这些条件是互为前提的，不断地发生着相互间的矛盾运动。只有在这些条件下，当商品交换还是人类物质生活需要所必要的时候，那么，商品交换的运动规律，以及商品价值的规律成为我们必须深入研究的问题。

（二）商品价值理论是具体的历史抽象

商品所有者在进行商品交换的时候，必须给他的商品根据一种标准定出它们的比例关系，那么这种标准是什么呢？例如一斗的小麦与许多种商品以种种不同的比例，如与二磅的鞋油，十丈布或一钱金子等相交换，由于小麦、鞋油、布和金子都各有它不同的效用，可以满足人们不同的欲望，它们自然就可以进行交换了。然而，它们进行交换的比例是如何决定呢？

例如三个橘子和两个苹果，是五个水果，进行交换，在这里橘子就不再是橘子，苹果也就不再是苹果，一定要把这两种不同的水果首先还原为它们共通性质的存在，如果没有这个前提，那么，橘子和苹果就完全是不相同的东西，不能相加也不能相减。例如，我们要计算甲点与乙点距离是多少的时候，如果不把甲点与乙点发生关系，就不可能计算，如果不把甲乙两点当做同一空间中和两个不同的点，那么，这种计算就不可能进行。只有属于同一空间才构成两者距离的单位。所以马克思指出："一个简单的几何学的例，可以把这点说明白。因要决定并比较诸直线形的面积，我们把诸直线形分成三角形。我们再把三角形还原为全然与它的外表形态不同的东西，那就是还原为底乘高之积的1/2。同样，诸商品的交换价值，也要还原为一种共同物，使它们各代表这共同物的多量或少量①"。

如果，我们将三角形A的高为H，它的底边为G，那么A的面积就等于$\frac{H \times G}{2}$。只要任何的直线形可以分解为三角形，所以它的面积都可以用$\frac{H \times G}{2}$来表示。三角形同四边形正如它的名称"三角"、"五角"所表示，显然是完全不同的，但它们的面积则都是$\frac{H \times G}{2}$，在这一点上则是相同的。但这并不是说，因为一个四边形用另一个三角形来表示了，或一个三角形用另一个四边形来表示，从而就说它们是相等了。问题是在于为什么使它们会这样相等。一斗小麦与一百磅铁相等，这只不过表示了单纯的交换的事实。这一事实也只不过表示了一斗小麦要比五十磅铁大，要比二百磅铁小而已，它们相等的这一事实，是不可能单纯地从两者的交换过程的事实中获得说明。如果，我们勉强地来说明，那么，就是小麦等于铁，铁等于小麦，其结果是铁等于铁，小麦等于小麦了，也就要成为A=B，B=A，所以A=A，B=B的结果，这是不能说明问题的。因此，我们这里的问题还是为什么小麦与铁这两种不同的东西，能够相等呢？是不是我们想说投入于它们的劳动量相等呢？这看起来也很有道理。然而人们生产小麦、铁、鞋油、布和金子等，都是不同的具体的劳动，那么，我们没有可能把它们放在同一相等地位的根据；是不是我们想说是根据商品自己的重量呢？但是一斗小麦较二十磅的鞋油，较之十丈布或一钱金子要重得多，而它

---

①　马克思：《资本论》第1卷，郭大力、王亚南译，人民出版社1953年版，第8页。

们却相等。如果一头牛同一两金子相交换，也是同样道理，一头牛远比一两金子要重，但两者却相等。所以一卡特小麦单位的交换价值，它用鞋油、布或金子来表示也决不会有什么变化，所以，它一定具有与表现它的各种方法有所不同的某种内在的东西。①

拿两种商品，例如小麦与铁来说，无论它们的交换比例如何，这比例总可以由一个等式来表示。在这个等式中，一定量小麦与若干重量的铁相等，例如一卡特小麦 = a 百磅铁。这个等式说明了什么呢？它告诉我们，在这两种不同的东西里面，即一卡特小麦和 a 百磅铁中，存在等量的某种共同物。所以两者，必等于其本身既不是小麦也不是铁的某种第三物。小麦与铁，只要是交换价值，就必须同样可以还原为这种第三物。

因此，只要有商品交换存在，就会有 X 量小麦 = Y 量铁的方程式的成立。这个方程式之所以能够存在，那就必须有"小麦 = 铁"的这样一种平等关系。那么，这样一种平等关系究竟是什么呢？它是不能由商品所有者的主观意志来决定的，而必须是社会的客观存在，因此，我们也只有从商品本身的性质中来找寻这种关系的实质。我们知道商品是为满足他人的欲望的人类的直接劳动和间接劳动的产品，这是商品的根本条件。所以交换的标准也就应该从这里来进行考察。马克思把商品的价值，分为使用价值与价值，指出创造商品的劳动具有二重性，即具体劳动与抽象劳动。"这种共同物，不能是商品之几何学的、物理学的、化学的或任何其他种自然的属性。物体的属性，只在它们使它有用，从而使它成为使用价值的时候，方才叫我们考虑。但另一方

---

① 马克思：《资本论》第1卷，郭大力、王亚南译，人民出版社1953年版，第8—9页。

面，诸商品的交换关系，正好是由于抽去它们的使用价值，并能一目了然地表现出来。比例适当，一个使用价值就和任何另一个使用价值完全一样的"。"当做使用价值，各种商品首先是异质的；但当做交换价值，它们只能是不同量的，不包含任何使用价值原子"①。

对于这个问题，即小麦=铁这样一种商品的平等关系，马克思还指出，把商品具体的使用价值丢开来看，它们就还只留下一种属性，那就是劳动产物的属性。但连劳动产物也在我们手中变化了。我们把它的使用价值抽去，同时也就把它的成为使用价值的物质成分和形态抽去了；它不复是桌子，不复是房子，不复是纱，不复是任何别的有用物。一切可感觉的属性都消失了。它不能视为木匠劳动的产物、泥水匠劳动的产物、纺纱者劳动的产物，或者任何一种确定的生产劳动的产物。劳动生产物的有用性质不见了，表现在这些产品内的劳动的有用性质不见了，劳动的不同的具体形态也不见了。它们不复彼此区分，但全部还原为同一的人类劳动②，抽象的人类劳动。现在，我们来考察劳动生产物的这个残余。从它们那里残留下来的，不外是同一的幽灵似的对象，不外是无差别的人类劳动的凝结物。人类劳动又不外是人类劳动力的支出，而不问它的支出形式。所以，这些物品不过表示：在它们的生产上，曾有人类劳动力被支出，有人类劳动积累着。当做它们之间共有的社会实体的结晶，它们便是价值——商品价值。

马克思关于商品价值理论上的这种分析方法，是根据商品

---

① 马克思：《资本论》第1卷，郭大力、王亚南译，人民出版社1953年版，第8—9页。
② 同上。

本身的性质中所存在事实的抽象,是关于事物内在的同一性的问题。是科学的历史的抽象,决不是由人们主观上随意空想出来的概念。这种抽象是实际存在于历史的现实过程之中,只是因为它是一种超感觉的事实存在,不能为人们的"常识"所感觉而已。

商品价值理论上的这些抽象之所以成为可能,是因为生产品必须通过交换才能成为商品,商品是为别人需要的人类劳动的产品,它是使用价值,同时也是价值。但是,这种使用价值已经不是商品所有者的使用价值,在这一点上,它与某一特定的所有者是没有关系的。因此,商品价值就可以从这种关系中被抽象出来。由于商品交换是以一定的生产力的发展水平为前提,是为别人需要而存在的使用价值,这种商品的性质是由客观历史所规定了的。至于商品的使用价值对于商品所有者的欲望没有关系的这一事实,也是客观历史所形成的现象,所以商品价值理论的这种抽象的分析,是从历史的实际存在中的抽象,而不是人们的臆造。

然而,对特定的所有关系来说,事实上的抽象,要依存于所有者的变更和商品的交换,即是说,通过交换,某一种商品的具体形态,转移到与它相交换的另一种商品(或者是货币)的所有者手中,同时生产该商品的有目的的劳动,即具体劳动也转移了。其结果,如果是在独立的简单商品生产者的情况下,留在该商品原来的生产者手中的,只不过是在他的转让了的产品中所耗费的他自己和他家属的若干小时的劳动这一事实而已。如果交换已经不是偶然的事情,而已经是常规的一般的情况,那么,商品生产者所转让的在商品生产中所支出的劳动时间,必然是与商品生产者本人的意志毫无关系,而是要根据当时社会生产力发展的水平。例如,一卡特小麦要花费四十天的时间来生产，在社会生产力没有变化的条件下，那么，小麦的生产者们虽然他们的生产条件不相同，但由于竞争的结果，可以被看做由社会生产力所决定的一定劳动时间的产品。因此，对于每个小麦的生产者来说，他们个人的劳动时间，可以还原为比他个人劳动时间有时会多，有时会少的，除去例外，与他个人劳动时间是一种不相同的一定的社会劳动时间。这种还原了的社会劳动时间，是以另外一种一定量的商品，当做转让该商品的代价来表现。如果是货币，那么就当做金子若干，可以与任何其他商品来自由交换。

我们知道社会生产力的一定程度的发达，是使用价值对他人需要而存在的条件，同样地，商品交换是商品价值得以存在的必要条件。这里我们所指的劳动，是指超感觉的人类劳动一般，是抽象的劳动，然而，这种抽象的劳动是在一定生产关系下的人们交换行为的结果。商品形态是被当做这种抽象的人类劳动的物化形态。它们因此就被视为在质上相同，在量上有所差异的存在而已。因此，就形成商品相互关系和形成商品生产者相互关系的内容。马克思把商品中的劳动区别为抽象劳动与具体劳动，是他对政治经济学的伟大贡献。马克思经济学的这种抽象，是与商品性质密切相连的。

马克思在1867年8月24日给恩格斯的信中曾说过，我的书的最好的地方，"那是对事实的全部理解的基础"，立即在第一章[①]，指出了劳动的二重性，它表现为使用价值，又表现为交换价值。所以，商品中的所表现的劳动的二重性，是马克思天才创见。马克思指出，"商品原来是对我们表现为一个二重物，其使

[①] 马克思：《资本论》第1卷，郭大力、王亚南译，人民出版社1953年版，第8—9页。

用价值和交换价值。以后，又会明白，劳动在它表现为价值的限度内，它就不会再有把创造使用价值时所有的那些要素特征。商品中包含的这个劳动二重性，最先是由我批判地论证的。因为这一点是政治经济学的理解的枢纽点"①。

---

① 马克思、恩格斯：《〈资本论〉通信集》，郭大力译，上海读书生活出版社1939年版。

（三）抽象人类劳动的相对性

抽象的人类劳动是马克思价值理论的根本概念，它是价值的实体。这种抽象的人类劳动，是经济社会中的实际存在，每日进行的商品交换价值中的历史事实。并不是人们主观的随意虚构。关于劳动时间决定价值这一问题，马克思曾指出："一个使用价值或财货有价值，只因为有抽象的人类劳动，对象化或物质化于其中。那么它的价值量如何测量呢？只有由价值的实体——劳动的量去测量。而劳动量是由劳动时间去测量的，劳动时间又用一定的时间部分，例如小时、月等去测量。"[1]

然而，要测量价值的量只有在价值单位定了之后，才有可能。它要还原为一定的劳动时间，所以一种商品的价值量它不是直接地由生产它所支出的个人的劳动时间所决定，而是将个人的劳动时间换算成为形成价值单位的劳动时间。这种换算也即是根据社会的必要劳动时间来测量商品的价值。因此，测量商品价值的时候，首先要研究它的价值单位的劳动性质。

---

[1] 马克思：《资本论》第1卷，郭大力、王亚南译，人民出版社1953年版，第10页。

马克思在《资本论》中对于这种形成价值单位的劳动性质，曾指出："它是社会的平均劳动力的支出"，"或社会的必要劳动时间。"如果从它的内容来分析，那是简单劳动的支出。平均地说，每一个普通人，虽没有特别的发展，在他的身体的机体中，也有这种劳动力[①]。换句话说，这种劳动力也即是一般人类基本的，人类大脑、肌肉、神经、手等器官的支出。商品当做价值来说，都是这种简单的人类劳动的体现。各个个人的具体的人类劳动，有的是复杂的，有的是简单的，决不会一样。对于复杂的劳动只是简单劳动的集积，它可以分解为简单劳动。在实际的商品市场中，复杂劳动的产品是被计算为后者的好几倍的价值。因为复杂劳动只被看做是强化了的或加倍的简单劳动。

因此，当做价值单位的人类劳动，在理论上，我们可以把它理解为这种简单的人类劳动。然而，我们的问题并不是单纯地当做生产品的商品，而是当做价值存在的商品。普通人类劳动的支出，不问何时何地，它都是有目的的，都是当做生产品的使用价值而出现的，并不是作为价值而表现的。这种不当做价值表现的人类劳动是不能形成价值单位的。因此，我们要问，那么，在什么样情况下简单劳动才成为价值量的单位呢？如果我们不能回答这个问题，我们就不能明确当做价值单位的人类劳动的性质。

我们不能因为简单的人类劳动是单纯的人类劳动力的支出，而就把它当做单纯的一般的劳动，也不能因为人类劳动的支出，不外是劳动时间，而就把它当做为任何普通意义的劳动时间。如果这样，那就会引起人类与动物、人类与机器之间没有区别了。如果这样，岂不是要连家属的劳动、自然力和机器力等，也将要

[①] 马克思：《资本论》第1卷，郭大力、王亚南译，人民出版社1953年版，第18页。

成为价值的创造者吗？如果，我们把人类的劳动时间理解为任何的劳动时间，那么，生产的期间、流通的期间、消费的期间（如产品的耐久的期间、消费的延长等）、单纯的时间的继续，也将要成为价值的源泉了。所以这种看法和认识是完全错误的。

我们首先应该肯定：劳动是人类劳动，劳动时间是人类的劳动时间。为了明确当做价值单位的人类劳动的性质，我们就必须要进一步具体地来考察人类劳动，来考察劳动时间的内容。人类劳动当然首先是个人的劳动，离开了个人劳动就不可能存在。而任何个人都是在社会内部生产的个人，所以个人的生产，也是由社会决定了的个人的生产。这样的人类和人类劳动，它就会与作为商品生产社会现象的价值保持着一定的关系。

既然任何个人都必须是在一定的社会关系下支出他的劳动，所以，这种劳动也总是由社会所规定了的个人的社会劳动。那么，在一种什么社会关系下的个人劳动才是创造价值的劳动呢？在奴隶和封建社会下的奴隶和农奴的劳动，在共产主义社会里的人类劳动，他们虽然创造使用价值，但却不创造价值。例如，在古代的家庭手工业内，妇女们不生产上衣的交换价值，但却生产了上衣的使用价值。

只有在商品生产社会中，生产商品的个人劳动，才是一方面创造使用价值，同时也创造价值。在商品生产社会中的个人的劳动，一般的，是在分工和私有财产关系下的个人的劳动，在这样一种关系下，人们一方面彼此相互分离着；另一方面，彼此又相互地依存着。人们为了彼此满足生活上的需要，就必须彼此交换他们的特殊的具体劳动。然而，各个个人都是私有权者，并不是属于一个集体的共同体之中，所以他们的劳动就不可能直接相交换。他们必须为他人而劳动，但都又不可能直接地来这样做。解决在生活上的这种矛盾的唯一方法，就只有交换产品来代替交换劳动力了。通过交换私人的产品当做社会的产品，从而成为商品，于是花费在其中的私人的个人劳动，就当做社会总劳动的一分子，物化在商品当中，在这里，人类个人劳动，就当做抽象的人类劳动而形成为商品价值。在这样的社会里，每个成员的劳动，只有作为商品价值的存在才可以在社会上相互结合起来，所以各个人的相互之间的社会关系，也就当做商品相互的关系表现出来。

由于商品价值是对象化在物体中的人类劳动，所以，它就不是作为物体的商品所固有的性质，不是物体本身所现实包含的人类劳动，只不过是个人的劳动当做社会的劳动以取得社会的存在的一种方法。人类劳动产品只有在这种存在形式下，私人的劳动就获得社会的普遍性的存在，从而取得它的等一性。所以我们说商品价值的平等性，并不是主观的或事先已经存在的前提，而是通过商品交换的过程所形成的结果。关于这一点，马克思曾在资本论中指出："如果一个商品的价值，是由其生产期间支出的劳动量决定，或许有人会以为，一个人越是懒惰，越是不熟练，他的商品将越是有价值了，因为它的完成需要有更多的劳动时间。而形成价值实体的劳动，是等一的人类劳动，是等一的人类劳动力的支出。"①

我们说价值本身是抽象人类的劳动，并不是个人的任何随意的劳动，都是创造价值的劳动。当然没有个人的劳动，也不可能有当做价值单位的劳动，但是后者并不即等于是前者。因此，当我们要测量由个人劳动的支出而成的商品价值量的时候，必须事先把个人的劳动还原为平等的单位，那么，这样人类劳动又是怎

---

① 马克思：《资本论》第1卷，郭大力、王亚南译，人民出版社1953年版，第10页。

样一种劳动呢？又如何将个人的劳动还原为等一的人类抽象劳动呢？

马克思说："社会的总劳动力，表现为商品界全体的价值的，虽然是由无数个别的劳动力所形成，但在此，是被看做一个同一的人类劳动力"[①] 这就说明了凡是生产商品的各个个人的劳动，是当做商品社会总劳动力的一部分，才成为价值，也才成为同一的抽象人类劳动。然而，个人的劳动要成为社会的总劳动的一分子的话，它的劳动生产物首先必须能满足社会上的需要，要以商品的交换为前提。在交换中，首先成问题的是商品的使用价值，如果一种商品对于社会不是使用价值，那么，商品所有者从一开始就不可能进入交换。因此人类的劳动，只有在他的生产物能够满足别人的需要时，才是社会的劳动，也就是说，对于别人是有使用价值它才能进入交换。从而，这说明了人们是作为一种能够满足别人欲望的产品的所有者，与别人发生经济关系。在这个关系当中，于是就发生产品交换的标准问题。这种标准当然不是与人们特殊欲望有关联的产品的效用问题，这种标准当然又不可能是属于商品它本身性质以外的东西。这里就出现各人支出于生产的劳动时间问题，但是各个个人的劳动时间，并不能立刻成为共通的尺度。这种各个个人的劳动，必须经过社会上交换双方的竞争，经过平均化的过程而还原为等一的单位。这种平均的劳动，由于时间与地点的不同，当然有所不同，但在一定的时间与一定的空间的条件下，它是一定的。这种人类的劳动，即这里所谓的抽象的人类劳动，是在一定时间与空间条件下的普通常人的生理的劳动力的支出，人们在具体劳动中所付出的特殊劳动，只

---

① 马克思：《资本论》第1卷，郭大力、王亚南译，人民出版社1953年版，第10页。

有在交换过程中才被当做社会劳动的支出而加以平均化的。因此，"每一个人的劳动力，只要有社会平均劳动力的性质，并且当做社会平均劳动力来起作用，在一种商品的生产上，只使用平均的必要的劳动时间，或社会的必要劳动时间，就都是同一的人类劳动力，和任何另一个人的劳动一样。社会必要的劳动时间，是指在现有的社会标准的生产条件下，用社会平均的劳动熟练程度与强度，生产任何一种使用价值所必要的劳动时间。"① 这样，我们可以知道，当做商品价值量中的计算单位的单纯的人类劳动，决不是超历史的观念的个人的抽象劳动，而是商品生产社会这一特定的社会关系下的私人劳动，通过交换的作用，所采取的而且是必然要采取的一种特殊的社会劳动形态。它不是创造使用价值的人类具体劳动，而是一般的人类劳动，把它还原为社会的劳动时间，作为产品交换时的客观标准。所以价值概念是社会的客观存在，决不是人们头脑中主观的产物。

古典经济学派的劳动价值理论，关于这一点是既不彻底又不科学。他们的劳动价值理论中的劳动的概念，是不以交换为前提，因此，他们所主张的作为价值计量单位的劳动，是主观的存在，而不是严格意义上的社会的客观存在。这是主观主义的劳动价值论。马克思在《雇用劳动与资本》中早就指出："人们在生产中不仅影响自然界，而且自己也互相影响着。他们如果不用相当方式结合起来，共同活动和互相交换其活动，便不能从事生产。为要从事生产，人们便要发生一定的相互联系和关系；只有经过这些社会的联系和关系，才会有他们对自然界的关系，才会

---

① 马克思：《资本论》第1卷，郭大力、王亚南译，人民出版社1953年版，第11页。

有生产。"① 而古典学派的价值理论，虽然在分析交换过程的现象时，深入到最普通的最简单的经验的事实，深入到人类与自然界的关系的劳动过程，但却忽视了人类与自然界的关系经常是在一定的人类社会相互关系中来进行的这一事实。只有在社会分工和私有制的特定社会关系下（在社会主义社会里由于生产方式存在有两种基本形态：一种是国家的全民的形式；另一种是不能叫做全民的集体农庄的形式），生产品的交换才成为必要的，只有以交换为前提，产品才能成为商品，也只有支出于商品这种生产品中的劳动，才成为价值。因此，在我们考察价值的时候，如果我们不考虑到个人在其中从事劳动的特定的社会关系，那么，我们就会把创造价值的劳动，单纯地归为抽象的孤立的个人劳动。这样，就把创造价值的劳动与创造使用价值的劳动之间的区别完全抹杀了。如果这样，那么一般财物与商品，使用价值与价值的区别也就被取消，同时有商品生产的社会与其他没有商品生产的社会之间的区别也将不存在了。像这种只从生理的意义中来理解劳动的概念，将把商品生产的劳动与一般的生理的劳动相混淆了。所以，有人把保姆的劳动、警察的劳动，都认为是创造价值的劳动了②。

本来物质生产对于人类社会来说，在任何社会制度下都是必要的，不可避免的，否则，人们就不能生存下去，所以社会上的人类生活必需的生产品，都是由社会的人类劳动的支出的结果。

---

① 《马克思恩格斯文选》（两卷集）第 1 卷，外文书籍出版局（莫斯科）1954年版，第 67 页。
② A. 斯密在《国家论》第二篇第三章开头："论资本的积累即关于生产的劳动与不生产的劳动"中，曾指出在不生产的劳动中，除佣人以外，还有那些属于最受社会尊敬的阶级的人们的劳动，例如以国王为首的当权者，伺候于他的文武百官、海陆军人……还有牧师、律师、医师、文人、艺人、音乐家等都属于不生产的劳动者。

这种物质生产的方式却不外是社会的人类劳动影响自然界的劳动过程。但是在没有商品生产的社会里，劳动产品，它的自然形态就直接是社会的生产品，而且支出于该生产的个人的劳动时间也就直接是社会的劳动时间。在这里，个人的劳动才从一开始即是社会总劳动的一分子。而在有商品生产的社会里，个人劳动的产品只有通过交换，才现实地被认为它具有社会的性质，支出于其中的个人的劳动时间只有通过交换，才现实地成为社会的总劳动的一分子。这是商品生产的根本特征。只有我们把握了商品生产的这一根本特征，我们才能从历史的发展过程中来考察商品价值的性质，才能够认识到在它的一般的抽象的性质之中，看到它的社会的历史的特殊性质。

交换在历史上很早就有了，可以一直追溯到交换成立以前的时代，即私有制以前的社会。在原始公社里，一个共同体对另一个共同体，它们都是自然的排他的占有，是一种财产制度，但在它们之间，存在着自然的分工，因此，也就会发生交换的条件。马克思说："商品交换是在一个共同体的尽头处，在一个共同体与其他共同体，或与其他共同体的成员相接触的地方开始。""但物品一经在对外生活上成为商品，它就会有反应作用，以致在对内生活上也成为商品。交换的量的比例，当初纯粹是偶然的。它们之所以能相互交换，那是由于它们的所有者的意志行为，把它们相互转让的。"由于这种交换不断的反复，使交换成为一种规则的社会过程。在时间的进行中，至少有一部分劳动产品，是有意地为交换的目的而生产的。从这时起，一方面说，各种物品为直接需要的效用和它们的可以交换的效用，就区分开了。它们的使用价值与它们的交换价值就区分开了。另一方面，它们相互交换的量的比例，则依存于它们的生产自身。习惯地把它们当做价值来固定①。

上述这个关系中,我们可以看出,虽然社会生产关系总是要依存于生产力的变化而发展,但社会的生产关系对于生产本身也是要发生影响的。经济生活是一个不断循环的过程。交换虽然是由生产所规定,但它又会作为生产的条件,而影响生产自身。这种相互关系的发展,商品价值从使用价值中独立了出来。商品价值这种历史发展的结果,因此,随着交换的发展,生产也就不是单纯的劳动过程,它同时是价值形成的过程,人类劳动成了创造使用价值的劳动,同时又是创造价值的劳动。在这里马克思曾指出:"我们在本章之始,曾依照普通的说法,谈商品是使用价值和交换。严格说,这种说法是错误的。商品是使用价值(或使用对象)和价值"。一个商品,只要它的价值采取一种特别的与其自然形态相关的现象形态,即交换价值的形态,它就表现为这样的二重物了。在孤立的考察下,它是没有这种形态的。要有这种形态,它就必须和第二种不同的商品发生价值关系或交换关系②。

然而,价值的量却不会由于交换而产生增加或减少的。虽然只有经过交换,劳动才能获得作为一般的人类劳动,才能取得商品价值的品质;只有经过交换,人类的简单劳动或抽象的人类劳动,才既不是创造使用的具体劳动,又不是各个生产者在具体劳动中所支出的个人的特殊的劳动时间。当然,没有个人的劳动,就不可能有一般的抽象的人类劳动,但是,不是具体个人的劳动力的支出,即是历史地属于一定生产方式下的各个个人相互之间

---

① 马克思:《资本论》第 1 卷,郭大力、王亚南译,人民出版社 1953 年版,第 74 页。
② 同上书,第 38 页。

必然出现的意识的活动结果。所以我们考察商品价值,是以交换为前提,是以分工和私有权制度为基础的。也即是说是在一定的具体的生产方式下来考察的。商品价值的这种抽象的普遍性问题,只有在这种具有矛盾的社会关系下才会发生,也只有从这种矛盾的基础上,才能正确地理解它。

我们理解创造商品价值的劳动,为何以及如何地不同于创造使用价值的劳动,这一点对于我们在分析作为价值形态发展的货币或资本的本质时,指出它们并不是单纯物体,而是一种社会生产关系的物化形态,不过是为物体所掩盖了的社会生产关系。如果我们不是在一定的生产关系的矛盾基础上,来认识商品价值的性质,那么,我们就不可能来批判货币和资本的更加扩大了的矛盾本质了。

边际效用学派,他们发现了作为价值单位的边际效用,在这一方法中他们是区别单纯的供需学说的;但是,马克思、恩格斯的劳动价值理论指出,抽象的人类劳动,或人类的一般劳动或平均劳动是当做价值的单位的,这与古典学派的劳动价值论有根本的不同。作为商品价值的单位这一点,边际效用与平均的人类劳动,有类似的地方,但是边际效用与人类的平均劳动,是完全不同性质的存在,前者是主观的虚构反应,而后者是在一定的生产方式下,从矛盾的社会关系中所产生出来的,是社会的必然发生的结果。虽然,人类抽象与平均劳动是超感觉的存在,但它是由于人类在生活的需求中,经过交换的实践,解决社会生活矛盾的一种社会方式,所以,它是具有社会普遍性的客观存在。

（四）商品价值如何转化为价值形态即交换价值

上面我们分析了马克思关于商品价值的概念是具体的，一般人类劳动的结晶，它是抽象的存在，人们肉眼是看不见，也是摸不着的。所以列宁曾经说："价值是没有感性材料的范畴，理解它比供求规律更具有真理性。"但商品生产是为了交换的，如果没有交换，那么支出于商品中的人类抽象劳动，即商品价值的实体，就不能成为价值，也就是说这种价值的实体也就难以实现。在货币成立以前，交换是物物交换，而由于社会分工的发展和交换的扩大，在私有权者的社会里，当一种产品与另一种产品相交换时，在它实现其价值以前，它首先必须是作为价值的存在。在社会分工发达和交换扩大的社会里，人们就遇到了物质生活需要的困难，于是商品价值就要转化为交换价值的形态，这种转化为价值形态的过程和发展，是交换过程必然的发展，也是货币结晶必然性的结果。这种商品价值的历史的逻辑的必然发展的过程和形态，并不是由于某个人的天才的发现或发明，而是由于商品生产者在交换过程中，相互实践的结果。例如一卡特小麦不仅可以与二百磅铁相交换[①]，它还可

[①] 本书所采用的数字和计量单位，仍保持作者当时撰写时的用词（下同）。

以与两磅鞋油与十丈布或一钱金子等其他的生产物的一定分量相交换。如果这样，那么人们支出于小麦生产中的劳动，就可以成为无差别的一般人类劳动。当然它在交换之前，并未能成为价值，也不能作为价值而实现的。然而一旦当小麦这一生产物与鞋油、布、金子等其他商品世界的无数种类的生产物相交换的时候，在它们的反对关系中，铁、鞋油、布、金子及无数其他的生产物，就必然地要与小麦这一唯一的生产物相交换。在简单的交换形态的情况下，价值形态的表示是这样的。

（A）　　　　　一卡特小麦＝五磅铁

交换发展扩大了，那么它的发展了的交换形态，就是这种简单的交换形态的集合，才是扩大了或发展了的价值形态的表示就如下式了。

（B）　　　　　一卡特小麦＝二百磅铁

　　　　　　　　一卡特小麦＝二磅鞋油

　　　　　　　　一卡特小麦＝十丈布

　　　　　　　　一卡特小麦＝一钱金子

如果（B）的交换形态成立了，在它们的反对方面，必然会有下式的倒转过来的交换形态的成立。所以就出现了一般的价值形态。

（C）　　　　　二百磅铁＝一卡特小麦

　　　　　　　　二磅鞋油＝一卡特小麦

　　　　　　　　十丈布＝一卡特小麦

　　　　　　　　一钱金子＝一卡特小麦

这（C）的一般的价值形态，如上所示，是已经包含在（B）的形态之中的。既然（C）的交换形态必然地成立，那么，商品世界的许多其他种类的商品就可以在这"唯一"的商品小麦当中，在"同一"的小麦商品当中，"简单地"而且"统一地"，从而"一般的"表现出来了。即是说，由于小麦商品与其他无数的商品相交换，它就能化成为商品世界的一般的价值表现形态的物体了。马克思在说明一般的价值形态的时候，指出："现在，商品的价值表现，（1）是简单的，因为是表现在唯一的商品上；（2）是统一的，因为是表现在同一的商品上。它的价值形态是简单的，统一的，所以是一般的"[①] 这种转化成为商品世界的一般的价值表现的物体的商品小麦，于是就获得在一新的交换以前，它就具有作为价值物体的性质，具有一种特殊的社会机能。诸商品于是先通过与小麦的交换，表现为在质上一样，只是在分量上不同的存在，彼此即相互作为价值而交换，但我们要注意，诸多商品并不是由于与小麦交换后才成为价值的，实际上诸多商品已经现实地相互作为价值而交换了，在这里，只不过把某一特殊的商品，例如小麦作为共通的外在的尺度。这是由于商品价值规律的结果，也是由于一定的社会生产关系的必然结果。所以研究价值和货币问题，只有从社会关系的矛盾中去寻找说明，有商品生产就必然要有货币的存在，否认货币的存在是一种空想。

至于哪一种商品能够担任货币的任务，最初完全是偶然的。在交换初期作为货币商品的是在共同体相互交换中形成的，一个共同体作为其产品的代价而接受的外来商品中最重要的东西，或者是共同体内部的动产中主要的使用对象。例如家畜，在历史上最早发展其货币形态的是游牧民族。因为游牧民族与另一共同体相接触的机会比较多，而且这种民族的所有物多数是由动产所形成，它们是容易转让的东西。在古代罗马、希腊时代，奴隶是一

[①] 马克思：《资本论》第1卷，郭大力、王亚南译，人民出版社1953年版，第45页。

种动产，与游牧民族的所有物一样，是比较容易转让的，所以奴隶曾经也被视为原始的货币的材料。把不动产当做货币材料的是在交换经济十分发达以后的事情。至于把不是人类劳动生产物的土地虚构地视为货币材料的观念，是在17世纪末的时候才发生的，在18世纪末法国资产阶级革命中，才曾有人尝试在全国规模内来实行。

现在家畜、奴隶、贝壳等货币材料由货币商品黄金来代替了，那么（C）的表示形态就成为下列的表示形态了。

（D）铁 二 百 磅
鞋 油 二 磅 = 一钱金子
一卡特小麦

上面的（D）表示的形态，在本质上与（C）的形态是没有区别的。从（B）的形态到（C）的形态的转化，是分量的品质化，是历史的发展的"飞跃"。但是从（C）的形态到（D）的形态的发展，则只不过是习惯的关系。如果说这里还有某类历史进步的话，那只不过是由于社会的习惯，商品其余的自然形态，成为最高的货币的材料。"金与银非天然货币，但货币天然为金与银"[①]，这句话无非说明金与银是等质的，可以分割、合并，最能合适地成为价值的现象形态。

马克思告诉我们这些价值形态的发展，表示了各个历史的发展。第一种形态的价值方程式，这种形态，实际上，要在劳动生产物是由偶然间的或交换转化为商品的初期社会，方才会发生。至于第二种扩大的价值形态，实际是发生在有一种劳动生产物（例如家畜）不仅偶然并且经常被用来和其他种种商品相交换的

[①] 马克思：《资本论》第1卷，郭大力、王亚南译，人民出版社1953年版，第76页。

时候。到了第三个一般的价值形态，这个形态，才使各种商品，实际当做价值相互发生关系，或相互当做交换价值来表现①。

如上所述，在一定的生产关系下，支出于生产品中的人类劳动，必须通过与另一种生产品相交换，才成为价值，而价值形态又必须经过交换的发展过程，必然地结晶为货币形态。由于价值从特殊的商品形态，发展成为一般的等价形态的货币形态，于是，人类劳动当做一般的抽象劳动，就完全从人类关系中独立化了，这种独立化实际上不外是所谓生产关系的物化。

既然货币成立了，生产关系物化了，需要生产者于是就在自己的商品投入到交换以前，先在观念上与货币相联系，一个商品（例如麻布）的简单的相对价值表现，只要是表现在已经当做货币商品的商品（例如金）上面，就成了价格形态。价值是不能离开价值形态的，价格是用货币来表示物化在商品中的人类劳动。作为价值的人类抽象劳动，虽然在感觉上是不可知的，但是，由于它可以通过与货币商品的金或银的一定分量的关系，可以知道它是作为社会劳动的一分子，它是价值。商品的所有者为了表示他的商品值多少，他就采用镑、先令、便士、元、角、分等名称，来表示商品的价格。这种名称是由社会或国家所规定的价格标度，是计量单位。这种当做价格标度的金或银的一定分量，是以金或银它们已经是成为货币为前提的。这应该与作为货币商品的金或银的一定分量相区别，因为前者是作为货币的金或银的重量单位，后者是它本身当做社会劳动的体现物，它是价值尺度。货币在执行价格标度的机能的时候，它最好是不变的，但当它在执行价值尺度的机能的时候，就没有这种必要。因为即使

---

① 马克思：《资本论》第1卷，郭大力、王亚南译，人民出版社1953年版，第94—96页。

金子的价值跌落了百分之一百，而十二盎司的金子的价值，依然是一盎司金子的十二倍。同时作为货币的黄金的价值的涨落，在一定的条件下，对所有商品的价格，是一样地发生作用的。因之，商品的相对价值是没有变化的。作为价值尺度的货币，它是可变的，但这并不影响货币作为价格标度的机能和作为价值尺度的机能。一般的情况，商品价格只能在商品价值提高，货币价值不变，或货币价值跌落，商品价值不变时，一般提高起来。反之，商品价格也只能在商品价值跌落，货币价值不变，或货币价值提高，商品价值不变时，一般降落下来。所以我们不能说，货币价值提高，一定会引起商品价格的比例的跌落，货币价值跌落一定会引起商品价格的比例的提高。这种说法，只适用于价值不变的商品。例如，一种商品，如其价值与货币价值同时并依同比例提高。就会保持不变的价格。如果它的价值比货币价值涨得更慢或涨得更快，它的价格的跌落或提高，就要看它的价值变动和货币的价值变动间的差额来决定[①]。

[①] 马克思：《资本论》第1卷，郭大力、王亚南译，人民出版社1953年版，第87—88页。

（五）商品交换中的价值规律

货币的成立和通过货币的交换，虽然克服了在物物交换情况下的场所的、时间的以及个人的限制，但是这种克服矛盾的方法只是使商品中内在的使用价值与价值之间的矛盾，转化为"买卖"这一特殊的运动形式。对于私有制下的商品生产者社会里的生活上的矛盾，并不能因此而被完全克服。因为这种作为商品内在矛盾发展的结果的"买卖"行动的形式，实质上，不外是作为商品生产中的生产力与生产关系相互矛盾的进一步的扩大和发展。

我们知道，如果商品对别人不是使用价值，它就不可能作为价值，如果它不是价值，它就不可能得到代替自己的使用价值。所以，商品是否与一定的使用价值相交换，决定于商品是否当做价值而被实现。商品的价格是尚未被实现的商品价值的货币表现，在它尚未与货币相交换的时候，它就是观念的存在，只有在商品被出卖了以后，商品价值才现实地作为一定的货币量而被实现。商品被卖了这一事实，实际上所说明的只是作为一般人类劳动体现物的货币的一定数量，代替了使用价值的一定量，同时也是货币的一定量被使用价值的一定量所代替。这即是所谓"商品的转型"。没有买方的卖方是不存在的，没有卖方的买方也是不存在的。被卖了（W—G）①也即是被买了（G—W），被买了（G—W）也必然是被卖了（W—G）。在以货币为媒介的交换条件下，卖者是以买者、买者是以卖者相互为前提。否则，交换就成为物物交换了。因此，"买卖"是一个不断的循环过程（W—G—G—W，G—W—W—G）。

在这里商品循环过程，是由货币所媒介的，作为商品循环的媒介的货币，是流通手段。货币随着商品的转型，从甲转到乙，这即是货币流通。但商品并不是因为先有货币流通而转型的，相反的，正因为商品转型而货币才流通的。商品转型是第一性的，货币流通是第二性的存在。事实也是如此，因为商品在它转型而现实地被实现为货币之前，已经用货币的一定量作为它的价格在观念上表示出来了。所在一定期间商品流通所必要的货币量，在货币价值一定的条件下，决定于商品的总价格，总价格大，则需要货币量就多；总价格小，则需要货币量就少。商品的总价格是随着商品总量的增加而增加的。所以货币量也就不得不随着商品总量的增加而增加。但是如果商品流通的速度更为加速了，那么，作为媒介手段的货币就可以用更少的量来完成任务。因此，我们可以说：一定期间的货币必要量，在货币价值一定的条件下，是与商品价格及商品量成比例，而与货币流通速度成反比例的。

如果我们分析为什么商品的买者对于另一种商品愿意支付更多或更少的货币，这是因为在卖者和买者的自由意志之外，存在着一种客观规律的关系支配着他们。但是由于货币成立了，卖者与买者的地位在一定范围内，带有独立性了，于是支配他们相互

---

① W 代表德文的 Ware，商品的意思；G 代表德文的 Geed，货币的意思。

关系的事实为物的外衣所掩盖，渐渐看不到了，于是引起了人们思维的颠倒现象，在这种颠倒的思维的形式中，商品好像不标有价格，货币好像是本身没有价值而进入流通界的。

这种观点的看法只不过是将商品和货币简单地只作为使用价值看待，从而将商品流通与物物交换不加区别等量齐观的结果。然而，以货币为媒介的商品交换并不是物物交换。如果是在简单的物物交换的场合，甲对乙的产品欲望，要受到甲对乙所付出的交换手段的限制，同时由于这种交换的手段又不外是乙本身的剩余产品，如果我们把这种情况用供求这句话来表现的话，那么，在物物交换的场合，需求直接就是供给。但在以货币为媒介的商品交换中，买卖没有任何理由需要像物物交换那样统一起来的。首先，让我们先从卖方来说吧，例如有一人是铁的生产者，他将使用价值与价值的统一物的商品铁若干吨，以若干的价值提供给市场，这时他是作为对别人的使用价值的铁的卖者，是铁的供给者，同时他又是对象化在铁当中的价值的供给者。作为使用价值的铁的分量与对象化在其中的价值之间，也是没有直接的关系的。所以，当铁的供给量超过需求的时候，作为价值的货币形态的价格就在价值的以下被实现，因为铁的卖者，他不能强求铁的买者的需求的。其次，再让我们从买者方面来考察一下，商品的买者是货币的所有者，如果我是买者，握有货币，那么必然在这以前，不是我自己就是第三者是商品的卖者，不然我就不会有货币。但是这并不能说因为我卖出了，就需要立刻去购买，同时作为买者的我对于一定商品的需求，也不能完全由商品的供给数量来决定。如果价格高了，我就少买一点；如果价格低了，价格就要在价值以下被实现，如果买得多了，则可能要在价值以上被实现。所以，由于这样一种关系，从卖者方面来说，价值与使用价值没有直接的关系，从买者方面来说，价值与使用价值和实现了的价格之间,也没有直接一致的理由。因为卖出了不需要一定要立刻购买,这种买卖过程,也可以说供给与需求的关系,呈现为在商品流通过程中商品所有者与货币所有者之间相互矛盾,和它们相互关系的矛盾运动的辩证的统一。如果我们以为买卖过程中具有内在的统一性的话,那么,岂不是要把以货币为交换媒介的商品交换的特征抹杀掉了吗?因为通过货币的交换,绝不是单纯的物物交换,它标志着商品生产的价值与使用价值的矛盾的发展,而在直接交换的情况下,每一次交换都是孤立的,卖与买是无法分开的。而在通过货币来进行交换的时候,即在商品流通的情况下就不同了,商品生产者之间有各方面的联系,他们的交易不断地交接在一起,它使买同卖可以分开,这样,商品生产的矛盾,正由于货币的出现而更加扩大和发展了的缘故。

在私有商品生产者社会里,一种商品,不问它是懒惰者长时间的劳动成果,还是勤劳者的较短时间的劳动成果,都要自发地在市场上还原为同一的价值单位。如果在商品交换中,甲小麦生产者愿意以一卡特小麦与二百磅铁进行交换,而同一种小麦的乙生产者就不可能坚决要求交换三百磅的铁,也必然急急忙忙地以二百磅铁的代价来交换。否则,他的小麦就不能成交,就不能被实现为商品了。所以在商品交换中,个别生产者的劳动就这样在社会上自发地平均化了。在这里卖者相互之间,买者相互之间以及卖买双方之间,都是处在充满了矛盾的运动之中。然而,商品交换虽然是商品价值赖以成立的条件,但是,它却不能对商品价值的分量有任何的增减。例如商品小麦的生产者与商品铁的生产者,虽然都在生产时,投下了社会必要劳动时间,但由于交换中的偶然关系,100日劳动时间的小麦可能会与花费100日或120日乃至150日劳动时间的铁相交换。如果耗费100日劳动时间的小麦的生产者与耗费150日劳动时间的铁的生产者相交换的话,那么小麦生产者就会多得了 50 日的劳动时间的价值量了。而铁的生产者就要少得 50 日劳动时间价值量了。相反地，如果 150 日劳动时间的小麦与 100 日劳动时间的价值相交换了，那么小麦生产者就少得了 50 日劳动时间的价值量了，而铁的生产者则多得了 50 日的劳动时间的价值量了。所以，当价值是在一定的场合，在交换中，如果不是一方面受到损失，另一方面就不会有所获得的。这种一方面的损失和另一方面的获得，在问题的性质上只不过是"分配"的问题，它对于社会上所支出的总劳动时间问题不会发生影响的，依然是 100 日加 150 日等于 250 日的劳动时间。在这里，铁归到小麦生产者手中，小麦归到铁的生产者手中，作为使用价值的小麦和铁的效用是更加增大了，但这只是它们的使用价值，而不是作为商品价值。作为商品小麦和作为商品铁的价值，并不会因此而增加，它是同样一种商品它绝不会因为变更了一次或一万次它的所有者，而改变它的价值的分量。商品在通过交换过程所获得的只不过是货币的价值形态。所以，那些以价值量可以由交换来决定的想法，是将价值与价值形态相混淆的结果。作为价值的货币表现形态的价格，在交换中可以在价值的上下而摇摆，但绝不会因此在一定的生产所必要劳动时间条件下而增减其价值。

商品价值不会由于在交换中换取货币形态而发生增减，同样地，也不会由于商品的物的形态的使用价值的关系而发生直接的变化。

然而，在必要劳动时间本身没有变化的条件下，生产品的供给量往往有时是可以增加的，例如一卡特小麦的生产需要 40 日，而十卡特的生产却不需要 400 日，如果按一卡特 40 日的比例，小麦生产者用了 400 日来生产十卡特小麦，供给必然超过需求，小麦的价格就要下跌到价格以下。这种价格的下跌原因是由于使用价值的增加，在这种情况下，虽然生产是花费了必要的劳动时间，但它的价格却下跌到价值以下，这种情况可以说是花费了一定程度的社会上所不需要的劳动。因此在这里，我们要说明一下，社会必要劳动包括两种含义：一种是适应于生产技术发达的程度的必要劳动；另一种是适应于社会需求的必要劳动。这两者之间是未必能够直接一致的。而事实是经常不相一致的。因为在私有商品生产者社会，由于生产的社会性和生产品私人占有的关系，社会的劳动都不可能按合适的比例来进行分配。所以，各个部门间经常是不断发生价格的涨落。在私有制的商品生产者社会中，价格的涨落是表示社会需要更多劳动或更少劳动的标志，生产者根据这种现象来改变他的生产手法和劳动的分配。这种生产者的无意识的努力，即是市场经济的竞争与生产者无政府状态发展规律的作用表现。由于竞争，一方面价值不断地与价格相背离；由于价值规律，另一方面，两者又要不断地向一致的方向活动。这种现象所说明的仅仅是价格不能直接按照价值的大小而实现，对于价值本身的分量并不因此而有所增减。如果由于小麦供给量增加，小麦的价值跌落到价值以下，这种情况在货币价值不变的时候，不过是购买者用体现与以前同样价值的一定量的货币，而获得了更多的小麦而已。如果我们把获得更多的小麦，就马上直接地以为获得了更多的价值，这又是将价值本身与价值形态相混淆的结果了。

通过交换商品所有者所获得的是价值的货币形态，而货币所有者通过交换所获得的是商品的物品形态。那些以为商品形态的分量的增减，就是价值的增减的思想，是19世纪末期自由贸易论者的思想。他们的思想不外乎是说价值结果就是使用价值。重商主义者把商品社会的财富认为是货币，而末期的自由贸易论者则以为是使用价值。所以，他们就主张在贸易上最受益的是经济未开发的国家。一国的利益不在于出超,而在入超。他们认为,消费者的利益是一国的利益。这种主张符合当时英国新兴资产阶级要向外发展贸易的一种骗人的御用理论。他们的根据是把使用价值和人类的消费欲望看做为价值的源泉,他们把货币或交换过程中人类相互关系看做为价值的源泉,他们把商品价值完全看做为单纯的人类意志的自由产物。这正是主观主义论者的价值概念,与科学的马克思劳动价值理论毫无共同之处。这与商品生产社会的客观事实也是完全不相符的。

马克思指出,每一个人的劳动力,只要有社会平均劳动力的性质,并且当做社会平均劳动力来作用,从而在一个商品的生产上,只要使用平均必要的劳动时间或社会必要的劳动时间,就都是人类劳动力和任何另一个人的一样。

接着马克思又指出,所谓社会必要的劳动时间,是指在现有的社会标准的生产条件下,用社会平均的劳动熟练程度与强度,生产任一个使用价值所必要的劳动时间。当然这个条件是随着生产力的变化而不断地变化,所以,只有社会必要劳动的量,或生产一个使用价值时社会必要的劳动时间,决定该使用价值的价值量,马克思完全论证了决定价值的不是主观的因素而是社会的必要劳动。我们还可以用上面的小麦和铁的例子来说明这个问题。如果社会分工只有小麦的生产者和铁的生产者的话,这是不会发生交换的。当小麦与铁发生交换了,这就意味着还有鞋油的生产者、丝绸的生产者、黄金的生产者等职业的社会分工,同时小麦和铁也一定是由持有生产手段的一定人数的个人所生产的。这些个人的生产力,随着它们的生产条件的不同,也就各不相同。即使他们能使用的生产手段、劳动过程乃至自然条件都是等一的话,但劳动者本身各人的熟练和勤勉的程度是不会一样的,何况他们之间的生产条件不可能是完全一样的。虽然我们可以在理论上将一群不同生产条件的生产者们分为下列三种类型：第一类型是在不利的条件下生产的人数（A）；第二类型是在有利条件下生产的人数（B）；第三类型是在平均条件下生产的一定人数（C）。如果我们把它们放在一起来平均一下，其中有利的与不利的就会相互抵消，所获得的是一种平均的中间状态。假使生产一卡特小麦（A）要费 60 日，（B）要费 20 日，（C）要费他们两者的平均数 40 日的话，而在一定时期中铁的生产者对小麦的需要是六卡特，假使其中 40 卡特小麦是由生产条件居中的（C）来供给，其余的 20 卡特小麦由（A）与（B）来供给，那么耗费在小麦总量中的劳动时间是 160 + 60 + 20 = 240 日，那么，每一卡特小麦的平均劳动时间是（240 日 ÷ 6 = 40 日）40 日，这个平均劳动时间是与平均生产条件下的（C）的个人劳动时间相一致的。这时（A）就需要在他的劳动时间以下来出卖，（B）就要在他的劳动时间以上来出卖。这样对于个别的生产者来说，是不考虑人的能力的差别，但从社会的立场来说，（A）和（B）都是被看作为与平均生产条件下的（C）是完全一样的。在这里，个人劳动支出的总数（40 × 60 = 240）是与生产总量和平均劳动时间的积数（40 × 6 = 240）相等的。如果社会需求大部分不是由平均条件下的（C）所供给，而是由（A）或（B）来供给的话，那么，情况将是怎样呢？

可以说需求的大部分，例如 40 卡特小麦是由有利的条件的（B）由（A）或（B）来供给的话，那么情况将是怎样呢？

假如说需求的大部分，例如 40 卡特小麦是由有利的条件的（B）来供给，其余是由（A）和（C）来供给的话，那么全部劳动日是 80 + 60 + 40 = 180 日，它们的平均劳动日是 180 ÷ 6 = 30 日；假如说需求的大部分由不利条件的（A）来供给的话，则全部劳动日是 240 + 40 + 20 = 300 日，那么，它们的平均劳动日就是 300÷6＝50 日了。这种平均劳动日是接近于供给其大部分需求的个人的劳动日，这对于平均劳动日有很大的影响，但与上述（C）的情况不同，这里的平均劳动日与（A）、（B）、（C）三种类型个人劳动日都是不相一致的。这种平均劳动日是在平均的生产条件下，在平均劳动熟练强度的条件下，生产一定的使用价值所必要的劳动时间，也即是所谓"社会必要的劳动时间"。支出于商品生产中的劳动，只要是这种社会平均劳动时间，它是相互平等的劳动，商品的价值量也即由此而决定。

在这里，我们应该指出，在资本主义条件下商品的市场价值的形成，与在简单商品生产条件下商品市场价值的形成是不同的，因为在简单商品生产条件下，社会分工还不够发达，个人劳动乃是个体小商品生产者的劳动。那么，他创造个别价值的劳动是名副其实的个人劳动。所以，在简单商品生产条件下，决定商品的社会价值的社会必要劳动，是在正常的社会生产条件下，在中等的技术水平和劳动强度的条件下，生产商品所必需的劳动。但在资本主义条件下，社会分工和生产专业化都达到了高度的发展水平，在这种条件下制造商品的个别价值的个人劳动已经不是单个工人的劳动了。在这里他们的劳动不是社会必要劳动而是个人劳动，他们所创造的将不是商品的社会价值，而是个别价值。在资本主义条件下，决定商品的社会价值的社会必要劳动，它的社会正常条件可能与具有高度技术水平的企业的条件相一致（如果这些企业占多数的话）；也可能与技术低的企业的条件相一致（如果这些企业是占多数的话）；如可能与具有中等技术水平的企业的条件相一致（如果这些企业占多数的话。）

但是这些事实都不是说价值与交换价值（或价格）直接相一致的。因为商品价值的大小如果是由不利的生产条件下的劳动时间所支配的话，那么，需求会超过供给，价值就会上涨到价值以上。相反地，如果商品价值的大小是由有利的生产条件所支配的话，供给就超过需求，那么，价格就会下降到价值以下。因此，如果在货币价值不变的条件下，在上述情况中，由于生产技术上的关系，生产中所必要的劳动时间与作为购买这些产品时，社会另一部分所支付的货币价值的必要劳动时间，是不相一致的。因此，就发生了以价格高低为中心的买卖相互间的竞争关系。

在上面的考察中，我们是假定需求的总量是固定的。但如果需求是不固定的话，而商品的交换价值（或价格）是由有利的生产条件的 B 所决定的低平均劳动日来决定，那么铁的生产者所需要的小麦可能不是 60 卡特小麦，而是 80 卡特小麦；如果商品的交换价值是以不利的生产条件的 A 所决定的高平均劳动日来决定的话，那么需求可能相反地只有 50 卡特小麦了。这种需求与供给的运动不外乎是在一定的生产关系下的人们相互间的意志活动的结果。这种人们的意志活动决不单单停止在市场的竞争方面，它必然也要引起生产上的竞争。如果我们理解需求与供给关系的运动，不外是一定的生产关系的人类相互关系，必即是人类在一定目的下，相互交换其劳动的一种特殊方式，那么，在资本主义生产关系下，资本家的生产是为了剥削更多的剩余价值，所以他们的关于生产和交换的意志活动，往往要决定于市场的商品的交换价值（或价格）的高低。一方面作为竞争现象的供给与需求的关系，要由商品的交换价值或价格来决定；另一方面，交换价值或价格则又是由供给与需求的关系来决定。因此，供求关系与价格之间的运动关系，就形成了相互影响、互为条件，又相互矛盾，呈现为一种辩证法的统一过程。价格的运动一方面使需求与供给的关系相分离；但同时另一方面，却又使它们趋于一致。所以通过这种价格与供求之间的不断的矛盾运动，我们可以找到平均的交换价值或平均价格（平均市场价格）。这种平均价格是与平均的供求关系相适应的。因此，支配这种平均价格的生产条件，可以用上述（A）、（B）、（C）的三种不同类型中的平均的生产条件下的劳动日来代表。例如一卡特小麦通过交换的过程，不是与三百磅的铁，也不是与一百磅的铁，而是与二百磅的铁相交换，这一比例关系的成立，当然是由于竞争的结果。但是为什么不是交换一百磅的铁，也不是三百磅的铁，而是二百磅的铁，这个数目的内容就不是竞争本身所能说明了。这个数目虽然是由各个商品生产者生产活动的结果，同时它是与一定的生产力发展水平相适应，是与多个生产者的个人意志无关的，而是由一种独立存在的一定劳动时间所决定的，这种社会的必要劳动时间，才是引起市场供求关系中个人意志的背后存在的客观的历史因素。

(六) 生产力与商品价值的关系

　　作为平等关系的价值概念它是商品生产者生产关系的产物，是由于生产资料的所有关系以及在此基础上必然发生的交换关系的结果。但是商品价值的分量，并不是由于商品生产者的生产关系来决定的。我们不可能设想：单纯从生产资料的所有关系中，单纯从交换生产物的过程中，来规定商品价值的分量增减的变化。这种价值量的增减变化，如果没有人们在直接的生产过程中进行具体劳动是不可能的。在生产过程中的人类劳动是有目的地创造使用价值的，人们在创造使用价值的时候付出他们的劳动力。而这种劳动力的支出是决定于劳动生产率的大小。所谓劳动生产率大，不外是指在一定劳动时间内能生产多少使用价值（即生产品），或者是生产一定数量的使用价值需要多少劳动时间。在构成劳动生产率的条件中，特别重要的是劳动者熟练的平均程度，科学和技术的应用，生产过程的社会的组织，生产手段的数量及其运用程度，以及自然条件的因素等，这些因素说明了一个国家的劳动力、科技力和自然力的发达的程度，它们是由所谓"物质的生产力"的发达水平来决定的。一国的劳动生产率或生产条件，是与商品生产者或商品所有者的个人意志无关的独立存在的客观物质条件，因此，作为反映这种物质条件而存在的生产关系的社会必要劳动时间，同样地，也是与这些商品生产者或商品所有者的个人意志无关的存在。如果生产条件没有变化，那么，生产一卡特小麦，即使生产者怎样努力，结果也必须支出在这种物质条件下所决定了的一定的必要劳动时间。然而应该注意的，这种劳动生产力与社会必要劳动时间，并不是直接相一致的。当必要劳动时间是一定的时候，劳动生产力可以不断地发生变化。因为劳动生产力的增加是意味着使用价值的增加，所以，虽然它促使价值的变动，但是并不直接与价值发生关系。在分析商品价值的时候，我们必须注意这种区别。例如，一百个工人由于他们探取个别劳动方式或集体劳动方式，可以使作为使用价值的生产量发生变化；但作为价值，则都是一百日的劳动量。价值的总量并不因使用价值的多少而发生增减的。因为社会必要劳动时间本身并不能直接由表示社会必要劳动时间的物的量的多少来决定的。但是集体劳动的一百日的劳动量与个别劳动的同样数量劳动工人的同量劳动相比，可以分割于更多的生产量，因此，每一单位中所包含的平均劳动的劳动量就要更少。这种现象随着生产条件尤其是科技条件的改进，劳动生产率有了提高，会要不断发生改变的。如果社会需求不变，而劳动生产率增加了一倍，那么，只要以前的一半的劳动量就可以适应以前的需求了。因此，如果物质的生产力变化了，从而劳动的生产率也要发生变化，其结果，社会必要劳动时间也要发生变化，于是商品价值就也要发生变化。所以，商品的价格是与社会必要劳动时间成正比例，而与生产力的发达成反比例。例如一卡特小麦与二百磅铁的生产，它们的必要劳动时间为四十日，由于社会生产力的提高，同量的小麦只要二十日即可以完成生产，那么，小麦生产的必要劳动时间就减成为一半，则在平均条件下的小麦生产者就不可能以一卡特小麦来换取二百磅的铁。如果生产小麦的必要劳动时间没有变化,而与之相交换的铁或其他商品的生产力下降了,它们的必要劳动时间就要增加,那么,也就要出现同样的结果。

所以在私有制商品生产者的社会里,社会必要劳动时间、价值的规律对于社会生产和分配起着调节者的作用,这给商品生产者提供了一个商品生产活动的风向标。在这里,商品生产者的相互矛盾关系获得了一个统一的可能性。

这种价值为社会关系的社会必要劳动时间,如上所述会由于社会生产力的发达而发生变化。但在一定的时间内,一定的空间条件下,是被当做适应于生产力发达水平的生产关系而固定了的,于是商品交换就具备着它们交换的内在尺度,用货币来表示它,作为它们的外部尺度。由于商品价值的这种内在尺度的社会必要劳动时间,就使商品在量上等质化。又由于货币这外部尺度,于是就使商品在品质上可以量化了。货币原是商品交换的自然发生的结果,但当货币一旦出现,商品交换就获得了更大规模的发展与扩大。

由于通过货币交换的买卖的普遍发展,于是人们对于当做商品生产者的生产关系的价值的概念就为物的外衣所掩盖而不容易理解。在人们的"常识"中,往往总以为商品不是因为它是价值而被交换的,而是由于与货币交换了,所以它才有价值。随着货币的本质是什么?成为人们心中不可理解的"谜"以后货币也被神秘化了。那些主张贵金属才是货币的人们。他们把财产私有制永久金属化;而那些认为货币只是单纯的符号的人们,他们则把社会关系的客观必然产物,当做是人类意志的作品。在私有商品生产者的心目中,只有作为商品的货币表现形态的价格,才是他们最关心的问题。他们为了获得最多最大利润,资本家们进行着你死我活的竞争。虽然他们一心想高价出售自己的商品,以获取更多的货币，但是由于竞争者们都具有同样的欲望，都想要成为商品市场中的竞争的胜利者，于是又不得不把自己的商品价格定得比别人低些，他们为了定价比别人低些，但还又要得到更多利益，于是就必须去改进生产条件，降低成本。在私有制下的商品生产者彼此之间不知道别人的生产条件的，要通过市场的商品交换，看别人所提供的商品价格的高低以后，才能够知道别人的生产条件的优劣。所以在私有的商品生产者的社会里，他们是以市场的经验为基础，来开始改进自己的生产条件。在这里我们可以看到，交换反射到生产方面，生产的扩大或缩小，是以市场价格的高低为标准来进行的。所以，私有商品生产者社会的社会必要劳动时间，是依靠相互矛盾相互竞争的平均作用，才能够确定的。这种社会必要劳动时间，虽然是个别商品生产者们的活动的综合作用结果，但却是完全与个别商品生产者们的意志是没有关联的，它是独立的存在，支配着每个商品生产者的活动。所以，商品价值的量决定于社会必要劳动时间，而社会必要劳动时间也就是市场价格的基础。价值的规律是通过市场价格的机制来发生作用的。所以价值的大小，不是由商品交换过程所决定，而是由社会劳动生产力的发达水平来决定的。

古典经济学派亚当·斯密、李嘉图的劳动价值学说，他们的对劳动的概念是不以交换为前提的，这是忽视了生产关系的变化，抽去了历史的价值论说。从而，他们就忽视了价值概念如何形成价值形态的重要过程。而货币主义者和重商主义者，他们的价值概念虽然是以交换为前提，但他们只是把价值的形态作为问题的对象，而忽视了价值的实体。只有马克思的劳动价值论指出了商品价值是"同质的人类劳动，抽象的人类劳动"，是"同一的幽灵似的对象性，是无差别的人类劳动的凝结物"。然后，进而分析了价值形态的理论和一般等价物的形成。商品价值量的大小，不是决定于交换过程，而是决定于与一定生产力发达水平相适应的社会必要劳动。

（此文写于 1956 年）

第二编
货币的基础理论

第一章 货币的本质及其种种错误理解

第一节 货币的本质

货币是历史范畴，也是经济范畴。货币是以商品交换为前提的，它是商品交换发展和商品生产发展的产物。货币是与商品生产和商品交换同在的，当商品生产存在的社会基础消失了的时候，货币也就将不再存在。本来商品生产就是这样的一种社会关系的体系，在其中，各个商品生产者，根据社会分工，制造着各种各样的产品，经过交换来使这一切产品互相比量。各种各样的商品本身的有用性，只形成商品的使用价值，它们之间是千差万别且不可比量的。一切商品之间的共同的特点，并不在于生产它们的具体劳动，而在于生产它们的抽象的、一般的人类劳动。因此，它们必须具有交换价值。每一件商品只表现着某一部分社会必要劳动时间。商品的价值量是由生产该商品的社会必要劳动时间（即社会必要劳动量）来决定的。在抽象的人类劳动的基础上，根据生产商品的社会必要劳动时间，使一定数量的某种使用价值与另一种数量的使用价值相交换，这种交换关系或比例，就叫做交换价值，它的形态就是价值的形态。

货币是这种价值形态的发展的最高形式,是一般的价值形态结晶于某一特殊商品而形成的。它成为商品界的一般等价物,体现着商品生产者之间的劳动交换关系,也即是经济关系,所以它是经济范畴①。

马克思在发现了体现于商品中的劳动的两重性以后,就进而分析了价值的形态和货币的价值形态的起源。他根据商品生产发展史中的大量的、历史的实际材料,阐明了人类交换发展的历史过程,是由简单的、个别的、偶然的价值形态发展到总和的或扩大的价值形态,最后是一般的价值形态。"由于社会的习惯,直接一般交换的可能性的形态,或一般等价形态,是和黄金这种商品的特殊的自然形态结成一体了",这时,一般的价值形态就转化成为货币的价值形态。

资产阶级经济学者或者把货币看成与社会生产关系毫无联系的流通手段,认为,货币就是商品,只有金属本身才是货币;或者是把它看成为人类为了交换方便而设计出来的交换的媒介,或由法律所规定的单纯的计算工具或计算名称,是毫无经济内容的名目上的存在。因此,在货币理论上乃至货币政策和货币制度问题上,我们看到了金属论与名目论的长期相持不决的论争,出现了各为其阶级利益和集团利益辩护的各式各样的货币理论,但是他们始终不能解决货币之谜,不能摆脱对货币的"物神崇拜"。

众所周知,商品之所以为商品,它一方面要能满足人们的某种具体需要,它必须是有用的东西,这种有用性使商品成为一种使用价值;但另一方面它必须是能用以交换别种物品的一种存

---

① 马克思曾讥笑认为,货币是被巧妙地设计出来的手段的论者说:"有位聪明的英国经济学家说得好(按即 Thomas Hodgskin——引者注),他说货币不过是一种物资手段,如同船舶或蒸汽机一样,它不是一种社会生产关系的表现,因而也不是经济范畴。"(《政治经济学批判》,徐坚译,人民出版社 1955 年版,第 24 页。)

在，它必须通过交换才能实现它的使用价值，而在交换过程中，商品的使用价值只不过是它的作为交换价值的物的载体，所以商品又必须是交换价值（或价值）的存在。

列宁告诉我们："价值是两个人中间的关系……不过还应该补充一句：被物品外壳所遮盖的关系。只有从历史上一个相当社会形态的社会生产关系，并且是从表现于普遍的重复亿万次的交换事实中的生产关系的体系方面来看，才能了解什么是价值。"① 所以，商品的交换价值或价值是商品生产者之间的生产关系、交换关系的表现形态，价值是抽象的人类一般劳动的物化形态。在价值的概念中不包含有任何一粒的物质的元素，人们是不可能从感性上去捉摸它的。那么，如何才有可能把它表现出来，并在感性上可以体现它的客观存在呢？那就必须通过一定数量的商品与一定数量的商品的交换形态，采取交换价值的形态，才能够表现出来。例如 A 商品与 B 商品相交换，它们的价值关系表现为"X 量 A 商品 = Y 量 B 商品"。在这个方程式中，X 量 A 商品与 Y 量 B 商品，就作为使用价值来说，都是不同质量的东西，作为不同质量的使用价值来说是不可能相等的，也不可能相互比较和衡量。但是，作为抽象的人类劳动的物化，作为价值的存在形态，彼此是同质的抽象劳动的物化形态，是同质量的一种平等关系。在这个方程中，B 商品于是成了表现 A 商品的价值的物的形态，成了 A 商品的价值的一面镜子。A 商品通过它与 B 商品的这种交换关系的形式，获得了它自己的价值形态。在这个方程式中，A 商品对于 B 商品来说，无异乎是等于作为价值的镜子存在的 B 商品的自然形态，即使用价值形态，而 A 商品获得了与它的自

---

① 列宁：《论马克思、恩格斯及马克思主义》，人民出版社 1954 年版，第 28 页。

然形态不相同的交换价值的形态。也就是说，A 商品是用 B 商品来表现它的价值的，因而 B 商品就暂时地成了一般的人类劳动时间的物化形态了，它的存在形态于是就被单纯作为 A 商品的价值的表现的材料和形态。

然而，在这个方程式中，不能反过来说，B 商品自身的价值可以表现在 A 商品中。如果 B 商品的价值同时用 A 商品来表现的话，那么，这种交换就不是价值的交换，而是单纯的劳动生产物的物物交换了。在这个方程式中，人们可以看出商品交换的本质，可以说明商品中矛盾的表现和它的解决。在这个方程式中，A 商品能动地在 B 商品的自然形态（即使用价值）中相对地表现出自己的价值，所以，它是相对价值形态的商品；而 B 商品是被动地作为 A 商品价值的单纯的表现材料，它是发挥了 A 商品的等价形态的作用，所以，它就是等价形态的商品。马克思指出："一个商品的等价形态，就是它能直接与别种商品相交换的形态。"① 因此，这种等价形态的商品就已经是货币的萌芽状态了。

这种等价形态的商品，首先，是使自己的使用价值（自然形态）作为其对立物的价值的表现形态，这是解决商品内在矛盾中的使用价值与价值的矛盾的必然过程；其次，在这里，创造它的具体劳动，被作为其对立物商品的抽象的人类劳动时间的物化形态，成为它的表现形态；再次，创造等价形态商品的私人劳动成为其对立物商品的直接的社会劳动的表现形态。这样，就解决了商品中的使用价值与交换价值、具体劳动与抽象劳动、私人劳动与社会劳动之间的内在矛盾，使商品的内在矛盾获得运动的

---

① 马克思：《资本论》第 1 卷，郭大力、王亚南译，人民出版社 1953 年版，第 32 页。

开展和解决的可能性。

从商品世界中，经过交换过程，被选择出来担任这种一般等价形态的商品，就叫做"货币商品"。马克思说："等价形态是社会地附着在特种商品的自然形态上，这种特种商品因此成了货币商品，或当做货币来产生机能。"①"但只有社会的行为，能使一定的商品成为一般等价物。其他一切商品的社会行为，把一种特殊商品排在一边，并完全用它来表示它们的价值。由此，这种商品的自然形态，成了社会公认的等价形态。由这种社会过程，充作一般等价物，就成了这一种被搁在一边的商品的特殊社会机能。它成了——货币。"②

由于贵金属具有适合充当货币机能的各种自然属性，所以"金银非天然为货币，但货币天然为金银"。这样一来，这种货币商品的使用价值就获得了两重性。当做商品，它有特殊的使用价值，比方说，金可以用在工业、医药治疗、镶牙等方面，还可以用作奢侈装饰品的材料等。但同时，由于被当做货币商品这样一种特殊的社会机能，它取得了一种价值形式。在这里，它的本来的特殊的使用价值被社会扬弃了，成为一般劳动时间的物化形态，成为交换价值的独立形态，从而成为一般的交换手段。

我们说，货币是一种商品，只是说明它与普通商品有共性，都是人类劳动的产品，都是价值的结晶体，它们又都具有其自己的使用价值。但是货币又与普通商品有本质的区别，它是商品世界起一般等价物作用的特殊商品，是一切商品的价值的表现材料，是直接的交换手段，是人类劳动时间的外在的物的表现形

---

① 马克思：《资本论》第 1 卷，郭大力、王亚南译，人民出版社 1953 年版，第 50 页。
② 同上书，第 72 页。

态，因此，它与一般普通的商品有着本质的不同。所以，对于单纯当做具有一定劳动量的产物的金子，它只是商品；当做一般劳动时间的体化物，当做商品世界交换价值的独立形态的金子，它才是货币。这种区别很重要，这种形态上的区别，是由交换过程社会所决定的，而不是由生产过程决定的。所以，马克思说："货币不是物，而是价值形态。"然而，我们必须要注意的，黄金作为价值形态是由交换过程来规定的，但是黄金的价值量的大小，则并不是由交换过程来决定，而是由它的生产过程所规定的，是由生产它所必需的社会劳动时间来决定的。"对于转化为货币的商品，交换过程能给予的，不是它的价值，只是它的特别的价值形态。"①

在这里，我们还应该指出，那些主张货币是金子或者承认货币是金子的人，并不都意味着他们可以避免在货币理论上犯唯心主义的错误。李嘉图就是这方面的代表，他以为黄金是相对地价值不变的商品，所以是货币。他只看到了货币与商品的共性。在他看来，货币商品黄金不过是生产物的媒介手段。他不能看到货币与商品的差别性，没有看到货币商品（黄金）是交换价值的独立形态，因此，在他的价格论中，就忽略了货币在作为流通手段之前，是作为价值尺度的机能的根本事实。他对于货币作为价值尺度的机能的形态规定完全没有理解。马克思曾指出："他（李嘉图）完全不理解：价值，由劳动时间决定的价值的内在尺度与商品价值之外在尺度的必然性之间的联系。"②

由于这类学者往往对价值的概念没有一种正确的理解，只看

---

① 马克思：《资本论》第1卷，郭大力、王亚南译，人民出版社1953年版，第77页。

② 马克思：《剩余价值学说史》第2卷，郭大力译，上海实践出版社1949年版，第12页。

到并且固执着物材的一面，固执着商品与金子的交换，而看不到它的形态的变化，从而不能理解当做单纯的金子并不是货币，当然也不能理解商品在其价格形态上只是把金当做自己的货币形态，从而与金子产生关系的。因为"物的货币形态，和该物本身是可以分离的，并且只是隐藏在该物后面的人类关系的现象形态。"①

只要有商品生产，商品的内在矛盾，不管是对抗性的或者是非对抗性的，它必然要分化为普通商品与特殊商品，采取商品与货币的外部对立的形式，从而使它的内部矛盾获得运动和解决，使商品生产能够得以存在和继续，使商品生产关系能够获得再生产。在商品生产存在的社会里，货币就有它的必然性和必要性。

不同历史条件下货币体现着不同的社会生产关系，因此，不同社会生产方式的性质和形态，决定了该社会下的货币的本质和内涵。

第二节　货币本质的种种错误理解

货币是与商品生产同在的。任何社会只要有商品生产存在，那么，从属于商品生产的一系列的经济范畴与运动规律也就必然要存在，即是说价值、货币、价格等经济范畴，以及价值规律和货币流通规律等就要必然存在和发生作用。

商品生产是存在于各个不同社会并为各个不同社会服务的。商品生产远比资本主义生产古老得多，它曾为奴隶社会、封建社会服务，只有在生产资料的私有制基础上，当人的劳动力作为商

---

① 马克思：《资本论》第1卷，郭大力、王亚南译，人民出版社1953年版，第77页。

品出现在市场上,资本家能够购买它并在生产过程中剥削它。即是说,当在资本家剥削雇佣工人的生产关系下,商品生产就会引导到资本主义生产,在历史上资本主义生产是商品生产发展到了最高形态,因为在这里人的劳动力甚至于人的"良心"都可以作为"商品"而出卖。

根据马克思主义的原理,在从资本主义过渡到社会主义,以及从社会主义过渡到共产主义社会的阶段中,商品生产都是存在的,都是必要的。因为在这些阶段中,社会生产都是在劳动的社会分工的基础上、在不同的生产资料和劳动产品的占有关系的基础上来进行的。既然在过渡时期、在社会主义社会里还存在着劳动的社会分工,以及这种劳动的社会分工赖以为基础的不同的所有者,那么,在过渡时期以及在社会主义社会,商品生产也就必然存在了,从而货币、价值、价格以及与之相连的价值规律和货币流通规律也就必然存在了。所以历史上的一定的生产资料和劳动产品所有制形态下的劳动的社会分工,是商品生产赖以发生和发展的必要条件。列宁早在他的《市场论》里就曾指出:"商品经济的基础是社会的分工。"在从资本主义过渡到社会主义时期中,列宁一再强调指出:"商品交换乃是对工业和农业之间正确的相互关系的一种检查,同时也是建立一个比较切实可行的货币制度这个全部工作的基础。"[①] 列宁要求所有经济委员和经济建设机关要特别重视商品交换问题。因此,他又具体地阐述了在过渡时期中货币存在的必要性。他说:"还在社会主义革命以前,社会主义者就说过:货币是不能一下子就废除的,我们以自己的经验可以证实这一点。为了消灭货币,需要很多技术上的成就,

---

① 列宁:《劳动国防委员会给地方苏维埃机关的指令(草案)》,载《经济译丛》1954年第4期,第7页。

而困难得多和重要得多的是组织上的成就……""要消灭货币，必须建立亿万人的产品分配组织——这是很多年的事情。"①

如上所述，商品生产是存在于各个不同的社会并且为各个不同的社会服务的。因此，各个社会的商品生产就有它们的共性，例如作为商品来说，它必然是要内含着私人劳动与社会劳动、使用价值与价值、具体劳动与抽象劳动的内在矛盾，它必然要通过交换过程，依靠货币这一特殊商品，作为一般等价物来解决商品的这些内在矛盾。因此，价值规律和货币流通规律也就成为有商品生产的各个社会共有的经济规律。然而，商品生产存在的基础是历史上一定的所有形态下的劳动的社会分工，各个社会的所有形态是不同的，因商品生产所体现的商品生产者的关系，也是随着不同的社会，表现不同的商品生产者的关系，例如在资本主义社会商品生产所体现的是资本主义生产关系，在前资本主义社会，商品生产所体现的是奴隶制度和封建社会的生产关系。在社会主义社会，商品生产者是全民所有国营企业与集体所有的合作化农庄。因此，社会主义下商品生产的构成以及它所体现的生产关系，是社会主义的商品生产者之间的关系，是社会主义生产关系。因此，各个社会的商品生产又具有内在的本质的特殊性和差别性。它们之间不仅具有发展阶段上的差别性，更重要的是具有本质上不同的社会性质和社会内容，我们不能把所有社会的商品生产都看成为是同一性质的东西。在以私有制为基础的资本主义社会和前资本主义社会里，商品所内含的矛盾，不管是私人劳动与社会劳动之间、抽象劳动与具体劳动之间，以至使用价值与价值之间，这些矛盾都是对抗性的矛盾，具有不可调和的性质；而在以全民所有和集体所有的社会主义社会里，商品内在的矛盾，

---

① 《列宁全集》第29卷，人民出版社1956年版，第321、331页。

在性质上起了根本的变化,在这里,对抗是消失了而矛盾还存在着,私人劳动与社会矛盾之间、局部的劳动与整体的社会劳动之间、具体劳动与抽象劳动之间,以至使用价值与价值之间,它们之间的矛盾,都已经不是对抗性的矛盾了。因此,作为商品内在矛盾的统一物的货币,在资本主义社会,它一面解决了商品交换的内在矛盾,但它同时又扩大了这种矛盾,所以,资本主义的经济危机的命运是不可避免的。在社会主义社会里货币解决了商品交换的内在矛盾,但并不扩大任何矛盾,而是始终是为了社会主义经济建设和人民生活福利服务的工具。所以我们说,资本主义的商品和货币在本质上是不同于社会主义的商品和货币。

不同社会的商品生产具有不同的社会性质和社会内容,那些从属于商品生产所固有的经济范畴和经济规律,也就具有不同的社会性质和社会内容,例如,从属于商品生产所固有的价值规律和货币流通规律,在不同的社会里,它的表现形态和社会经济的作用就是不一样的。在资本主义社会里价值规律和货币流通规律,是从属资本主义基本经济规律和生产无政府状态的规律而运动的,是为资本家剥削雇佣工人的剩余价值服务的,在资本主义社会里价值规律在剩余价值规律以及最大化地利用规律的基础上,采取市场价值和生产价格的形态,发挥着商品生产调节者的作用。而在社会主义社会里价值规律,则从属于社会主义基本经济规律和有计划(按比例)发展的生产规律,采取计划价格的形态,对社会主义的商品生产起着经济核算的作用,为社会产品的生产和分配服务,它不独立具有商品生产调节者的作用。货币流通的规律也一样,在资本主义社会它要从属于资本主义剩余价值的基本经济规律和生产无政府状态的规律,它是盲目地运动的。而在社会主义条件下,货币流通规律,它的运动是要从属于社会主义基本经济规律和有计划(按比例)发展规律的,它是有计划地组织国民经济循环运动的一个组成部分。

如上所述，商品生产是根据一定历史条件的生产资料和劳动产品占有关系的所有制形式下的劳动分工而产生发展的，它服务于各个社会，因此，从属于商品生产的经济范畴和经济规律也就必然存在于各个社会，为不同的社会形态服务。这样，各个社会的商品生产以及与商品生产相连的经济范畴和经济规律，一方面它们具有共性；另一方面，由于各个社会形态的所有形态和性质不同，它们基本经济规律以及与之相连的一系列经济规律不同，它必须从属于历史上特定的生产关系的性质以及其特有的基本经济规律而具体地发生作用，所以，各个社会的商品生产和货币流通又具有特殊性和差别性。在我们认识事物的本质的时候，必须根据矛盾的特殊性，"这种特殊的矛盾，就构成一事物区别于他事物的特殊本质。……每一物质的运动形态所具有的特殊本质，由它自己的特殊矛盾所规定，这种情形，不但在自然界中存在着，在社会现象和思想现象中也是同样地存在着。每一种社会形态和思想形式，都有它的特殊的矛盾和特殊的本质"。因此，在我们认识和分析某一特定社会的商品生产和它的货币的本质的时候，我们必须从该商品生产和货币所赖以存在的具体的一定的生产关系，以及在一定所有形态下的劳动分工的性质与内容，来分析各个社会的商品生产和货币所具有的本质的不同。如果我们不这样，而只是从商品生产一般和货币一般的普遍性的概念，来说明某一特定社会的商品生产和货币的本质的话，是不可能有结论的。

然而，在我们分析某一特定历史社会的商品生产和货币的本质的时候，我们又是不可能离开商品生产和货币一般的普遍性的概念的。它们之间的关系，是内在地密切联结着的。商品生产和货币一般的普遍性，是存在于各个社会的商品生产与货币的特殊性之中的。由于特殊性的事物是和普遍性的事物联结的，由于每一个事物内部不但包含了矛盾的特殊性，而且包含了矛盾的普遍性，普遍性即存在于特殊之中，所以，当我们研究一定事物的时候，就应当去发现这两方面及其互相联结，发现一事物内部的特殊性和普遍性的两方面及其互相联结，发现一事物和它以外的许多事物的互相联结。关于经济范畴的普遍性与它们的特殊性，它们抽象的存在与它们具体的历史的存在之间的关系，马克思也早在《政治经济学批判序言》中给我们作了精辟的分析，他说："最具有一般性的抽象，总是只发生在有最丰富的具体发展的地方，那里，一种性质为众所共用、一切所共有。这时人们就不能再单就特殊形态来思考。"[1] 他举劳动这个例子说明，他说："劳动是一个十分简单的范畴。在作为劳动一般的这个一般性上的表象也是很古老的了。但是，从经济的观点上并在这个简单性上来理解，'劳动'却和产生这个简单的抽象关系同样是一个现代的范畴。"[2] "因此，'劳动'、'劳动一般'、不带限制词的劳动这个范畴的抽象，这个现代经济科学的出发点，在这里才成了实践中的真理。因此，这个被现代经济科学提到最高点的、表现一个最古老而为一切社会形态所共同的关系的最简单的抽象，只有当做最近的现代社会的范畴，才能在这一种抽象性上成为实践中的真理。"[3] 他说："劳动这个例子显著地指出：哪怕是最抽象的一些范畴，虽然正由于他们的抽象性而运用于一切时代，但是，就抽象性这个规定的本身而论，它们同样是历史的产物，它们的完全适用性，仅限于对这些关系并在这些关系之内。"[4]

---

[1] 马克思：《政治经济学批判》，徐坚译，人民出版社1955年版，第166页。
[2] 同上书，第165页。
[3] 同上书，第167页。
[4] 同上。

马克思还举出像货币这样的经济范畴,他说:"货币能存在,而且在历史上也曾经在资本存在之前、银行存在之前、雇佣劳动等存在之前就已存在。"它们的关系是从简单的范畴升到复杂的范畴,"那种比较发达的具体就把这种简单的范畴当做一种从属关系保持下来。"因此,马克思告诉我们在认识像商品、货币等这类经济范畴的时候,"在理论方法上,主体,即社会,也必须作为前提,而经常地浮现在我们的表象之前。"①

然而,我们发现当人们在说明社会主义制度下的商品、货币等经济范畴的时候,往往好像这些客观经济范畴只不过是人们主观意志的产物,特殊到与它们的普遍性、共性丝毫没有联系的存在,是为人们所制定的一种被利用的工具,这方面就笔者个人所接触到的有下面这些看法。

第一,对社会主义制度下的商品、价值、货币、价格等经济范畴的理解,流行着这样一种见解,认为,是保存旧的形态,改变它的内容和机能。好像在社会主义制度下从属于社会主义商品生产所固有的经济范畴,在社会主义里是没有客观根据似的,而只是一种由人们主观需要所利用的工具而已。这种看法是由斯大林在《苏联社会主义经济问题》中所提出的。他错误地认为,生产资料只保留着商品的外壳,价值规律仅仅是通过工资来影响生产,商品流通已开始同建成共产主义的任务相矛盾,并且必须逐步过渡到产品交换等说法。因此,他在说明社会主义经济范畴为商品、货币、银行等经济范畴的时候,就令人产生好像这些范畴不是社会主义社会经济结构内部存在的现象,而是被利用的旧形式、旧范畴,这样就很难说明社会主义商品生产以及与它有关联的经济范畴和经济规律了。他认为:"在我国的经济流通中,

---

① 马克思:《政治经济学批判》,徐坚译,人民出版社1955年版,第164页。

不仅商品是这样，而且货币也是这样，连银行也是这样，银行失去了自己旧的机能并取得了新的机能，同时保持了旧的形式而为社会主义制度所利用。"他认为："把经济过程的内容和它的形式、把深处的发展过程和表面现象严格地区分开来，那就可以得出一个唯一正确的结论，即资本主义的旧范畴在我国保留下来的，主要是形式，是外表，实质上这些范畴在我国已经根本改变的与社会主义国民经济发展的需要相适合了。"①

斯大林把社会主义制度下的商品，货币、银行等经济范畴理解为"资本主义的旧范畴"，而保留下来的"主要是形式，是外壳"，是"保持着旧的形式而为社会主义制度所利用。"他的这种看法显然是由于他把社会主义的商品生产只局限于"个人消费品"②，而"生产资料却失去商品的特性，不再是商品，并且超出价值法则发生作用的范围之外，仅仅保持着商品的外壳（估价等等）。"③在这里，显然他是从流通的观点来考察商品生产的存在基础，而忽视了商品生产是一定历史阶段下的生产力与生产关系矛盾的必然产物，忽视了马克思关于商品生产的基本原理，商品生产是一定历史条件下的生产资料和劳动产品的占有关系的所有形态的社会分工的必然现象，它是一定历史条件下的社会生产的一种方式，而不能只局限于在流通的范畴以内的。斯大林的错误，首先，他把社会主义制度下的商品、货币范畴看做为资本主义的旧范畴这个观点是错误的，商品、货币范畴早在资本存在以前就已经存在了，不同社会的商品、货币都具有不同性质的形式和内容。因此不能把社会主义下的商品、货币，看做为只

---

① 斯大林：《苏联社会主义经济问题》，人民出版社1953年版，第48页。
② 同上书，第15页。
③ 同上书，第46页。

是资本主义的旧范畴、旧形式。其次，他把社会主义制度下的商品、货币的形式与内容割裂开来，认为，形式是旧的形式，而实质和内容是新的社会主义的内容，这种把社会主义经济范畴的形式和内容割裂开来的理解方法，也是不能成立的。列宁在他的《哲学争议》中写道："形式是本质的。本质是具有形式的。不论怎样的形式都还是以本质为转移的。"所以形式和内容必须是一致的，事物的内容和本质决定着事物的形式。社会主义制度下的商品、货币，它们的形式和内容都是社会主义性质的。社会主义的全民所有和集体所有的生产资料和劳动产品的占有关系的所有形态，也即成为社会主义商品、货币所体现的形态；在这种所有形态基础上的人类的抽象劳动，是它们的内容，而这种抽象的人类劳动是与社会主义的生产关系的性质密切相连的，而与它的如何耗费的具体方式无关。在这里，商品的内在矛盾、使用价值与价值、具体劳动与抽象劳动、局部的劳动与社会整体的劳动之间，不再是对抗性的矛盾。在这里，不存在私人劳动与社会劳动之间的对抗性的矛盾，一切具体的劳动都是直接社会劳动的性质，不再是包含有剩余价值的劳动产品，而是服从社会主义基本经济规律的要求，为满足不断增长的人民的物质与文化的需要而服务的。所以，社会主义制度下的商品、货币等经济范畴是具体的现实的历史的存在，它们的形式与内容都是决定于社会主义生产方式的基本特征，而区别于资本主义社会的以及前资本主义社会的商品货币的形式与内容的。例如在奴隶社会，由于奴隶主所有制，黑奴曾被作为商品，黑奴也曾被作为货币；在资本主义社会，由于资本主义所有制，人的劳动力甚至"良心"、大自然的土地河川都被作为商品而出售。正如马克思在《雇佣劳动与资本》中指出："黑人是黑人。只有在一定的关系下他才成为奴隶。纺纱机器是用以纺棉花的机器。只有在一定的关系下，它才成为资本。脱离了这种关系,它就不是资本了,也好像金子本身并不是货币,砂糖并不是砂糖价格一样。"① 在资本主义社会里一切商品和货币,都是采取资本的形态而出现,这些就充分说明经济范畴内的商品、货币的形式与内容,是决定于一定历史上的社会生产关系,因此它们是统一的,一定的形式包含一定的内容,一定的内容决定了一定的形式,两者是相互依存,是有机的整体。

关于经济范畴在历史发展中的运动以及它们的形式与内容的辩证的统一的关系,我们可以用马克思所说的例子来证明:"例如,最简单的经济范畴,譬如交换价值吧,它是以人口、以在一定关系中进行着生产的人口、还有以某种家族或公社或国家之类为前提的。交换价值只能作为一个既与的、具体而活生生的整体之抽象部分的侧面的关系,除此之外它是决不能存在的。反之,交换价值,作为范畴,却有着洪水期前的存在。"② 商品、货币与交换价值的范畴一样,它们的存在,也只能作为一个既与的、具体而活生生的整体之抽象的侧面的关系,除此之外它是决不能存在的。马克思在说明经济范畴的历史发展的关系时还说:"所谓历史发展,最后的形态总是把过去的形态看成是向自己发展的步骤",并且他举例说:"如果说资本主义经济的范畴真的包含着适用于一切其他社会形态的真理,那么,这也只能(有保留地)来理解。它把这些形态,可以在发展了的形态上,也可以在衰败的形态上,也可以在漫画的形态上,总之,是在根本不同

---

① 马克思:《雇佣劳动与资本》,《马克思恩格斯文选》第 1 卷,外文书籍出版局 1954 年版,第 67 页。

② 马克思:《政治经济学批判导言》,徐坚译,《政治经济学批判》,人民出版社 1955 年版,第 163 页。

的形态上所包含着。"①

因此，我们在分析社会主义制度下的商品、货币等经济范畴的时候，是不可能把它们形式归之于旧范畴或旧形式，而应该根据社会主义的生产方式中的关系来理解社会主义商品、货币的形式与内容，它的本质与机能。任何离开具体历史的现实过程，离开社会的生产关系来理解经济范畴的形式和内容，它的本质和机能都是错误的。

第二，在分析货币本质的时候，我们还看到有这两种误解的意见。一种是从流通的范围和计算技术的观点来说明货币的本质；还有一种是从货币流通的组织形式上，从货币制度上来说明货币的本质。

代表斯大林观点的，例如像苏联阿特拉斯在他的《关于苏维埃货币理论的若干问题》一文中所强调的，"在我国社会中一般等价物的范畴并不适用于生产资料的经济周转的范围，因为只有价值尺度和流通手段的结合才能提供一般等价物这一概念。苏维埃货币充当真正的价值尺度和真正的流通手段，即充当一般的购买手段，主要是对消费资料而言，因而主要是在这个范围中它才真正是一般等价物。"②他强调在生产资料的经济周转中，货币不是真正的价值尺度，不是真实的货币。他说："它被用作计算劳动消耗的工具，它只是由于生产资料获得商品的外壳在外表上形式上充当计划的价值尺度。"③也就是说，社会主义的货币在消费资料的流通范围内是一般等价物，是真实的货币，而在生

---

① 马克思：《政治经济学批判导言》，徐坚译，《政治经济学批判》，人民出版社1955年版，第168页。
② 〔苏〕兹·阿特拉斯：《关于苏维埃货币理论的若干问题》，《社会主义经济中的货币及其机能讨论集》，财政经济出版社1955年版，第8页。
③ 同上书，第7页。

产资料的流转范围内,货币只是充当外表上形式上的计划的价值尺度,而不是一般等价物,不是真实的货币。这种说法是不符合实际情况的。

我们知道消费资料的商品,它的价值量的大小不是决定于它的流通过程,而是决定于它的生产过程,因此,消费资料的商品价值也就包含有生产资料的物化劳动和活劳动的这两部分,如果货币只是在消费资料的商品流通中作为一般等价物是真实的货币,而在生产资料部门中它不是真实的货币,只是形式上的"计算符号",那么,又如何能够计算出消费资料商品中所包含的生产资料的物化劳动的真实价值呢?我们知道社会主义再生产过程中的二大部门是一个统一的有机的整体,不能割裂,也不可能在生产资料部门所投入的劳动不形成真实的价值,而只是形式上外表上的"价值外壳",而在消费资料部门所花的人类劳动才形成价值,才是真实的价值,所以阿特拉斯的这种理论根据是不符合事实的。即使照阿特拉斯的说法,在消费资料范围内的货币是真实的货币,而在生产资料范围内的货币只是为了核算技术上所需要的形式上外表上的价值尺度,是用以"计算劳动耗费的工具",那么,这部分的"货币"就是直接计算劳动,卢布岂不就是成了只是"计算符号"或"劳动券"之类的东西吗?何况,如果第一部门的货币是形式上外表上的价值尺度,那么,包含有生产资料物化劳动的消费资料的商品价值,又如何能计算呢?阿特拉斯对社会主义货币存在的说明,不是从社会主义所有制的关系以及在这一关系下的劳动的社会分工所要求的商品生产的客观存在出发,而是从计算技术的观点出发,这就不能够正确地得出社会主义货币的本质了。例如,他在说明货币之所以在生产资料的范围内起作用,是因为与工资的支付有关。他说:"工资是成本的一个极重要的因素。因为它是以货币形态来支付、计算和计划的。所以，生产资料所消耗的其他一切要素也会以货币形态来计算，否则就不能确定耗费的总数。"如果照阿特拉斯的逻辑，那么工资的范畴，以及计算劳动的货币形态，不是价值及其形态所表现的劳动和实现其运动的货币存在的必要性的结果，而却倒过来，反而货币是工资存在的结果了。其实工资本身已经是收入的货币形态了。如果是这样，阿特拉斯的货币理论的逻辑，岂不是货币起源于货币，从货币中引申出货币的必要性了吗？所以从技术计算的观点来说明货币问题，是不可能得出正确的结论来的。

另外，从流通的观点和流通的范围来说明社会主义货币本质的，还有德·特里福诺夫在他的《社会主义制度下几个经济范畴的形式和内容问题》中说道："在社会主义条件下，由于基本生产资料为全民所有，商品生产和商品流通的范围受到了限制，同时货币的作用也就受到了限制，货币的性质也就根本地改变了。在社会主义制度下，严格说来，货币已不是一般等价物，因其大部分劳动生产品正如土地一样，已经不是商品，所以也就没有价值。虽然生产资料还保存商品的外壳，而生产生产资料所耗费的劳动也是用货币来表现，但不能把这种货币形态与作为一般等价物的货币混为一谈。在我国条件下，货币不能对一切生产物起一般等价物的作用，而只能对作为商品的生产物起一般等价物的作用。在我国的条件下，货币主要是对消费品才起一般等价物的作用。"[①]

关于特里福诺夫对社会主义生产资料部门的说明，将商品以

---

① 〔苏〕德·特里福诺夫：《社会主义制度下几个经济范畴的形式和内容问题》，《社会主义经济中的货币及其机能讨论集》，财政经济出版社1955年版，第121页。

及将经济范畴的形式与内容割裂开来的看法，其自身的矛盾就不言而喻了。特里福诺夫将货币从流通的范围来划分，在消费品部门的货币才是一般等价物，而在生产资料部门的货币只是计算劳动耗费，这种计算劳动耗费的货币形态不能作为一般等价物货币看待。那么，社会主义货币就不是独立的价值形态，而是一种不具有内在价值的计算符号了，既然在生产资料不作为一般等价物发生作用，又如何能作为包含有生产资料物化劳动的价值在内的消费资料商品的一般等价物的作用呢？显然，这与客观事实不相符合的。如果在生产资料部门的货币不是具有内在价值的一般等价物，那么，又有什么可能和必要利用货币来计算劳动耗费呢，岂不是苏联的货币——卢布在这里成了直接计算劳动时间的劳动券吗？如果照特里福诺夫的说法，只有在消费品流通中货币才是一般等价物，这就把货币看成为单纯的交换的媒介手段，而不是一般等价物。所以照他的说法，社会主义社会就不存在货币了。他把社会主义国民经济的统一整体，把社会主义再生产过程的统一的有机过程，完全割裂开来成为彼此没有联系的存在，这显然是错误的，同时，他把社会主义制度下货币的存在，不是根据社会主义所有制关系以及在这关系下劳动的社会分工的结果，而是看成为单纯计算社会劳动耗费的工具，作为"历史上遗留下来的计算劳动耗费的形式"[①]，这就根本否定了社会主义社会下的货币存在的必要性和它的客观基础，也否定了马克思关于货币是价值形态，是一般等价物的规定。

第三，我们看到有些人从一国的货币流通的组织形态和货币

---

① 〔苏〕德·特里福诺夫：《社会主义制度下几个经济范畴的形式和内容问题》，《社会主义经济中的货币及其机能讨论集》，财政经济出版社1955年版，第123页。

制度方面来说明一国货币的本质。

我们知道纸币也好，或者是不兑换的银行券也好，它们都是一种价值符号，是用铸币名称表示的含金量的符号，如中国的"元"、英国的"镑"等都只是含金量的符号，而不是一般等价物。但是，我们看到有些学者把货币符号有含金量这件事，从而把货币符号与货币一般等价物相混淆的现象，甚至认为货币符号有含金量从而符号它还起着价值尺度的职能。他们把货币符号起到价值尺度职能，只是从技术上的转化形态的价格标度，例如伊康尼科夫说："货币在苏联是一种价格标度。"但是价值尺度与价格标准具有本质上的不同性质和机能，马克思早就指出："当做价值尺度的金和当做价格标度的金，具有完全不同的形态规定，前者和后者的混淆曾经引起最荒谬的理论。金，当做物化劳动时间，它是价值尺度，当做一定的金属分量，它是价格标度。当它当做交换价值与当做交换价值的商品发生关系的时候，它是价值尺度，在价格标度中，金的一定分量是对金的其他分量当做单位来用。金是价值尺度，因为它的价值量是可变的，金是价格标度，因为它当做不变的重量单位而被固定。"[①] 马克思曾对那些把价格标度看成为价值尺度的混乱想法，说他们是"忘记了在金发展成价格标度之前，商品交换价值已经转化为价格、转化为金量了。"[②]

因此，我们可以指出，伊康尼科夫和《政治经济学教科书》基于苏联的货币符号具有含金量，认为苏联的货币是价格标度，从而它起价值尺度的作用，这种理解是不正确的。

因此笔者认为，从货币的含金量的法定制度中来说明货币的

---

① 马克思：《政治经济学批判》，徐坚译，人民出版社1955年版，第41页。
② 同上。

本质，从而把法定含金量认为是起价值尺度的基础，把货币的符号具有含金量的关系，与一般等价物等量齐观，可以起价值尺度的作用，这是不错的。这与"货币国家说"的理论，在实质上有什么区别呢？

由于把国家规定货币的价格标度与货币的价值尺度相混淆、等量齐观的结果，于是把具有法定含金量的货币符号与货币一般等价物看成为同一种东西，认为因为货币有法定含金量，所以，它可以起价值尺度的作用，这岂不是说货币符号也可以起价值尺度的作用吗？我们知道任何流通中的货币符号，它都是当做铸币名称的含金量的符号，它要代表着一定的含金量是历史的客观存在，也是自然必然的现象。不管一个国家用法律形式把它固定在一定量上，或不用法律形式把它明确起来，货币符号代表一定的含金量这一客观事实都是存在的，因此，我们不可能以为货币有法定含金量，而把货币符号与货币一般等价物混为一谈。所以用法定含金量这一种属于一国货币制度上的办法来论证货币的本质和机能，是不符合客观事实的。

有人认为："从人民币的形式来看，这是人人皆看得见，不是金币，不是银币，而是纸币。"根据此说法的意见："人民币既不是不兑换纸币，又不是银行券，……它是社会主义性质的信用货币。"[①] 并且认为："人民币同黄金有比价，所以人民币有价值尺度的职能，这是人民币的第一种职能。"[②] 更有甚者，例如在《经济研究》1957年2月号中《试论人民币在马克思主义货币理论上的根据》一文中，完全从货币流通的组织形式来考察

---

① 卢钝根：《关于人民币的性质和职能问题》，《学术月刊》1957年第4期，第37页。

② 同上书，第38页。

社会主义货币的本质问题。笔者认为考察中国货币本质问题的时候，应"从货币形态的历史发展形态过程中去研究。"笔者认为，他是如何从货币形态的历史发展过程中去研究的呢？他认为："社会主义国家的纸币形态又是一种货币发展形态"，他根据他的"货币形态发展阶段说"，把货币形态分成为三类："我们姑且把金属货币和能兑换的银行券制度叫做低级的货币形态，把纸币流通制度下的不能兑换的制度叫做中级的货币形态。"①"没有法定黄金比例的人民币叫做高级的货币形态。"他认为："在社会主义商品生产的领域内，货币形态正发展到可以不必用黄金作为基础了。"②

在这里，我们很容易地看到他们在说明社会主义货币本质的时候，是从形式上来说明的，把货币符号流通的组织形式，与货币一般等价物等量齐观，如果照他们的说法，在社会主义社会就不存在具有内在价值的一般等价物的货币存在，只要货币符号就可以充当一般等价物货币的作用。这里，把货币看成不是具有内在价值的特殊商品的一般等价物，而是看成为一种没有实在内容的计算符号，不是把货币看成为价值形态，看成为不是具体的历史的生产关系的表现形态，不是把它看成为商品生产者与商品生产者之间的劳动关系的物化形态，而是把它看成为单纯的流通的媒介，这种看法根本忽视了货币符号与货币的关系，忽视了货币符号流通规律与货币流通规律的内在联系。只从货币流通的形式上来论证货币的本质问题是不可能得出正确结论的。对这种说法马克思在多少年前在批评李嘉图时说："这岂不是说商品不具有

---

① 石武：《试论人民币在马克思主义货币理论上的根据》，《经济研究》1957年第2期，第41页。

② 同上书，第43页。

价格，货币不具有价值进入市场了吗？"没有价值尺度和价格标准的货币，商品又何能具有价格呢？一国的流通中货币符号，它都是铸币名称的含金量的符号，不管这个含金量有没有由国家法定明确规定与否，它都是客观的存在，是不以人们的意志为转移的。否则，就不是商品生产社会，也就不是货币范畴了。同时，货币形态是价值形态的最发达的形态，我们知道历史上在不同的生产力水平基础上，在这种生产力水平基础上的生产关系下，各个社会曾采取了不同的货币材料，牲畜、贝壳、金属都是历史上一定社会的货币材料，它们都是货币形态在不同历史社会条件下的币材的发展过程，最后，正如马克思所指出："金与银非天然为货币，但货币天然为金与银"。一定历史社会的条件下币材也是客观地由社会生产力所规定的，也不是以人们主观意志所能转移的。在货币形态中，只能在不同社会采取了不同的币材，但是作为货币形态来说，它并没有改变，仍然是价值形态的最高形式，是一般等价物的这一本质并没有任何改变。

在这里，我们要附带说一说，在历史上曾经有过不同的币材，但是货币并不是物，它是价值形态。因此，我们把货币理解为单纯的币材，把充当币材的商品就直接理解为货币那是不正确的。一定的币材只有在一定的生产关系下它才成为货币。各个国家国内流通的通货，如卢布、美元、英镑等这些都是各国的货币的价格标准，是计算货币，同时也是货币的单位和货币的名称，是真实货币一般等价物在国内流通中的代替物，我们不能把各国货币制度所规定的国内流通中的通货名称和它的形式，就认为这就是货币的本质问题。虽然黄金问题是一个非常复杂的问题，但是如果把它当做货币理论的中心问题，那就错了。货币材料的问题绝不是货币理论的主要的根本问题。货币的本性和实质根本不在于当做一般等价物的商品所具有的使用价值的特点，而在于它所表现的社会生产关系，在于货币所表现的劳动的性质，以及它所执行的社会机能。只有这些问题才是货币理论的基本问题。

我们既要防止把货币理解为单纯的金属的商品黄金，陷入金属主义者的泥坑；也要防止把货币理解为单纯的流通中的货币符号或货币名称，否则，我们就要陷入名目主义者的泥坑中。这是因为一切商品，当做价值，都是抽象化的人类劳动，所以它们自身有公约的可能，而不是因为有货币，所以商品才有公约的可能。当商品界用同一个特殊的商品，作为它们的价值表现的材料，把商品的价值表现为同名称的量，从而使商品界的价值在质的方面相等，在量的方面可以互相比较，这种特殊的商品因此而成为价值的一般尺度，就成为货币。它是诸商品内在的价值尺度的劳动时间的必然的现象形态，是体现一定历史社会的商品生产者与商品生产者之间的劳动关系的物化形态。因此我们考察不同社会的货币本质问题的时候，必须从它所体现的社会生产关系，它所体现的社会经济内容和劳动的性质出发，从它在不同经济社会的结构中从属于不同的经济规律的影响下，来考察研究不同社会货币的运动形式和它的社会机能。

第二章 货币的基本职能

第一节 作为价值尺度

货币的职能是由货币的本质所规定的,而货币的本质也只有通过货币的职能才能表现出来,在经济中具体地产生作用。

在我们分析一国的货币职能的时候,我们必须根据当时的社会经济的结构,根据社会再生产过程中价值运动的特征和特有的基本经济规律以及有关的经济规律,来识别货币在为经济过程中的各种经济形态服务的时候所具有的独立的、质量上不同的价值运动形态。其中每一种形态在它的不同经济过程中都具有它的质量上的不同性质,所以,货币在再生产过程中为商品的价值运动服务的时候,由于商品价值运动过程的多种形态和过程,货币就在商品价值运动过程中具有不同的形态规定性,因为货币归根到底它是包含在商品中的价值运动的直接的或间接的中介,货币的运动因而也就是再生产过程中生产、分配和流通过程的中介。货币作为价值形态只有在社会再生产过程运动服务的时候,它才能作为独立的价值形态而发生作用。

本来货币作为一般等价物,作为反映社会生产关系并为社会的经济规律要求而服务的独立的价值形态,它是统一的、有机的整体。货币的这种统一性和有机的整体性也体现在货币的职能上,但是这种统一性和有机的整体性并不意味着货币在再生产过程中的运动形式完全相同,由于在再生产过程中采取价值形态的物化劳动的运动的质的不同形态,从而体现了在再生产过程中经济联系的不同形态和特点,所以,货币的运动就在统一性的基础上具有一系列的不同的特殊的职能,具有不同的形态规定性。研究货币的职能就是区别货币价值运动在经济过程中的不同质的形态规定性。这种货币价值形态的运动,它的不同的形态规定是由商品生产和商品流通本身的特点所决定的,商品生产和商品流通是第一性的,而货币流通是派生的第二性的,商品价值运动本身的特点,规定了货币的不同形态规定性,从而产生了不同的货币职能。

马克思曾指出:"流通的第一个过程,可以说,是替实质流通作理论准备的过程。当做使用价值而存在的商品,首先替自己创造一种形态,它们以这种形态,彼此在观念上当做交换价值,当做一定量物化一般劳动时间而出现。"[①] 在这里,就是货币的第一个职能,当做价值尺度的职能。"金的第一种机能,是供商品界以价值表现的材料,或是把商品价值表现为同名称的量,使其在质的方面相等,在量的方面可以互相比较。"[②]

货币作为价值尺度的职能的任务,有两个方面:一方面是使商品界共同地具有同一性质,共同地以人类抽象劳动的物化形态,采取价值和交换价值的形态而存在,商品界共同地以金作为一般人类劳动时间的物的表现,各种不同的商品(使用价值)就共同

[①] 马克思:《政治经济学批判》,徐坚译,人民出版社1955年版,第35页。
[②] 马克思:《资本论》第1卷,郭大力、王亚南译,人民出版社1953年版,第81页。

地以金的面貌出现,彼此之间各以其不同的含金量而相互比较;另一方面就是由于商品界在与金相等的比例上彼此相等,在它们的金等价物上表现了这个劳动时间的量,所以,价值尺度就使商品界在价值量的关系中可以相互比较。因此,货币的价值尺度的机能解决了商品交换中价值与使用价值的矛盾,具体劳动与抽象劳动的矛盾,私人的或局部的劳动与社会劳动之间的矛盾。它使商品界在质的方面具有同一性质,在量的方面可以相互比较计量。

商品采取价值形态一方面包含着价值的质的问题;另一方面包含着价值的量的问题。两者是互为条件、相互依存的。商品价值的质要以价值的量为前提,而价值的量又要以一定的价值的质为前提。马克思的原理告诉我们,价值的性质是决定于一定的社会生产关系,而价值的分量是决定于一定社会下的物质生产力。两者的关系是相互影响、相互作用的。商品价值运动的特征是表现为交换价值,表现为价格形态的运动。当商品的交换价值表现在各种商品与某一特殊商品黄金相等的这个等式上,就是价格,价格是商品交换价值在流通过程内部出现时所取的转化形态。例如铁、麻布、小麦等的价值是看不见、摸不到的,存在于它们的物体内,只有它们都与金相等,以金的价值形态出现,才能把它们的价值表现出来。从而使这些商品具有价格,成为货币形态的存在。因此,商品是具有价格而才进入流通过程的。而不是在进入流通过程以后才具有价格形态的。商品的价格形态或货币形态是商品交换价值观念表现在金的上面,所以"商品的价格或货币形态,是一个和它的可以捉摸的实在的物体形态不同的形态,从而是纯然观念的想象的形态,和它的价值形态一般没有不同的地方。"[1]因此,货币作为价值尺度给

---

[1] 马克思:《资本论》第1卷,郭大力、王亚南译,人民出版社1953年版,第83页。

商品提供价格形态的时候，它只是观念的想象的货币形态。因为商品在自己的价格上只是观念上转化为一定的含金量，转化为想象中的金，它们的货币存在还没有同它们的现实存在真正脱离，因而，金在这里还只是想象中的观念上的货币，还只是价值尺度，这时金的一定分量实际上还只是当做一定劳动时间的名称。货币的这种作为价值尺度的形态规定，是由商品所借以相互表现它们的交换价值的一定形态所决定的。

上面我们说当做价值尺度的货币是想象中的观念的货币，当做一般劳动时间的物化形态，但是商品的价格形态就要完全依存于实在货币材料。例如一吨钢材的价格，要看用作价值尺度的是金、是银还是铜，它的价格表现就会完全不同，或表象为极不同的金量、银量或铜量。用在价值尺度职能上的货币，不可能同时是金又同时是银的，价值尺度的两重化是与它的职能相矛盾的，在价值尺度中隐藏着铿锵的真实的货币。

只有货币成为价值尺度，并在这个基础上，它才能采取价值形态中的实际劳动运动的各种形态服务为商品价值运动的各种形态服务，从而发挥其他的职能。货币除了在观念上执行价值尺度的职能之外，货币的所有其他职能，都是同采取价值形式的劳动的实际运动关联着的。货币的价值尺度职能在生产中发挥作用，因为生产过程同时也是价值的形成过程，但其他的职能是在价值尺度职能的基础上，在商品流通中根据商品流通的特点所规定的。在商品流通中，由于商品价值运动的不同形态规定了货币的不同的形态，从而货币具有了其他的不同的货币职能。当货币作为商品流通过程的媒介的时候，货币取得了流通手段的职能；当商品的让渡在时间上或早于或迟于它的价格的实现的时候，在这种情况下，货币不复是过程的媒介了，它是当做交换价值的绝对的存在，或当做一般商品，独立地使流通过程结束的，这时，货币取得了支付手段的职能。货币当做支付手段的职能,会扩延到商品流通的领域之外,"它成了契约上的一般商品。"[1]当货币(作为独立的价值形态)从它所直接服务或间接服务的商品价值运动中,在或长或短的期间内脱离出来的时候,这时,货币就具有作为积累手段与储蓄手段的职能。

在中国国内商品流通中,中国的货币具有价值尺度、流通手段、支付手段,以及积累手段和储蓄手段的四种职能。在世界货币的职能中,中国的货币则恢复到它的自然形态同时表现为抽象的人类劳动之直接社会的实现形态,转化为黄金的形态。这是因为"货币在世界市场上,才在全范围内当做这样一种商品来发生职能。在这里这种商品的自然形态,同时也就是抽象人类劳动之直接社会的实现形态。从而货币的存在形态,才和它的概念相适合。"[2]

第二节 货币的价值尺度与价格标度的混淆

人们知道,在资本主义世界里,货币商品黄金作为价值尺度,不仅是表现价值和衡量价值量的物质材料,而且是包含在商品中的劳动的物表现和衡量它的自发市场的工具。首先,体现的是资本主义的盲目的自发的商品生产关系,它作为物的表现形态,体现着资本主义商品生产关系中的私人劳动与社会劳动的对抗性的矛盾,在商品和货币的内部关系中包含着危机的必然性和可能性,货币商品的黄金在资本主义社会成为君临于一切的物神

---

[1] 马克思:《资本论》第1卷,郭大力、王亚南译,人民出版社1953年版,第139页。

[2] 同上书,第142页。

化的存在，成为社会财富的一般形态。资本主义商品生产中的私人劳动表现为社会劳动，表现为价值是在市场上盲目地通过自发的价格形成的过程的，是商品和黄金的自发较量，通过盲目的价格围绕着价值的运动机制而完成的。因此，在资本主义社会中，价值规律是作为统治着人们的自发力量在起作用，通过货币商品黄金集中地表现了这种关系。所以，在资本主义制度下黄金成为支配人们生产关系的万能者。在资本主义私有制基础上的商品生产和商品交换，不但包含着在量的方面的不一致，发生价格与价值的背离，而且还包藏着一个质的矛盾。前者是存在于价格形态之内的，马克思曾指出："价格和价值量发生量的不一致的可能性，从而价格和价值量相背离的可能性，是存在于价格形态之内的。但这不是这个形态的缺点，却宁说会使它成为一个适合于这样一种生产方式的形态。"① 但是在资本主义制度下，价值规律只能当做无规律性的盲目发生作用的平均法则来贯彻。从而在资本主义制度下垄断资本就会利用货币的价值尺度机能，利用价格与价值的不一致的可能性，进行大鱼吃小鱼，为最大限度利润的目的而进一步剥削劳动人民，排挤中小资本，更加扩大资本的积集和集中。其次，在资本主义商品交换的价格形态中，包藏着一个质的矛盾，本来货币只是商品的价值形态，而在资本主义制度下由于货币资本化，使价格可以完全不是价值表现，例如本身不是商品的东西，像"良心"、"名誉"等，也可以由它们的所有者拿来换取货币，并由它们的价格从而取得商品形态。还有例如土地本来不是人类劳动的产品，是没有价值的，但它也可以取得形式上的价格，或想象的价格形态。这些都是资本主义制度下货

---

① 马克思：《资本论》第1卷，郭大力、王亚南译，人民出版社1953年版，第92页。

币的价值尺度职能所特有的现象。

只有本身是劳动产品具有内在价值的货币商品,它才能执行价值尺度的职能。因为货币是商品的价值形态,而商品的价值量是它生产上所支出的劳动时间的物化形态,衡量它的价值量的时候,只有由包含在它表面的劳动量即劳动时间来测量比较。①"货币当做价值尺度,是诸商品内在的价值尺度——劳动时间——的必然的现象形态。"②如果一个本身不是劳动产品不具有内在价值,它又如何能作为诸商品的一般等价物,成为商品界的一般劳动时间的表现形态呢?马克思关于这方面明白指出:"金之所以成为价值尺度,只因为一切商品都用它来估计自己的交换价值。这个过程般的关系的全面性,却包含着这样的前提,就是每个个别商品,都依照包含金与自己两者之中的劳动时间为比例,用金来测度自己,因此,商品与金之间的真正尺度,乃是劳动本身,或者说,商品与金,是通过直接的物物交换,彼此作为交换价值而相等的。"③他还指出:"金要用作价值尺度,金就必须尽可能是一个可变的价值,因为它只有当做劳动时间的物化才能变成其他商品的等价物,但同一劳动时间却随实在劳动的生产力之变动而实现为不同分量的使用价值。"④在一般的交换价值的规律下,如果商品的交换价值保持不变,那么,它们的金价格只有在金的交换价值跌落的时候才有普遍高涨的可能;如果金的交换价值保持不变,那么,金价格只有在一切商品的交换价值高

---

① 马克思:《资本论》第 1 卷,郭大力、王亚南译,人民出版社 1953 年版,第 659 页中,"但什么是一个商品的价值呢?那是它生产上支出的社会劳动的对象化形态。我们又怎样尺度它的价值的量呢?由包含在它里面的劳动量去尺度。"
② 马克思:《资本论》第 1 卷,郭大力、王亚南译,人民出版社 1953 年版,第 82 页。
③ 马克思:《政治经济学批判》,徐坚译,人民出版社 1955 年版,第 37 页。
④ 同上书,第 38 页。

涨的时候才有普遍高涨的可能。在商品价格普遍跌落的场合就相反。

有些人往往由于货币在执行价值尺度职能的时候，是观念上的想象中的货币，从而就认为货币不需要有真实的黄金，在货币理论中出现了观念的货币尺度单位论的主张，像英国的神秘唯心主义哲学的代表者巴克莱主教，以及经济学家詹姆斯·斯杜亚特都是将观念的货币尺度单位理论化的代表人物。例如巴克莱主教曾表现才气横溢地问道："难道利弗尔、镑、克朗之类的名称，不能仅仅看成比例名称（即抽象价值本身的比例）？""难道金、银或纸币不只是用来计算、记载和监督的记号或符号（对价值比例）？""难道支配别人的勤劳（社会劳动）的权力不就是财富？"难道货币实际上不只是转移和记载这种权力的记号或符号，而这种记号的用什么材料做成竟十分重要？[1]斯杜亚特则更彻底，他不但撇开了金、银，他还主张撇开他们的法定的名称。只要有单纯的抽象名称的比例存在就足够了。[2]

这种主张货币不具有内在价值而执行价值尺度职能的观念的货币尺度单位论者，他们忽略了在价格形态上，必须要有真实的货币材料为依据，上面我们已经说过，表现一吨钢的价格时是用金，还是用银、用铜，对于价格的表现就完全不同，或者是所表象的金量、银量或铜量也极不相同。在这里，说明了他们根本否定了使各种商品成为同名称的量的那个尺度的实质，他们不了解价值尺度转化成价格标度，采取计算货币的客观过程，从而把价值尺度与价格标度相混淆起来；另外，他们又混淆了当做价值尺度的金、银，与当做流通手段的金、银，因为在流通行为中，流

---

[1] 马克思：《政治经济学批判》，徐坚译，人民出版社1955年版，第43页。
[2] 同上书，第49—50页。

通手段可以用记号来代替的,他们根本不了解流通手段可以用符号来代替是在货币的价值尺度职能的基础上,并以它为前提的事实。这是一种把本质看成为现象,而把现象却看成为本质的根本错误。

目前,我们看到主张中国的货币符号具有价值尺度职能的论调,或者干脆主张中国的货币符号与黄金根本没有联系的一种纸币形态的货币,也就可以说是一种观念的尺度单位论的再版,与马克思的货币理论和作为他的基础的劳动价值的理论是根本对立的。例如有人说:"人民币在流通中有价值,其与黄金的比价,虽然困难,还是可以计算出来的,它在流通中,本身虽然不是价值尺度,但却有价值尺度的职能。"又说:"人民币虽是货币符号,黄金标记,但由于人民币可以当商品价格暂时的客观的反映,可以用来代替黄金价值尺度的机能。"①他们的理由是引用了马克思的一句话"在货币只用作价值尺度时,它只是观念的想象的货币。"从而结论说:"故只要计算出人民币同黄金的比价,不需要真实的金币,也可以起价值尺度的职能。"②并且还断章取义地用马克思的这样一句话来论证他们的观点,"货币当做商品价格暂时的客观的反映,本来不过是当做自己的记号来发生机能,所以能够由记号来代替。"

这种意见很明显地歪曲了马克思的货币理论,同时,也是与我们现实的客观情况不相符合的。他们与历史上的观念的货币尺度单位论者一样,根本把货币的价值尺度与价格标度的概念混淆了,把在流通手段的职能基础上可以用金、银的符号来代替的原

---

① 卢钝根:《关于人民币的性质和职能问题》,《学术月刊》1957年第4期,第37—39页。
② 卢钝根:《再谈人民币的性质和职能问题——与喻瑞祥、陈希原两同志商榷》,《学术月刊》1957年第10期,第58—60页。

理，倒过来引申到价值尺度的职能上来，这样，就根本否定了中国货币作为一般等价物的本质，否定了马克思关于货币和价值的基本原理。在流通中，货币之所以可能由它的符号来代替，是因为在货币的价值尺度职能的基础上，商品已经具有价格进入市场，在流通中商品—货币—商品的关系中，货币是当做商品价格的暂时的客观反映，本来，不过是当做它自己的记号来发生机能，所以能够由记号来代替的。马克思在说明这问题的时候，明明白白说得很清楚："金因何可以由其价值的记号来代替呢？我们讲过，它只在它充作铸币或流通手段的机能被孤立或独立化的限度内，能够被代替。"[①]如果照他们的说法，货币的价值尺度职能也可以由货币符号来代替，那么，又何必还要有金、银来担任价值尺度的职能呢，岂不是金、银在实际上已经让位于纸币了吗？如果照他们的说法，流通中的货币符号可以代替价值尺度职能，那么，商品就不可能具有价格形态进入市场，货币也可以不具有价值进入流通了。这又岂能符合客观实际情况呢？如果照他们的说法，人民币与黄金有比价，从而货币符号就可以代替货币的价值尺度职能了，这种对货币价值尺度职能的根本误解姑且不论，请问所谓货币符号与黄金的比价究竟是什么意见呢，想来无非是指通过比价关系来证明人民币的含金量，认为人民币有含金量，所以货币符号可以代替价值尺度的职能。然而，人们知道含金量是价格标度，是以一定的金量来测度其他商品金量的技术因素，它是金作为价值尺度职能的时候，为了要使商品界的含金量可以用一个固定单位的含金量来彼此计量，在这里，金的一定分量是对金的其他分量当做单位来用的，而不是用来衡量商品的交

[①] 马克思：《资本论》第1卷，郭大力、王亚南译，人民出版社1953年版，第124页。

换价值的，也不是衡量商品的劳动时间的。这种想法，马克思也早就道破了，他说："似乎是把一定含金量——它的价值原来是可变的——同商品的交换价值确定在固定的价值比例上，这种想法，就是忘记了金在发展成价格标度之前，商品交换价值已经转换为价格、转化为含金量了。"[①]因此我们就不能因为人民币与黄金有比价，有含金量，从而货币符号就代替了货币的价值尺度职能了，这是根本混淆了货币的价值尺度职能与价格标度两个不同本质的概念和它们的作用的结果。这是对商品流通准备过程的第一阶段的商品价值的形态规定，以及与之相联的货币作为价值尺度的形态规定的特征，根本不理解的结果。

至于根本否定中国货币与黄金的关系，只从流通中的现象出发，认为中国货币是高级形态的纸币形态的货币的主张，这已经根本否定了马克思的劳动价值学说，否定了中国货币是一般等价物的实质，陷入到货币名目论的泥坑。

现在让我们看看有一种主张"社会主义货币的价值，直接代表一定量的劳动时间"。他们说"货币是社会分取消费品于劳动者的一种权利凭证"；他们认为："社会主义的货币首先是一种公共的价值尺度，货币具有价值，是因为它的发行流通过程，是与产品的生产分取过程相始终的。"他们认为："所谓稳定物价政策，除了不使货币发行量超过流通所必要的量，以防物价上涨而外，也有这样的意义：使货币代表各种有用物资的综合比例，并把这个综合比例相对的固定起来。"[②]

这种主张劳动时间是直接的货币尺度单位的学说，已经不是

[①] 马克思：《政治经济学批判》，徐坚译，人民出版社 1953 年版，第 41 页。

[②] 顾准：《试论社会主义制度下的商品生产和价值规律》，载《经济研究》1957 年第 3 期，第 49—50 页。

新鲜的玩意了，早在 1830 年代就有约翰·格雷（John Gray）在他的《社会制度关于交换原理》的论文以及 1848 年他的《论货币的本质及其用途》的著作中就提出了，他主张："由国家中央银行通过支行来断定在各种商品的生产上所用的时间。生产者交出商品时换回一张正式的价值凭证，也就是依照他的商品所含劳动时间量取得一张收据；而这种代表一个劳动周、一个劳动日或一个劳动小时等的银行券，同时对于存放在银行仓库的其他一切商品中的一个等价物，起着领用凭证的作用。"到后来又由普鲁东把这种贬抑货币，颂扬商品，只要商品不要货币的主张加以宣扬，所以主张货币是直接的劳动时间的代表，"无非就是发给劳动者的消费权利凭证"的意见，可以说格雷、普鲁东的劳动券学说的再版。

这种主张的错误，首先，他们把社会主义中不同的所有制下的劳动一律假设为都是直接的社会劳动时间，忽视了不同生产关系的现实，忽视了商品生产与货币流通是生产关系和生产力的矛盾的表现形式，从而也根本忽视了商品中所包含的交换价值与使用价值、具体劳动与抽象劳动、局部劳动与社会劳动之间的矛盾，同时也抹杀了普遍大量存在的简单劳动与复杂劳动之间的质的差别性；其次，他们要求产品的生产要当做商品来生产，但却不要当做商品来交换，要商品却不要商品内在因素的价值和交换价值，不要商品交换的客观存在的价值形态，不要商品交换的客观存在的价值规律。更奇怪的是，他们要求有"价值形态"，说货币是"公共的价值尺度"，而又否定价值形态，否定货币一般等价物，把货币说成是分配消费品的凭证，这就表明了他们对商品和货币的根本无知了。

第三章 中国货币单位名称"元"的价值基础

既然我们主张中国货币的价值尺度职能是由有内在价值的货币商品黄金来执行的,而不是由货币的符号,也不是由不同货币单位的比价来执行的,那么,人们一定要问中国既没有明确中国货币是黄金,也从未见过有黄金铸币,更没有给人民币规定有法定的含金量,将如何证明中国的货币"元"的价值基础是黄金呢,同时又将如何证明中国货币单位"元"的含金量是黄金的量而不是白银的量呢?最后黄金又是如何地起价值尺度的职能呢?

现在让我们首先来考察一下中国货币与黄金的联系问题,而后再来说明中国货币的单位"元"的含金量问题以及黄金如何在中国起着价值尺度的职能。

中国的通货与黄金的关系可以从两方面来证明:(1)是从历史上早在1935年11月"废两改元"的法币改革的时候,旧中国即已经放弃了银本位,而在实际上采取了金汇兑本位制度;(2)是从中国现实的流通中,证明中国人民币与黄金的现实的兑换性和它们的依存关系。在中国历史上"废两改元"以前,银圆成为中国人民通用的货币，银是中国货币的一般等价物，银是中国的货币的价值尺度，七钱二分重的银圆成为中国统一的价格标度，在那时中国的物价体系当然是银的物价体系。直至今天，在人们的心目中一直还存在着一种先入观念以为中国的"圆"仍然是代表银的（袁大头），是银圆的观念化身。这是不能怪人们的这种习惯的看法，因为到现在为止，对于国民党政府放弃银本位，采用殖民地所通常采用的金汇兑本位制，而实行纸币本位制的"法币改革"，还没有进行足够的分析批判和宣传，所以，人们还以为现在中国的货币单位名称、中国货币的价格标度也是中国的计算货币的"圆"，还是银圆，殊不知中国的大量的存银早已在法币改革的前后，为国民党政府和四大家族囊括一空，送到美国去变作他们的私产了，剩下来留给人民的是像天文数字般的一文不值的法币废纸。

1935年11月，国民党政府实行"废两改元"的法币政策，白银收归国有，发行不兑现的法币纸币，并将白银输往英、美，换取美元、英镑，想用法币对英美的外汇牌价来维持国内法币的价值。

本来自从第一次世界大战以后，世界银价由于白银电解精炼法的发展，生产费用降低，白银生产增加，世界银价一直在下落，许多用银国家都放弃了银单本位制。但在自1933年由于美国产银占世界第一位，美国银行资本家、用银有关的工业资本家、向用银国输出贸易资本家以及农业资本家为了垄断资本的利益，人为地制造了提高银价的运动。由于美国垄断了世界白银市场，美国垄断资本想通过提高白银价格，一方面在国内可以获取垄断利润；另一方面可以向殖民地进行侵略，通过提高银价，使用银国家一面提高购买力，一面降低进出口商品价格，这样，帝国主义可以畅销他们的商品。殊不知在殖民地国家因银价上涨，造成了白银大量输出,国内银价上涨,商品跌价,造成工商业的严重困难。在中国引起了工商业的破产,资金外流,金融恐慌。上海在1934年7月白银存量为5亿4700万美元,但到了同年12月减到了3亿1700万美元。1934年7月以后的三个月间,就流出了白银约达2亿元以上,国内通货紧缩,金融危机,工商业破产,国民党政府在英美垄断资本争夺殖民地的情况下,首先投靠了英帝国主义,后来又与美帝国主义勾结,在1935年11月宣布了法币改革。把民间白银一律收归国有,发行不兑换纸币"法币",实行通货膨胀政策。自此以后,中国国内白银完全成为四大家族的财产,作为商品输出国外,国内流通的是纸币,根本与银断绝了关系,而把法币的价值联系在与英镑和美元的外汇汇率的比价关系上。

国民党政府在发行法币时,颁布了"新货币法令"六项条文,在条文中丝毫没有提到法币与任何金属的联系。只是规定了法币与英镑的汇价,1元法币换14便士半,由中央银行、中国银行、交通银行三行挂牌,无限制地买卖外汇,企图以这个汇价来维持法币的价值,后来,由于美国垄断资本对英国垄断资本的竞争和抗议,法币又与美元挂钩,规定汇价为1元法币等于三元二角三分美元。这里的事实完全说明了在1935年11月法币的发行是旧中国放弃银本位制采取金汇兑本位制的表现,是国民党政府掠夺人民手中的白银,而实施通货膨胀的不兑换的纸币流通制度的措施。

国民党政府放弃银本位制,但在国内为了欺骗人民,使人民产生法币1元仍然就是原来的银币1圆的幻觉,财政部还宣布了"新货币制度说明书",其中指出:"在我国新货币制度中,法币与现银间仍保持原有的固定比例。银本位铸造条例规定,每圆含纯银23.493448公分,并在新币条例中规定,凡所有银币、生银等银类照所含纯银数量，兑取法币，其间关系仍是纯银23.493448公分兑换法币1元。可见法币与银本位币间，非但未曾脱离关系，尚保持原有之固定比例。"这些话完全是欺人之谈，因为法币是不兑换纸币，法币根本不可能向银行兑取23.493448公分的白银，而这个规定与说明，只是片面的起着人民合23.493448公分的银类可以去兑换一张不兑换的纸币法币的意义和作用，丝毫没有说明法币仍然与银圆之间有固定比例的事实，如果有的话，即只有人民出卖白银给国民党政府的义务，而没有人民持有的法币可以去兑取白银的权利。所以这是国民党政府欺骗人民对白银的货币拜物教的迷信而进行对人民剥削的巧妙手法。

国民党政府通过"法币改革"放弃银本位采取纸币本位制的事实，在当时的帝国主义国家的金融市场上反映得十分清楚。首先，在英国当时英国金融业利用法币与英镑的汇率将要降低，利用伦敦市场大发投机之财，中国银圆伦敦市价从20便士下跌到14便士半，这说明在世界银价腾贵的时候，银圆按理是不会下落的，同时事实也是在上涨中，忽然在伦敦市场上中国银圆价格之跌落，是中国的货币脱离了银本位而转向到纸币本位制的表现。美国花旗银行月报（"National City Bank" Decenbez 1935）中报道说："中国政府脱离银本位制是美国政府开始执行它的白银政策后，即为人们所意料中事，问题只是看中国政府还能维持多久的时间而已。"这些事实都说明国民党政府放弃银本位制而改用纸币本位制是当时帝国主义垄断资本对外进行经济侵略的必然结果。本来自从第一次世界大战以前，由于白银价值的下落，已经失去作为货币材料的资格，许多资本主义国家都先后采取了金单本位制，以后，白银的价值继续跌落，金银之间的比价，1926年至1930年还是1：39.2，但到了1931年至1934年跌落到 1∶72.6。一些采用银单本位制的国家都因银价的暴跌,造成经济恐慌,印度也早在 1893 年就放弃了银本位制而采取了虚金本位与英镑联系。由于世界产银量主要由美国垄断资本所有,1928—1933 年世界产银量中,墨西哥占 42%,美国 19.2%,加拿大 9.7%,南美 9.5%。美国白银工业垄断集团在 1933 年人为地提高白银价格,牟取暴利,1932 年纽约白银 1 盎司为 20.9 cent,而在 1934 年末提高到 53.55 cent,到了 1935 年 5—6 月间上升到 75 cent—80.00 cent。由于白银价格暴涨,许多银币流通的国家引起了通货大混乱,在印度出现将大量的银卢比改铸成银块外流,英美垄断资本之间,展开了激烈的通货斗争,旧中国本来就是处在半封建半殖民地的状态下,门户大开,任人宰割,国内白银大量流出,商品输出激减,工商凋敝,货币制度陷入极其混乱的状态,引起了金融紧缩的恐慌。在英美角逐争夺殖民地市场的状态下,国民党南京政府在英国帝国主义的控制下,放弃了银本位,进行了"法币改革",把法币与英镑联系,法币 1 元等于英镑 14 便士半,想以无限制买卖外汇来维持法币的价值,后来,美帝国主义的侵略下又与美元挂钩,法币一元等于美元 3.33 元。这样,旧中国的货币制度就走上了半殖民地所可能采取的一种所谓"金汇兑本位制"了。

我们知道任何一国的货币必然都要有内在价值的货币商品,当白银作为币材退出了历史舞台的时候,代替它的是货币商品黄金。因为资本主义世界的经济已经成为世界体系,资本主义的商品流通已经深入到各个殖民地的穷乡僻壤。而世界资本主义国家的货币商品是黄金,黄金已经是世界货币,这样,历史地和社会地也就客观地决定了当殖民地放弃了银本位制改用纸币本位制的时候,它的货币的价值就必然要间接地与黄金相联系了,虽然是纸币流通,但是任何国家都不能因采用纸币流通而脱离了它的货币的黄金属性。这是商品生产和商品交换之所以能成立，价值规律之所以能表现的客观物质基础，是不以人们意志为转移的存在。

国民党南京政府放弃了银本位制，改用纸币流通，并未能排斥法币的货币商品的金属属性。这种属性现在是与黄金相联系，表现在国民党南京政府规定以英汇与美汇的固定比价来维持法币的价值这一关系上。

有人把这种关系说成法币变成英镑和美元的符号了①，由于英镑和美元是以黄金为基础的，因而法币也就成为黄金的代表。法币流通与英镑、美元的比价关系而间接地与世界货币黄金发生价值关系，这是客观事实，同时也是经济落后，又不生产黄金的旧中国所可能采取的唯一措施，通过与英镑、美元的比价关系，使法币的货币单位"元"，间接地建立在黄金价值基础上，成为一定的含金量的名称，从而法币也就成为一种含金量"元"的符号，从而成为货币商品黄金的符号。但把法币说成是英镑、美元的符号是不恰当的，因为法币只能是"元"的符号，作为含有一定金量的货币名称（也是中国的货币单位、价格标度和计算货币的名称）"元"的符号，不可能是英镑的符号，或美元的符号，法币的货币单位名称的"元"与英镑、美元都是不同国家的货币单位名称，它们只有在以世界货币黄金为基础上的不同含量上的比价关系，它们都是黄金的符号，所不同者英镑与美元是直接以黄金为基础的黄金符号，而法币是间接地通过比价关系从而以黄金价值为基础的金量符号。英镑的符号只是英国的通货，美元的符号也只能是美国的通货，旧中国的通货"法币"

---

① 黄达：《人民币是具有内在价值的货币商品的符号》，载《经济研究》1957年第4期，第68页。

是旧中国货币单位"元"的符号,这是不能混淆的。尽管法币制度与在国民党政府下的商品交换和价值规律,以及货币流通是直接或间接地从属于帝国主义垄断资本的利益而运动,但这是另一回事情。如果说法币就是英镑和美元的符号,则"法币"所代表的货币单位以及它的含金量,就必然是英镑和美元的含金量,一个符号同时是两种不同金量货币的符号,这是不合理的,也是不符合实际情况的。如果这样法币就不是代表"元"的含金量的货币符号了。所以,我们应该认识法币是纸币"元"的符号;元的含金量是从与英镑和美元的比价关系中间接地获得的,因为英镑和美元都是一定含金量的货币的名称。当然,在它们国内流通的就是英镑和美元的符号。在经济不发达而又不产金或银的国家,当货币商品黄金起价值尺度职能的时候,情况是比较曲折而复杂的,是靠一种绕道的办法来表现的。在"法币"流通情况下,黄金的价值表现如上所述,是间接地表现和实现的。马克思早就指出:"在既不产金又不产银的国家,用本国的商品,亦就是用本国平均劳动的一定部分,去同那有金银矿藏的国家物化在金银中的劳动时间的一定分量,直接或间接地进行交换,靠这样绕道的办法,达到同一个结果。"[1]

还有一种意见,认为在中国历史从未有过金元的说法,即使法币是纸币,但并未放弃与银圆的联系,国内有些地方还曾因不信任法币,仍使着银圆,虽然,在对外关系上法币是与英镑和美元有比价联系,是否可以说法币是一种复本位制的货币呢?对内则以银为基础,而对外则以金为基础的货币呢?

表面看来好像法币的"元"是同时以金或银为它的价值基础的,同时在20世纪30年代,垄断资本主义国家通货危机,也

---

[1] 马克思:《政治经济学批判》,徐坚译,人民出版社1955年版,第37页。

曾企图采用金银复本位制，1934年，美国罗斯福政府在产银的垄断资本的操纵下，颁布了五月条例，企图设立含有金或银价值的永久不变的价值尺度，并要求有国际间的共同步骤的协定，一时所谓"新复本位论"甚嚣尘上。历史的事实已经证明所谓"新复本位制"的倡导，实际上是美国白银利益集团的花招，目的在于提高银价，攫取更大利益，而这在理论上也是不堪一击的。因为"价值尺度的二重化，是与它的机能相矛盾的"（马克思）。关于这个问题，马克思早在政治经济学批判中给了详细的分析和批判了："两个排斥其他一切商品的商品，它们相互之间也是彼此排斥的。因此，在金与银依法同时当做货币，即当做价值尺度而并存的地方，总有把它们当做同一物质来处理的徒劳无益的尝试。如果假定，当同一劳动时间物化在金银上的时候，金和银固定不变地总是保持着同一比例，实际上，这就是假定金银是同一物质，而银这种价值较低的金属是金的一个固定不变的分数。"在英国的币制史上从爱德华三世起到乔治二世时止，两种金属之间出现了一连串的混乱，相互排斥；在19世纪50年代的法国也出现过金银法定比价与现实比价之间脱节和贴水现象，所以，马克思总结了历史上的经验，指出在金属货币流通和两种金属当做法定价值尺度的时候，其结果是只有一种金属执行着价值尺度的作用。[①] 而法币根本不是金属流通，更不是两种金属同时依法流通的，它是纸币代表着元的含金量而流通的，国民党南京政府既然已经把法币的元的价值基础，放在买卖外汇的基础上，而不是放在兑换银圆的基础上，这一事实已足够说明"法币"

[①] 马克思说："总结这方面的一切历史经验，只是说明依法有两种商品尽价值尺度机能的所在，事实上总只有其中的一种保持着这种地位。"见马克思：《政治经济学批判》，徐坚译，人民出版社1955年版，第46页。

的价值基础不是同时以金和银的价值为基础的复本位制,而是通过外汇比价间接地与世界货币黄金联系的,这种联系赋予了法币的"元"以一定的含金量,在这里,黄金执行它的货币价值尺度的机能。至于国内有些地方流通的银圆或铜圆,这些不过是"金的一个固定不变的分数",是金的符号,是一种辅助货币的性质。我们知道"用作货币材料的一定金属是由社会条件已经给定了的。"(马克思)虽然中国历史上的元是银圆,而且有各种各样的银圆流通,但一旦禁止银圆流通把白银收归国有,"元"的价值与世界货币黄金简单地联系了起来,在以此为基础的时候,这时"元"的名称虽然未变,但它的金属内容却是变了,在这种客观事实前提下,元这一货币单位代表一定的含金量,就不以人们的意志为转移了。在历史上这种事情很多,"譬如镑,原是实际 1 磅重的银的货币名称。当金代替银为价值尺度时,这个名称就依照金和银的比价,比方说:附在 1/15 磅的金上面了。"①

"元"是中国历史上所形成的计算货币的单位名称,"当做计算货币的货币来说,它的单位或单位以下的部分是否实际上已经铸造出来,是毫无关系的。"② 因此,不能说没有看到"元"的金铸币流通而就否定"元"代表黄金而是一定含金量的货币单位名称了。历史上的无数事实都证明:"货币当做计算货币可以完全只在观念上存在,而实际存在的货币却依着完全不同的标度铸造。"③

以上我们简单地回顾了旧中国货币如何在历史上必然地要由

---

① 马克思:《资本论》第 1 卷,人民出版社 1953 年版,第 88 页。
② 马克思:《政治经济学批判》,徐坚译,人民出版社 1955 年版,第 44 页。
③ 同上。

银转变为金的历史情况和它的过渡的特征，同时，在理论上作了若干阐释。尽管事实如此，往往人们的认识总是落后的，尤其是像货币这样复杂而迷惑的概念。后来到了1948年由于国民党南京政府采取了通货膨胀政策，法币等于废纸，再不能欺骗人民执行流通和支付手段的职能，以后又发行了"金圆券"，明确了"元"的金属内容及其含量，与美元联系，规定含金量为0.22216公分。由于国民党反动政府的通货膨胀政策，"金圆券"丧失了可兑换性，丧失了它可兑换为金的能力，不到一年也与法币一样为人民所拒绝通用。在1949年全国解放战争的胜利，"金圆券"即被以"人民币"根据一定比价收兑，永久消失了。在这里，笔者并不想要叙述旧中国的货币流通史，而是在于指出这一历史事实，以说明中国货币名称"元"的内容已经在法律上加以明确，被规定了一定的含金量这一历史事实而已。所以，根据这些事实说明中国货币早已是间接地以黄金为货币价值的基础了，中国货币单位的名称"元"是它的价格标度，也早已就是通过间接的比价关系成为一定含金量的货币名称了。

  人们对中国的通货——人民币——是黄金的符号，中国的货币单位名称的"元"是具有一定含金量的价格标度，感到不容易理解，人们觉得中国的人民币并没有法定含金量，它何能是黄金的符号，"元"又何能代表一定的含金量呢？人民币是以大量商品为保证的，它直接与商品价值相联系，因而人民币是直接代表商品价值的，并不需要拐一个弯子还要通过黄金关系来代表商品的价值关系。他们认为，商品价格是由政府的价格政策决定的，黄金已经不起价值尺度的职能，退出了历史舞台，而由纸币代替了。中国货币单位名称的"元"不过是历史继承下来的计算名称，商品价格的比例关系，计算的手段而不再是真实的含金量的代表了，中国的货币符号的人民币，照他们的说法所谓

"纸币形态的货币"可以完成货币的一切职能,包括价值尺度的职能在内。

然而事实胜于雄辩,客观的过程是不是这样呢?让我们来分析一下事物的本质吧。

解放区的一切货币包括人民币在内,过去和现在都是具有一定含金量的货币单位名称"元"的符号,中国人民币是在1948年12月随着中国人民银行的成立而开始发行的,当时华北解放区人民政府规定人民币1元等于冀南银行的货币100元,等于北海银行的货币100元,等于晋察冀边区货币1000元,等于西农币2000元,以后陆续收兑冀南币和晋察冀边区币,以及其他解放区的货币,这个工作直到1951年4月1日收兑了东北币、关东币和内蒙古流通券,又在同年10月收回新疆省政府发行的银圆券,这样人民币成为中国统一的货币,所有其他解放区的货币都根据物价水平以兑换比价关系,统一于人民币的价格体系中了。在解放区货币与人民币相兑换的时候,是根据不同地区的货币单位所代表的价值量与人民币的1元相兑换的,这完全说明中国解放区的货币单位"元"的符号,虽然由于根据地的分割,在政治上、经济上有必要发行各地自己的流通券,但它们都是以中国的货币单位"元"为计算单位,同时,各地区的货币也都代表着一定的含金量,从而代表着一定的价值量的。例如在1938年晋察冀边区行政委员会命令晋察冀边区银行晋察冀币的时候,就是以边币1元兑换法币1元的比价进入市场的,并且还以1∶1的比价收兑法币,同样地在1939年冀南币由太行区冀南银行发行时,也是冀南币按本币1元兑换法币1元的比价进入流通的,以后禁止法币流通,按一∶一收兑了法币,这样的历史事实说明了中国解放区的货币从来在事实上就是一定含金量的货币单位"元"的符号。从它们的发行开始,直到它们最后统一在人民币的全国统一的通货流通中，每一解放区的通货都是根据它们当时的一定含金量被发行，而被收兑的。所以，有人说解放区的货币从来就不代表含金量，脱离了货币的金属属性，这是不符合事实的说法。当然由于人民政权下的货币从来就不同于国民党南京政府和资本主义社会的货币，它不是盲目地结晶在黄金货币商品上的，作为货币商品的黄金在这里它已失去像在资本主义社会下的那样的威力，不可能发生盲目的自发的作用，在这里不是人们崇拜黄金，而是黄金作为货币商品为人们所利用，用来为革命的经济事业服务。所以，解放区的货币从来就不是把货币的稳定性建立在兑换黄金的基础上，而是建立在大量的商品供应，建立在商品流通与货币流通的有规律、有步骤统一安排的基础上的。中国的货币自从解放区发行货币以来，一开始就是与资本主义社会的货币在本质上不同的。

如果人们以资本主义下货币商品黄金的作用来看待人民政权下的货币流通问题，就不能不感到好像中国的货币已经脱离了金属内容了，好像货币只是流通的媒介、分配的手段，而不必是一般等价物，这是过去长期以来人们对中国货币本质和它的作用的一种错误理解的根源。

过去有人说我们解放区的货币是"百物本位"，是代表基本生活资料的分配券，这是极其皮相之谈。如果照这种理解，百物都是本位或者是百物统一起来成为抽象的本位，那么就是说，价值还没有结晶，货币还没有出现，商品交换还停滞在"扩大的价值形态"的阶段，货币也就不可能存在了。作为货币商品它是排他性的存在，实际上只有一种商品可以担任商品界的价值尺度的职能，而不可能百物都是商品界的价值尺度的承担者，至于百物的抽象的统一的本位是一种虚构，百物统一的综合的价值单位又如何可以存在呢？一个虚无缥缈的东西又如何能衡量一个是劳动产品的劳动时间呢？这些人把中国提供大量的基本生活资料以保证人民的货币的流通，保证它的价值的稳定性，这是政府根据经济规律和货币流通规律的经济循环运动的在流通中的现象，而看成为货币已经不是货币，货币只是生活资料的代表，于是就只要生活资料而不要货币了，只要商品生产而不要商品交换了，只要商品而不要交换价值了，这是一种何等奇怪的自相矛盾的脱离客观实际的"发明"。

目前，中国的人民币在1955年3月发行的代替老区旧币的流通货币，它的货币"单位价值量"较之旧币提高了1万倍，老区旧币1万元兑换新币1元。那么，中国的"元"的符号人民币是不是黄金的符号呢？我们认为，人民币是具有一定含金量的货币单位"元"的符号，从而它是金的符号是价值的符号。我们可以从以下几个方面来证明。首先表现在我国的人民币可以与黄金、外汇的可兑换性上[1]。人们都知道中国的人民币是不兑现的银行券，这是因为黄金在中国被利用来作为货币商品，是在国家的计划经济的指导下服务于社会主义经济规律的货币流通制度的特点，根本不同于资本主义世界货币商品黄金具有独立的自发的盲目的运动形式，所以，国家可以不予兑换黄金。在人民手中的黄金，以及在金店作为商品出售的黄金，它们都是一般的普通的商品，而不是作为被国家用来当做物化劳动体现物的一般等价物的货币商品，这一点区别是很重要的。当人民手中的黄金卖给国家，国家利用来作为世界货币的准备金而储备起来的时候，

---

[1] 马克思曾就纸币流通与金属属性的关系说过这些道理："如果纸币的名称是从金或银得来的，那么，银行券的可兑现、即可兑换为金或银的能力，不论法律如何规定，总是一条经济法则。例如，普鲁士的纸台娄，法律上虽然规定不兑现，但是，当它在日常流通中低于银台娄，因而实现上没有了兑现能力时，就立刻贬值。"（见马克思：《政治经济学批判》，徐坚译，人民出版社1955年版，第52页。）

这时的黄金它就成为中国的货币商品而发挥其货币的职能了。中国流通中的人民币是一定含金量"元"的符号，从而它是黄金的符号、价值的符号。中国人民币的"元"的含金量从来就没有明文规定过，同时，在中国历史上我们已经说过，它与金的联系以及比价关系都是与具有一定含金量的英镑和美元的联系中间接地取得的，是通过外汇关系而来的。这是中国客观经济情况所形成的特点，但我们决不能说中国人民币的"元"的含金量没有明文规定，它就不是一定含金量的名称，而是一种单纯的计算符号，请看一看最近中国人民币与社会主义国家以及与资本主义国家以黄金为货币价值基础的货币单位之间的比价关系，以及它的变动，完全说明了中国人民币的"元"具有一定的客观存在的金量。

（一）过去社会主义各国货币含金量与人民币的比价表（见表2-1）

表2-1

各国货币含金量	与人民币比价*
苏联卢布0.222168（公分）**	1卢布=0.50元
波兰兹罗提0.222168（公分）	1兹罗提=0.50元
捷克克朗0.123426（公分）	1克朗=0.277元
匈牙利福林0.0757（公分）	1福林=0.170元
保加利亚利瓦0.130687（公分）	1利瓦=0.294元
民主德国马克0.399902（公分）	1马克=0.899元
南斯拉夫底那0.00296224（公分）	1底那=0.008元

*：本文是作者1957年所作，因此该比价是当时的银行牌价。

**：本文是作者1957年所作，因此计量单位仍保持当时的通用单位。

(二) 主要资本主义国家货币含金量及其与人民币的比价表（见表 2-2）

表 2-2

主要资本主义国家货币含金量	与人民币比价*
英镑 2.48828（公分）**	1 英镑 = 6.630 元
美元 0.888671（公分）	1 美元 = 2.617 元
印度卢比 0.186621（公分）	1 卢比 = 0.522 元
法国法郎 0.186621（公分）	1 法郎 = 0.007 元
日元 0.00246853（公分）	1 日元 = 0.006 元
西德马克 0.211588（公分）	1 西德马克 = 0.586 元

*：本文是作者 1957 年所作，因此该比价是当时的银行牌价。

**：本文是作者 1957 年所作，因此计量单位仍保持当时的通用单位。

从上面中国货币"元"与世界各国货币单位之间的比价关系，我们可以看到中国的人民币的"元"是具有一定的含金量的货币单位，如果中国人民币的货币单位"元"不是金属的一定量的货币名称，它将根据什么来与世界各国的货币进行比较，获得比价呢？如果"元"的内涵是空空洞洞的虚无缥缈的东西，那么，这种比价关系就不可能成立了；这一事实正说明中国人民币的"元"与黄金的世界货币职能相接合、相统一的客观的金属属性的表现形态。

我们还看到这样的事实，自从 1950 年 3 月中国克服了历史留下来的通货膨胀的灾难以后，中国的批发物价如以 1956 年与 1950 年比较下降了 8%，而同期内资本主义国家的物价却有不同程度的上升，例如美国上升了 10%，英国上升了 34%，法国上涨了30%，西德上涨了17%，日本上涨了44%。因此，表示中国货币购买力的货币单位"元"的含金量价值量是提高了；相反地，资本主义国家的货币单位所代表的含金量、价值量是下降了。这样，中国货币单位"元"与资本主义国家货币单位之间的比价也就要发生变化，所以中国政府自1954年新币发行以后，调整了对英美的汇价，对英从1英镑兑换人民币9.8元，改为6.8元人民币；对美从1美元兑换4.2元人民币改为2.4元人民币。

当然，外汇的汇价并不即等于两国货币单位的含金量的完全平衡，即是说不一定即是平价关系，但是它们之间的基础是建立在这种彼此之间货币单位的含金量的基础上的。在这个基础上而后由于政治的以及经济的因素来决定对一国的汇价关系。在这里，我们并不能深入汇率问题，而只是说明中国货币单位的"元"在现实的流通过程中，它是一定含金量的存在和代表，中国人民币"元"是金的符号而已。

人们也可能说只从与外汇比价关系中说明人民币"元"的金量存在当然是比较容易的，因为外国的货币一般都是以黄金为基础，而且有法定含金量的，这不过说明了中国货币在世界市场上它与金有联系，是由别人家的货币关系的反映，但在国内关系中，并不见得中国的人民币还是金的符号，中国的"元"具有一定的含金量，因为中国的商品价格有不少是根据国家政策和计划而规定出来的。

中国人民币在国内流通中是否就不是一定金量的名称元的符号呢？是否就不是黄金的符号呢？我们姑且不谈，如果中国人民币在国内流通中不是有一定含金量为代表，那么，我们将根据什么又如何使中国货币与外国货币发生比价关系，如何有可能与世界货币黄金相结合，又如何表现中国国内生产力变化所引起的商品价格的变化,以及这种变化与外国商品价格变化之间的相互关系,这些事实本身已十分明显说明了中国人民币"元"在国内流通中也是一定含金量的符号,也只是在这基础上,它才有根据与外国货币发生比价关系的依据。

  在中国商品流通中,中国人民币也表现了与黄金联系,"元"也是一定含金量的存在。所以,人民币的流通数量必须符合于货币流通量的规律,如果人民币的流通违反了货币流通量的规律,人民币就要贬值,这一事实说明了人民币的"元"必须保持一定的含金量的符号,否则,它就要贬值,出现通货膨胀。所以马克思说过:"如果纸币的名称是从金或银得来的,那么,银行券的可兑现性,即可兑换为金或银的能力,不论法律如何规定,总是一条经济法则。"[1] 如果流通中的人民币数量超过了商品流通所必要的含金量,那么"元"所代表的含金量就要相应的减少,以人民币"元"为价格标度来计算的商品价格,在它的价值没有变化条件下,就要相应地上涨;反之,则成反比例的方向运动。这样一个流通中的事实,说明人民币"元"这货币符号的流通总是代表一定含金量的流通手段的职能。货币的价值尺度职能给商品界赋予价格形态的总是货币商品——黄金。商品的价格形态就是一定量的黄金的存在形态,商品的总价格也就是表现流通中的总金量。同时,"在确定商品本身价格的时候,用来作尺度单位的那个含金量的价值量,或者说金的价值,那是当做既定的东西而作为前提存在着的"[2]所以,我们可以说根据1949年以来几年的事实,人民币流通的规律是建立在货币流通规律的基础上的,而货币流通的必要量是建筑在商品总价格的基

---

[1] 马克思:《政治经济学批判》,徐坚译,人民出版社1955年版,第71页。
[2] 同上。

础上的。这就表明人民币的流通量是要符合流通中的必需的含金量的流通，人民币的"元"必然是一定含金量货币单位的价值存在，否则，何以能体现流通中所必需的含金量呢？事物从没有只有总量而没有集合成总量的单位分量的。何况正如马克思所指出的，给商品确定它的价格的时候，用来作尺度单位的那个含金量就已经是当做既定的东西而作为前提存在着的。如果商品本身具有价值，而赋予它以价格形态的货币单位本身不具有既定的含金量，则很难定出商品的价格的。所以，我们从国内商品流通中的事实中也可以证明中国人民币"元"是黄金的符号，而"元"就是一定含金量的存在形态和名称。一般说来，流通中每1元所代表的含金量是决定流通中的人民币数量与当时商品流通所必需的含金量之间的比例关系，即流通中所必需的含金量除以事实存在与流通中的价值符号的数量。

从上述中国国内商品流通中货币流通的规律的作用形态上，可以看出货币商品黄金是现实地执行着价值尺度的职能，而人民币"元"——金的符号——的流通量是从属于货币流通规律的，"元"是一定含金量的单位名称。

此外，我们还看到黄金在中国被用作世界货币的准备基金，被用来作为世界货币的购买手段和支付手段；在中国的进出口商品的价值在国家统一管理下还要依据外汇购买力的变动这些因素的影响；国家还奖励开采黄金作为国家外汇资源，用来保证中国人民币的未定的因素之一，所有这一系列的客观事实，都说明中国的货币仍然是货币商品黄金，中国流通中的人民币"元"是一定含金量的符号，从而是价值的符号。人民币的流通形态只是货币流通的现象形式，我们不能抽象了事物的本质而只为现象。分析这一问题的本质就是科学的货币理论的任务。马克思曾在资本论第三卷第七篇指责那些庸俗的经济学第一节提道："如果现象形态与事物的实质是直接合而为一的话,那么一切科学就都成为多余的了。"①

上面我们从历史的继承关系中,从现实的人民币流通中,证明了中国货币是黄金的符号,中国的货币商品是黄金,中国的货币单位、中国的计算货币的名称"元"是一定含金量的名称和代表。现在让我们来叙述中国人民币的单位"元"的含金量问题以及国家如何有计划地运用中国的价格标度为中国的商品生产和流通服务的。它的运动机制和形态又是怎样理解?

在货币符号流通条件下,货币单位的含金量尽管没有法律上的明文规定,它仍然是客观自然的存在,所以尽管没有黄金铸币的流通,货币符号的流通也是不能离开黄金货币的属性,这也是客观的自然的存在。关于中国人民币的黄金属性问题以及"元"是以一定含金量的形式存在和代表问题我们已经在上面论述了,至于如何确定在不同时期内人民币"元"的含金量,这需要根据多方面的情况来加以比较研究确定,可以根据以纸币所表现的当时物价与黄金价格的物价指数比例折算,既可以简洁地根据与有固定含金量的外国货币的比价关系中来确定,也可以通过国内与黄金的比价即在规定黄金的价格的时候,来加以确定。

事实上,在纸币流通条件下的各个国家,不同社会主义国家也好,或资本主义国家也好,货币含金量的规定,只是一个历史上继承的习惯,是资产阶级法权的表现形态。在实际上,许多国家,他们的货币的购买力的变动,并不取决于它们的货币的含金量的规定或变动,而恰恰相反,它们的货币的含金量的规定或变动却取决于它们的货币的购买力的变动。一国货币的购买力如果

---

① 马克思:《资本论》第3卷,郭大力、王亚南译,人民出版社1953年版,第1069页。

提高，意味着一国货币的含金量的提高，而一国货币购买力的提高，又取决于一国生产力水平的高涨，在这里，我们明显地可以看到价值规律的作用，价值量与劳动生产力的关系和它的作用的新的复杂形态。

美国在 20 世纪 30 年代所规定美元含金量为 0.888671 克，规定黄金官价为一盎司 36 美元；英国规定 1 英镑金含量为 2.48828 克，但是最近十年来资本主义国家物价上涨，货币价值下跌，它们的货币的含金量早已不是原来所规定的含金量了。

虽然，资本主义国家的货币含金量的规定早就随着国内货币购买力的下降而减低了，资本主义国家的货币对内价值变动；其货币含金量的固定性从而也就失去了作用，而是服从于垄断资本家的利益而波动。但是在资本主义制度下，黄金作为货币的作用仍然是自发的盲目的君临于人类之上的物神存在，这并没有消灭。

在资本主义国家之间的外汇关系中，含金量的作用，即根据金平价的外汇关系也早已由美国的垄断资本的控制而被破坏了。美国挟其美元优势曾迫使英国降低英镑汇价，迫使法郎贬值，所以，在现代资本主义世界的外汇关系，各国的货币含金量的作用也受到了垄断资本主义的势力的影响，它的作用形式更加复杂，更加变动多端了。

如上所述，在现在世界各国的货币运动中，货币单位固定含金量的意义和作用，已经早不是像 19 世纪末叶金本位制度时代。在黄金自由移动的条件下那样起作用了，它的作用已经受到了改变，货币含金量的固定化和法定化，已经不具有十分重大的意义和作用了。然而我们绝不能因此而得出这样的结论，说货币的含金量已经不存在了，已经失去作用了，从而货币单位名称可以不需要是一定含金量的存在了。

本来货币的含金量的存在是客观存在的社会的，同时也是自然的存在，不以人们意志为转移的，人们可以利用它，可以在短期内变动它，但不能消灭它，不能离开客观经济条件长期地歪曲它的作用。否则，流通过程本身的规律就会贯彻它的存在，发挥它的作用。

在中国，虽然人民币"元"没有规定有固定的法定含金量，如上所述，这绝不影响中国人民币"元"的含金量的存在并发挥它的作用。任何一国的货币含金量都是在其本国货币的自然的社会的客观存在的基础上规定的，而不是一国货币的含金量的存在和它的作用是由于法律上规定固定后而获得的。所以，我们在考察中国货币含金量问题的时候，应该从中国货币的现实流通中，从客观流通的规律中去说明问题，必须根据中国货币的对内价值和它的对外价值的关系中，进行分析而后才可以加以确定。

（本文写于 1957 年）

第三编
反封建的经典经济学

第四章　亚当·斯密与中国的现代化

第一节　《国富论》在中国的传播

如果我们说卡尔·马克思是19世纪中叶为无产阶级的解放,指引他们从资本主义社会向社会主义社会过渡,写了《资本论》,为他们提供了理论的武器;那么亚当·斯密也就是为在18世纪封建社会下受压迫的中下层的人们谋求解放,要求自由,指引他们从封建社会向近代社会过渡,提供了《国富论》这一理论武器。我们中国的先进的知识分子,从1920年以来一直认真地学习马克思主义,学习《资本论》,为了劳苦人民的解放,在中国共产党的领导下,终于推翻了压在中国人民头上的"三座大山",建立了新中国——中华人民共和国。从此以后,"中国人民站起来了",我们国家的现代化也从而获得了一个牢固的新的起点。但从各方面的发展来说特别是在经济生产力方面中国都还处于"初级阶段"。因此,学习发达国家早期从封建走向近代的历史经验,特别是研究产业革命和近代国民经济建立的过程,对我们来说尤其迫切的需要。亚当·斯密的《国富论》正好就是这方面的最好的经典教材。

我们的前辈们，中国的先进的爱国主义知识分子当然不会看不到这一点。清末民初的严复（1853—1921）是这方面的最杰出的代表。《国富论》就是他最初译成中文的。他十四五岁起，就到船政学堂学习西洋科学技术，25岁后，留学英国，接触到了英国市民社会的许多伟大的社会思想家，如达尔文、赫胥黎、孟德斯鸠、边沁、亚当·斯密等的著述。1894—1895年中日甲午之战，清廷腐败无能，惨遭失败，签订《马关条约》，割地赔款，辱国丧权，举国上下，为之震怒。先进知识分子莫不奋力图强，如江西瑞金人陈炽（？—1899）和康有为、梁启超等组织"强学会"，开展变法维新，就著有《续富国策》、《庸书》等。严复于是翻译了赫胥黎（T. H. Huxley）的《天演论》（*Evolution and Ethics*，1891），1898年由商务印书馆出版。他鼓吹"物竞天择"、"适者生存"的社会进化论思想，他为了"自强保种"、"救亡图存"，尽全力翻译英国的市民社会的经典著作，如亚当·斯密的《国富论》、斯宾塞（H. Spencer，1820—1902）的《社会学研究》（1903年出版）、J. S. 穆勒（J. S. Mill，1806—1873）的《自由论》（1903年出版）、C. L. S. 孟德斯鸠的《法的精神》（1904—1909年出版）、J. S. 穆勒的《逻辑学体系》（1905年出版）、W. S. 杰文斯的《逻辑学入门》（1909年出版）等。其中以《天演论》的"物竞天择"、"适者生存"、"与天争胜"的图强思想，对当时的先进知识分子如康有为、梁启超、胡适、蔡元培、鲁迅等一代人，产生了深刻的思想影响。

严复翻译《国富论》即《原富》始于1897年到1900年，1902年由上海南洋公学出版。在严复翻译《原富》以前，亚当·斯密和《国富论》的名字就已传入中国。1862年清朝政府创立了同文馆，在所开课程中就有"富国策"（即经济学）一科。1880年同文馆翻译出版了第一本经济学著作，是英国福思德（M. Faucett，1833—1884）著的《政治经济学提要》（Political Economy for Beginners，1863），1882 年由上海美华书馆印行，中文译为《富国策》。1896 年由署名"通正斋人"的又将该书重译，在其序言中错误地把福思德的书说成就是《泰西新史揽要》中所提到过的斯米德的《富国策》。1885 年总税务司署出版了由英国人艾约瑟（J. Edikin）编译的《西学略述》一书的第八卷《经济》卷中，作者介绍了斯密的理论。"当国朝乾隆年间，英人斯米德（即斯密——引者）为苏格兰地方书院中之性理（即伦理学）教习，著有一书，内专详论富国之本，甚为时人所称许。盖人论富国之原，或言多聚货财，或言广辟土地，而斯公概以为非，而惟以民勤工作为富国之本。其言曰，国俗尚勤……将不求富而自富也。"[①] 1886 年总税务司署又翻译了英国杰文斯（W. S. Jevons，1835—1882）的《政治经济学入门》（Primer of Political Economy，1878），中译本译名《富国养民策》，其中介绍了斯密的经济理论，如第四章第二十六节标题"亚当·斯密论分工"、第四十五节"亚当·斯密论工价"等。19 世纪最后十年，论及亚当·斯密及《国富论》的著作日渐增多。1890 年，王韬撰写《西学原始考》，其中也介绍了亚当·斯密，"一千八百四年，国朝嘉庆九年，时英国学校中多著名之士……著书述国政及贸易事宜者，曰亚当·斯密，俱以专门名家著称……" 1894 年，英国传教士李提摩太（Richard Tirnothy，1845—1919）在其主编的《万国公报》上发表了由他口述的《泰西近百年大事记》（1895 年改名为《泰西新史揽要》）中介绍了斯密的《富国策》，在该书第九章中，论及英国实行不利于

[①] 艾约瑟：《西学略述》卷八，光绪十一年（1885 年），总税务司署印刷，第 56 页。

通商的政策，"幸而1776年（清乾隆四十一年）英人师米德·雅堂著《富国策》一书，镂版通行，立通商根本，新策既行，旧章尽废，诸英人所创之新机，至是始大用之而大效矣。"

虽然从1880年以后，亚当·斯密的名字和《国富论》已经介绍到中国来了，但大都片言只语，或极其简略，无法求详，特别多为传教士的口述，误传误译，不可避免，很难起到启蒙的影响。亚当·斯密的名字传入日本是在明治维新的前夜，明治维新是在1868年，在1863年由德川幕府派往荷兰的留学生西周助和津田真一郎介绍 E. W. de Rooy 所著《欧洲政治经济学史》(Geschiedenis der Slaathuichondkunde in Europa, 1851) 中开始。比传入中国要早约20年。《国富论》的日本译本最早是石川英作和嵯峨正作合译，译为《富国论》，是在明治十五年到二十一年之间完成，比中国严复译本《原富》也早约二十年，全书是用当时一般日本人都能看得懂的文字译出的。

严复1876年被派往英国留学本来是学海军的，由于当时西方帝国主义日益逼近中国，清廷愚昧无知，闭关自守，他看到英国的现状和祖国的命运，毅然放弃自然科学，而专心致志于社会科学，他大量阅读了英国的许多著名的大思想家的社会哲学、逻辑学、政治学和经济学等著作，深受影响。他为祖国的富强，大量引进西方的近代化的社会科学著作，唤醒了中国知识分子发愤图强，他在中国向近代化方面迈进作出了重大的贡献。他第一次提到亚当·斯密及其《国富论》，是在他1895年发表的《原强》一文中，他写道："东土之人见西国今日之财利，其隐赈流溢如是，每疑之而不信，迨视见而信矣。又莫测其所以然。及又见其治理之多术，然后管其悉归于亚当·斯密之一书。此泰西之公理也。"很显然，严复之翻译《国富论》绝非仅仅在于学术上的动机，而是他认为在《国富论》中"所指斥当轴之迷谬，多吾国言财政者之所同然，所谓从其后而鞭之。"（见《原富》"译事例言"），严复译《原富》花了六年之久，从1901—1902年由上海南洋公学译书院印行出版，最初为线装本石印共分八分册，1903年转归上海商务印书馆以铅印本出版，1929年改为小型本分九册再版，1930年改为三分册。严复所用的版本是牛津大学出版社的罗哲士教授（James Edwin Therold Rogers，1823—1890）的审订本（第二版，1880年）。中译本有严复的老师吴汝纶编写的序，严复自己写了"斯密传"和"译事例言"，还增加了原著中所没有的中西年表和地名人名物义诸表，这些均出自清末学者张菊生和郑雅辛之手。

严复译《原富》是十分认真的，例如他将"economy"译为"计学"，他认为日本译为"经济"，"似嫌太廓"，而中国过去译为"理财"又似嫌过狭。他说，之所以译为"原富"者，因为"原富者，所以察究财利之性质，贫富之因果，著国财所由出云尔。故'原富'者计学之书，而非讲计学者之正法也。"（见商务版，第7页）。"夫计学者，切而言之，则关于中国之贫富；远而言之，则系乎黄种之盛衰。故不佞每见斯密之言于时事有关合者，或于己意有所抵触，辄为案论。"严复在《原富》中加了三百多条按语，约有六万字之多，语多精辟。但严复的目的在唤醒士大夫阶层，而不是像斯密本人那样，面向市民阶级，文字简明。严复的译著以为"非以饷学童而望其受益也，吾译正以待中国多读古书之人。"所以，他的译文虽说提倡"信、达、雅"，但《原富》的译文他却坚持"实则精理微言，用汉以前字法句法，则为易达；用近世利俗文字，则求达难，往往抑义就词，毫厘千里。"出版后，1903年梁启超即在《新民丛报》上撰文推荐，强调严氏"中学西学，皆为我国第一流人士。此书复经数年之心力，屡易其稿，然后问世，其精善更何待言。"同时，梁启超也指出"吾辈所犹有憾者，文笔太务渊雅，刻意模仿先秦文体，非多读古书之人，一翻殆难索解。"但对严复其人所作的重大贡献，梁启超在《清代学术概论》中说："西洋留学生与本国思想界发生影响者，复其首也。"蔡元培在《五十年来中国之哲学》中也说："五十年来介绍西洋哲学的，要推侯官严复为第一。"1964 年出版的哈佛大学斯瓦尔茨（Benjamin L. Schwartz）教授在他的《严复与西洋——为了寻求富强》一书中，也高度赞扬严复是中国最早的一位认真、严肃而坚忍不拔地研究近代西洋思想和中国命运（走向富强）相联系的读书人。[①] 严复在译完《天演论》、《原富》以后，仍满腔热情，在他给商务印书馆张元济先生的信中曾说："有数部要书，非仆为之，可决三十年中无人为此者。"事实也确实如此，像严复这样精通中学和西学，对英国近代的社会思想和文化有深刻理解而又满腔热情的爱国志士，实不多见。他的贡献将永留存在人间。

第二节　《原富》问世以后

严复翻译了《天演论》、《原富》等近代西方"近代化"的社会哲学思想和国民经济如何走向富强的理论以后，对中国的"近代化"的启蒙运动起到了划时代的推动作用。《天演论》的影响更为广泛，更为深远，而《原富》除去其译文本身有许多难以令人读懂的缺陷之外，帝国主义和封建官僚资本，大小地主阶级的封建势力，压在中国人民的头上，原始积累无法实现，现代的产业资本，也就无法形成，《原富》的影响虽然也起了重要

[①] Benjamin L. Schwartz, *Insearch of Wealth and Power*, *Yen*（严复——引者）*and the west*, Harvard University Press, 1964.

的启蒙作用，但不如《天演论》影响之大、之深了。然而，斯密《国富论》的理论和思想是世界所有要求现代化的发展中国家的经典指南，《原富》问世以后，亚当·斯密在中国的思想界也就连绵不断地受到世人的重视。

对严复译本《原富》最早提出意见的是梁启超，上面我们已经说过，1903年他在新民丛报社出版了他编译的《生计学学说沿革小史》，这是中国第一本有关西洋经济思想史的著作，梁启超是根据他在东京从日本的著作中转译过来的。"小史"是日文用语，是"简史"的意思。他在《生计学学说沿革小史》中对严复译本的缺陷指出，"（斯密《原富》严译本去年始印行）然且乡曲学子，得读之者百无一焉，读之而能解其理者千无一焉，是岂不可为长太息也，吾今故略密之性行学术，且举齐全书十余万言，撮其体要，以介绍诸好学君子……吾欲以此为读《原富》者之向导云尔。"① 严复将"经济学"（political economy）译为"计学"，梁启超则译为"生计学"。梁氏的这本"小史"也就是介绍"经济学说发展简史"的意思。梁启超是中国近代启蒙运动的先驱者，他的这本"编译"，对中国经济学界也的确起到了启蒙的作用，如果没有梁氏的对斯密经济理论的深入浅出的介绍，《原富》的影响恐怕要小得多。

《原富》问世以后，辛亥革命爆发，民国成立。但孙中山先生将临时大总统的位置，迫于形势，只好让位给北洋军阀袁世凯这位窃国大盗，以后几十年，外有日、英、美帝国主义的侵略，内有军阀割据，民不聊生，人民处于水深火热的苦海深渊。根本就谈不上祖国的现代化，更何从谈起向人类学习。但中国先进知识分子还是前仆后继，奋发图强，作为寻求"富强"的经典著

---

① 梁启超：《生计学学说沿革小史》，《饮冰室文集》第5册，第29页。

作，亚当·斯密的《国富论》也就连绵不断地在中国受到深切的关注。例如1923年，当时著名的社会科学刊物——《东方杂志》，在第20卷第17号上，发表了"亚当·斯密二百周年纪念"的专集。还有一次是1936年，为纪念斯密的《国富论》发表160周年，当时的社会经济史杂志《食货》第3卷第3—7期出版了"《原富》纪念论文"专辑。1929年上海商务印书馆作为"汉译世界名著"，"万有文库"的第一集将《原富》分为9分册复印。但由于严复译本《原富》的译文难以为世人理解，1931年由郭大力、王亚南重新翻译《国富论》，最初由上海神州国光社出版。这个译本不但对原文的理解和译文的表达都远远超过了严复译本，对中国思想界学习和理解经典经济学起到了很大的作用。根据商务印书馆所存的著作人档案中，有日本京都大学经济学部毕业的经济学士刘光华1931年著有《国富论》解说书，由上海民智书店出版。郭大力和王亚南两位是以翻译《资本论》而闻名的，他们翻译亚当·斯密《国富论》的目的，并不像严复的时代那样，而是为了翻译《资本论》做准备的。王亚南在由商务印书馆出版的改订版《国富论》中译本序言中说："我们当时重新翻译这部书的动机，主要是鉴于在十月苏联社会主义革命以后，在中国已经没有什么资本主义前途可言。我们当时有计划地翻译这部书以及其他资产阶级古典经济学论著，只是要做翻译《资本论》的准备，为宣传马克思主义政治经济学做准备。""《资本论》翻译出版以后，对于我们来说，翻译斯密的《国富论》的历史任务已经完成了。"[①] 很明显，他们和严复不同，不是把亚当·斯密的《国富论》看做国家走向现代化的一

[①] ［英］亚当·斯密：《国民财富的性质和原因的研究》上，郭大力、王亚南译，商务印书馆1972年版。

种历史经验的经典著作。

1949 年新中国成立以后，中华民族受压几百年的民族活力，一下子解放出来，涌现出了无穷无尽的力量。从那时以后，中国的经济学界也出现了无穷无尽的活力，可惜受苏联体制的影响，把人类文化的财富，包括亚当·斯密的《国富论》在内，一律视为应被打倒的"资产阶级的"过时的古文献。只因为列宁提出了古典经济学是马克思主义的三个来源之一，斯密的《国富论》因此而得以勉强存在。但也只是作为古典经济学文献之存在。1962 年，商务印书馆出版了斯密的《法学讲义》的笔记稿。这个笔记稿是由 E. 坎南发现的，由他整理编辑出版，书名为：*Adam Smith*, *Lectures on Justice*, *Police*, *Revenue and Arms*，中译本译为《关于法律、警察、岁入及军备的演讲》。这本笔记稿后来在格拉斯哥大学出版的《亚当·斯密著作和通信集》中，做了根本的改正，并说明了原委。亚当·斯密的另一本代表著作《道德情感论》（*The Theory of Moral Sentiments*，1759）于 1998 年才由商务印书馆出版，中译本仍采用了过去日本译本的《道德情感论》的译名。由杭州大学经济系几位青年教授根据斯密生前修订的第 6 版翻译过来的。可惜的是没有根据由格拉斯哥大学 1976 年 D. D. 拉法艾尔（D. D. Raphael）和 A. L. 马克菲（A. L. Macfie）两位教授校订的格拉斯哥大学的版本，那里附有两位权威教授的很详细的序言和斯密研究的新展开。

值得注意的是中国台湾 1964 年由周宪文和张汉裕教授合译了《国富论》上、下两卷，是根据 E. 坎南版本，但该译本却略去了斯密原著的脚注和坎南教授所加的编者的脚注。该译本由中国台北中华书局出版，已经再版了六次之多。周宪文教授还在 1973 年翻译了斯密的《政治经济国防讲义》，即上面我们说过的由 E. 坎南教授发现的斯密《法学讲义》的笔记稿，周宪文教授的这个译本的"译名"和1943年日本樫原信一教授的译本的译名完全一样。周宪文教授和张汉裕博士的译本参考了日本著名经济学家大内兵卫（已故东京大学经济学部名誉教授）的日译本（岩波书店出版），还有竹内谦二的译本（改造出版社出版）。在中国台湾对《国富论》的翻译是作为经济学的经典和基础来接受的，而不是作为马克思主义的三个来源之一来理解的，更不是为了批判。1977年中国台湾商务印书馆以"人人文库"的形式，将严复的《原富》译本分三册再版。1981年北京商务印书馆又将严复的《原富》分上下两册再版。从1902年《原富》问世以后，已经历了一个世纪，亚当·斯密作为政治经济学的创立者，深入人心，《国富论》的译本和解说性的小册子也出版了不少，但对斯密的研究由于历史的许多波折，不能说有什么很大的进展。现在看来，严复翻译《原富》的精神和他那溢于言表的热爱祖国和民族的热情，虽然经过近百年的历史，至今仍感人肺腑。

斯密的《国富论》的写作是为从封建社会的压迫下挣脱出来的市民社会的形成而奋斗的，《国富论》的原文极为通俗，近乎说话体裁，其核心是为了新兴的工场手工业者，或新兴的产业资本家。他是反封建帝国主义的理论家，他是为还没有完全获得自由解放的中下层庶民阶级争取自由的启蒙运动的先驱者。严复的《原富》译本，虽然想唤起中国士大夫阶层，与斯密的精神不一定相吻，但严复仍然是中华民族为了救亡图存、向西方寻求救国救民的真理的一代最优秀的代表。他为中西文化的交流，为中国知识界的启蒙，起到了划时代的作用。所以《原富》译本的历史意义，已经不在乎它的译文的晦涩、难懂，而在于它所体现的中华民族寻求解放、走向现代化的坚韧不拔的献身奋斗精神。

至于介绍亚当·斯密的生平传记，除去在《原富》译本中有严复写的斯密的生平简介，以后在1930年代初有过几种小册子，不过都不太详细，1983年，商务印书馆出版了约翰·雷（John Rae，1845—1915）著的《亚当·斯密传》（Life of Adam Smith）。约翰·雷的《亚当·斯密传》最初是1895年由英国麦克米伦出版公司出版。中国译本是根据纽约 A. 凯利出版公司1965年的原书的重印本。同年，商务印书馆还出版了 D. 斯图尔特的《亚当·斯密的生平和著作》（英文原书在1793年出版），1990年由中国社会科学出版社出版了拉法艾尔（D. D. Raphael）的《亚当·斯密》（1985年牛津出版社）的解说书。

第三节 亚当·斯密与中国的现代化

回顾自从严复1897年开始翻译《原富》以来，亚当·斯密的思想在中国的传播已经一百年了。在这一百多年中，亚当·斯密在中国的影响，大多还只停留在翻译的阶段，作为振兴民族、救亡图存，而深入引进亚当·斯密的社会经济思想的还是要首推严复，虽然他的翻译文体难懂，用词枯涩，在理解上也有混乱和错误，但作为封建士大夫出身，又满脑子中国古代知识，能从英国学习海军和技术，转而投身到热情地学习西方近代社会哲学、政治和经济学，引进祖国，唤醒为政者和有识之士，在中国现代化的过程中，他的确是起到了启蒙运动的先行者的重大作用。《天演论》在当时唤醒了全国的有识之士，相形之下，斯密的《国富论》即《原富》却未能在中国起到应有的作用。过去我们以为《原富》的译文难懂，作为一条理由，但以后又有郭、王译本［《国民财富的性质和原因的研究》（上、下）］，从它的20世纪30年代的译本算起，至今也已有六十余年，但仍未见到亚当·斯密的经济学给予中国经济学界有多大的影响，更不用说对亚当·斯密的社会哲学、伦理学、政治学、法学和经济学等社会科学体系的全部思想的研究了。

笔者认为，亚当·斯密的经济学的理论和应用，是建立在市民社会的基础上，是在近代统一的国家、统一的政府都已形成之后，才有可能在这个历史基础上，作为时代课题的理论起到其现实的作用。而过去的中国在政治上却不具备这些条件。1949年好不容易全国解放，形成了统一的国家和政府，但又由于苏联模式，亚当·斯密反而成了我国经济学界批判的对象，教条主义横行，历史唯物主义受到歪曲，亚当·斯密的《国富论》只能作为马克思主义的三个来源之一的古典经济学的范畴而在学说史中得以存在，人们根本不可能根据中国的国情，根据历史唯物主义，认识中国的经济发展水平还处于小农经济、手工业经济和工场手工业时代的历史发展的初级阶段。1978年，中共十一届三中全会以后，实行改革开放，解放思想，拨乱反正，使国家重新走上正轨。1992年，中共十五大又决定以建立中国特色社会主义市场经济为目标发展生产力，向社会主义现代化迈进。我们已建立起强大的统一的国民国家，有英明有力的政府，以经济建设为中心，发展社会主义市场经济。在今日的中国，笔者认为全面、正确地学习和理解亚当·斯密的《国富论》，对中国的经济建设必然有很宝贵的启发意义。

笔者之所以强调"全面、正确地学习和理解"《国富论》，是因为人们往往停留在书本上，正像严复曾在《救亡决论》中所指出："盗西法之虚声，而治中土之实弊。"关键的问题就是我们自己是否站在时代的前面，为时代的历史任务，而身体力行地去学习和理解。在学习和理解亚当·斯密的《国富论》时也仍然要下苦工夫，不能断章取义，自以为是。例如，在中国多年来一直把亚当·斯密看成为经济的自由放任主义的思想家,殊不知在《国富论》中根本就找不到"放任"这两个字,而且斯密所强调的"自由"是"18世纪的人"(马克思语)即社会中下层阶级的人的自由,是中下层阶级的市民争取从封建领主、封建地主、行会等封建体制的束缚下解放出来的自由,并不是统治阶级的自由,也更不可能是像现代新自由主义者所鼓吹的跨国公司、金融寡头、投机对冲基金的垄断和操纵市场经济的自由。亚当·斯密的社会哲学、经济理论是从封建统治向近代市民社会过渡时期的理论指南,是向封建帝国主义战斗的理论武器,我们不能用"资产阶级经济学"的"帽子"而把它作为批判的对象。《国富论》之所以成为经典中之"经典",因为它的确说明了"诸国民的财富的性质和原因"。对于发展中国家来说,有它特殊的历史的现实意义。博大精深的经典著作《国富论》的内容为何对发展中国家有现实的学习意义,这里根本不可能详细叙说,同时也不是笔者所能胜任,笔者只在这里略举几个问题供中国关心祖国命运的朋友参考。

1. 什么是现代的"国民财富"以及它又是如何增长的问题

多年来,人们习惯地总以为"金、银、珠宝",特别是贵金属才是"财富"。在现代,纸币、有价证券等也被认为是"财富"。人们在谋求利用这些"财富"去增加新的"财富"时,就只有"存放在银行"谋取利息,或到"证券市场"去从事"买卖"以谋求利益。这对封建贵族、地主老财、城市有产者来说是可以成立的。但对于一个共同体或国家的经济来说,这种概念的"财富"是无法赖以生存的。因为一个国家根本不可能利用"存款"谋取"利息",或利用在证券市场买卖有价证券而套取收益就可以养活这个国家的人民,也不可能赖此以扩大再生产走向富裕。亚当·斯密在《国富论》中,开宗明义就指出,构成一个国家的财富的是这个国家每年所能掌握的人民的生活必需品和便利品。他说:"一国国民每年的劳动,就是供给他们每年消费的一切生活必需品和便利品的根本的源泉。构成这种必需品和便利品的,或是本国劳动的直接产品,或是用这类产品从外国购买进来的物品。"

"因此,这类生产出来的产品或是用它从外国购买进来的物品,根据应消费它的人数所占的比例的大小,来决定该国民所必要的一切必需品和便利品是否获得了充分的供应。"

"这种比例,不管哪一国国民,都要受下述两种情况所左右。第一,这一国国民平常所进行劳动时,其熟练程度如何,技能如何,以及判断的能力如何;第二,从事有用劳动的人数和不从事有用劳动的人数,究竟成怎样的比例。不论一国的土壤如何、气候如何、国土面积如何,它的国民每年供给的好坏,必然取决于这两种情况。"

斯密的这段话可以说是现代国家得以生存发展的至理名言。如果一个国家要想富强,人民幸福,就必须发展现代的国民生产力,让更多的人从事有用的劳动,尽量减少无谓的浪费和消耗。目前,中国又在这个基础上提出发展科技生产力,这是非常正确的。不过,现在流行"知识经济"概念的时候,不要忘记作为一国的国民经济绝不能只靠发展信息产业而忽视制造工业和农业的生活必需品的发展,使国民经济失去比例协调,也会引起很大的灾难。在我们关心国民经济的 GNP 或 GDP 增长率的时候,同样也不要忽视"增长"的内容是什么。服务性行业虽然是极为重要,不可缺少,但这部门的"所得"的增加,并不是现实经济的实物的增加,不可能与生活必需品一样可以赖以维持生存和发展。特别在现代金融资本控制的晚期资本主义支配的世界市场里,我们更应该时刻保持清醒。

2. 要保障中、下层劳动者的"权利"和"经济自由"

斯密是经济自由主义的首倡者,他的经济学被人们称之为经济自由主义的经济学,笔者曾多次强调斯密所说的经济自由,是让那些从事工场手工业者、农民、职工匠人等中、下层阶层的人从封建社会的统治下解放出来的自由,是近代市民的自由,决不是"放任的"自由。他们要遵守法律、关心他人、富于道德感情、处事谨慎、周到等近代的"经济人"所应有的道德品格。这些代表近代的中、下层人民的"自由",国家必须根据宪法和各种规定保障他们的"权利",如果无权,则又何能有自由。严复在《原富》译本的一段按语说:"吾未见其民不自由者,其国可以自由也;其民之无权者,其国可以有权也。民权者不可毁者也。必欲毁之,其权将横用而为祸甚烈者也。毁民权者,天下之至愚也。"1998年12月14日《参考消息》报道一条香港《信报》的文章说,中国农村由于农民没有法律保障的权力,农村基层组织的权力,逐步由村党支部、村委会转移到族长手中,"这种转变的原因主要是在农村基层组织中,贪污、腐败十分严重,一些村党支部、村委会很少考虑村民的意见,只管自己谋取私利。在这种背景下,村民十分失望,便有人自发地找村中族长来维护自身的利益。久而久之,族长的权力日益增大,有的农村基层,族长的权力甚至比村党支部、村委会都大。……在一些地方,乡政府一般不与村长等基层组织联系,而是与族长联系……有的乡政府召开会议,并不是请村长参加,而是请族长参加。……目前农村基层组织的问题十分严重,并不是县政府和乡政府下个命令便可以解决问题的"。党中央已经觉察到问题的严重性,召开了农村工作会议,下大力气进行改革。但问题的根本还是由于劳动农民没有权力,没有能成为真正的国家的主人,这条简单的报道,也多少可以说明斯密在《国富论》中所强调的要让生产者、中、下层人民有真正的民主和自由，对发展国民经济，使国家走上现代化，人民富裕是多么重要。过去，农村人民公社的历史教训，使国家和人民遭受了莫大的苦难。关于这个问题我们完全可以从斯密的《国富论》中吸取到必要的理论知识和历史的借鉴。

3. 斯密经济学教导人们追求致富之路要与提高道德之路统一

现代西方经济学宣传在市场经济的竞争中是你死我活的竞争，是追求利润最大化的竞争，随着现代资本主义进入金融垄断、跨国公司垄断、对冲投机基金横行的晚期资本主义时代，这种情况更为严重。1997年5月，由泰国爆发的东南亚金融危机，出人意料地立即引起了整个东亚金融危机，使全世界经济进入了动荡不安、市场衰退，其元凶应该是美国的投机资本集团，特别是"对冲基金"所策划的一场掠夺惨剧，使刚刚走向繁荣的东亚各国，在几个月的时间里倒退了十年甚至更多。

政治经济学的创始者——亚当·斯密在18世纪早就在他的书中，教导人们要遵循人类生活和生存的自然秩序，不能用经济手段摧残人民，欺压不发达民族。这种现代西方经济学和追求"利润最大化"的市场经济，岂能引导人类走向致富之路呢？因为他们所追求的已经不是"利润"的范畴，而是"掠夺"和"摧残"的经济暴力行为。

斯密还明确指出，追求利润之路与走向道德之路的统一，各国的市场经济的主体，即市场经济中的经济人的经济行为必须内在地与道德相统一，要接受法律和社会正义、社会公正的监督。道德不是外在于人的行为，而是与人的行为不可分割，是他自身的行为的准则。

1998年诺贝尔经济学奖颁给了出生于贫困国家印度，成长于英国经济学界的 A. K. 森教授（Sen Amartya Kamar，1933—　），这是诺贝尔经济学奖三十年来的第一次奖给亚洲出身的经济学家。授奖的理由是对福利经济学和社会的选择作出了学术的贡献，同时对他将经济学与伦理学相结合的研究，做了高度的评价。这次授奖一反几十年来现代西方经济学新古典派的潮流，更不是像 1997 年连搞炒股的"经济学家"也被认为值得获诺贝尔经济学奖的人了。森教授的贡献与亚当·斯密的社会哲学和经济理论有密切的关联，也可以说是斯密经济学在现代的复兴。森教授批判了"利润最大化"的危险，指出了现代西方经济学的支柱之一的"帕累托最优"的不可能性。唤醒人们认识经济学与伦理学、人的行为与道德的不可分性。所有这些问题也都是中国经济学界和市场经济中现实存在的问题，同时，也是必须加以解决的问题。严复在《原富》译本中，对"利"与"义"问题认识很深刻，而且在"按语"中反复强调。他说，"小人之见"虽"不出乎利"（这里的"小人"应该是庶民、老百姓、社会大众之意），但如"长久真实之利"则"与君子同术。"（此处"君子"难道是指读书人或为官者？）。他说，"义利合，民乐从善，而治化之途不远。"此乃"计学家最伟之功"。他还说"夫所谓富强云者，质而言之，不外利民云尔。然欲利民，必自民各能自利始。民各能自利，又必自皆得自由始。"斯密的经济理论对中国今天来说，无疑其现实的意义仍十分重大。

现在只能说到这里，将来有机会再为另文叙述。所幸中国经济学界大多受过马克思经济学的教育，有分析和批判的能力，笔者深信在这个基础上，斯密的社会哲学和经济济理论，必将对中国国民经济发展起到作为社会科学的经典的重大作用，是中国"市场经济"发展的一座灯塔。

第五章　弗·李斯特的经济理论

第一节　前言

弗·李斯特（1789—1846）的《经济学的国民体系》是1841年问世的，他原计划还要写第2卷和第3卷，但由于当时封建专制的残酷打击，迫使他过早地结束了他那颠沛流离、艰苦奋斗的一生，这个计划没有能实现。这本留传下来的主要著作，是他经历了大半个人生的苦难斗争，用爱国主义的热忱和心血写成的。就在本书出版后不几年，1846年11月30日，在德国一个偏僻小镇的旅舍中，终因他受尽了摧残和折磨，生活潦倒，精神和肉体极端疲惫憔悴，头痛不眠，贫病交迫，在寒风凛冽、大雪纷飞的一个夜晚，他孤零地一人走到库夫斯坦山村的森林里，用手枪对准头部自杀了。雪下个不停，盖满了李斯特的尸体，他被埋没在皑皑的白雪里，结束了这位19世纪德国伟大的爱国主义经济学家悲壮不遇的一生。当时他才57岁。

他在自杀前几日的日记中写道："我备受了各种各样的虐待，但下面这些却是真的。仁慈的宇宙缔造者，由于其全知，却制造了非开化主义者、傻瓜、顽固不化者、献媚者，总之却制造了各种各样的精神的、知识的和道德的虚弱者、残废者。而对于精神上、道德上高贵的、生下来想做事的人……但他在肉体上却已笨重、迟钝的人，像我这样的人……却肆意加以践踏，加以打击、欺骗、剥夺和中伤。我唤醒人们中沉睡着的精力，我促使他们去完成非同寻常的事业。这一点是真的……"（参见《李斯特全集》德文版，第8卷，第87页）

李斯特这本名著之所以到现在还能有它的重要价值和意义，正是因为他为了祖国经济的发展，经历了颠沛流离的终生奋斗，用心血写出了符合发展国家经济要求的爱国主义的经济思想；也在于他热情地唤醒人们心中沉睡着的精力，促使人们去完成他们的非同寻常的历史使命。李斯特在"序言"中说："如果作者是英国人，我几乎不会怀疑亚当·斯密理论的基本原理。之所以使作者在最近的许多匿名论文中，最后终于在一篇长文中，用我本人真名对斯密理论展开了批判，是由于祖国的实情，同时今天使作者有勇气将这本著作问世，主要也是由于德国的利害关系。"他在1825年被驱逐出国，剥夺了德国的公民权。到达北美以后，1827年他为美国的利益，反抗英国产业资本的进攻，写过一本小册子《美国经济学大纲》以后回到欧洲的祖国，1837年在巴黎应科学院征文，写过一本为了法国民族资本的利益的《经济学的自然体系》。他深有感触地说："我不能满足向青年们只讲授这门科学的现状，我想告诉他们在国民经济学方面如何才能促进德国的幸福、文明和强盛。"

李斯特在这里所说的"祖国的实情"以及"德国的利害关系"，具体是指什么呢？他说"我心中置身于1819年的时代"。"当时的德国好像被一次战争所破坏后的一个家园。以前的主人力图一切都恢复老样子，但有的则要求全部改革，彻底改用新式装备……总之新的要求与旧的要求在斗争冲突，到处形成了为促进国计民生为主旨的团体和集会"。这时,正是德国民族处于19世纪初"Sturm und Drang"的狂飙时代的影响下,"三月革命"前的德国民族的景象。当时德意志严重分裂,封建割据,事实上德意志被人们看做只不过是"神圣罗马帝国"这一虚幻概念下的一个地理名称。诗人歌德曾经把这个时期的德国,讽刺为"被丢失去的整体"。在政治上北方德意志是极端反动的封建专制,在南方德意志是虚伪的议会主义。农业占国民经济的主要部分,农业人口占就业人口的62%以上。长期的宗教战争,使经济荒芜、长期停滞和贫困落后。各领邦实施相互的封锁政策,关卡林立,度量衡制度不统一,法制不全,商品流通严重受阻。北方的商业资本与南方的新兴产业资本之间,封建专制与民主势力之间,利害冲突,国家分裂,缺乏统一的保护国内工业成长的关税制度和贸易政策,英国的廉价工业品像潮水一样涌进了德国市场,德国的还在萌芽幼稚状态中的民族工业,遭到致命的打击。

当时在德国经济思想界占统治地位的是由北方开港都市进口的亚当·斯密的自由贸易理论。亚当·斯密的理论被视为经典。有一位被李斯特誉为德国最伟大的国民经济学家,25岁就不幸死在国外的青年学者马尔维茨(Marwitz),把亚当·斯密的存在和拿破仑画等号,说"他们是世界最强的两位皇帝"。德国的经济学教授们对德国的民族工业,对德国国民经济的近代化,在封建压力下漠不关心。李斯特对祖国的现状和前途忧心忡忡,他对祖国的利害关系不能袖手旁观,他呼吁要吸取"历史的教训":凡是不发展本国的国民生产力者,特别是本国的工业力的民族,则必举国灭亡。他在《经济学的国民体系》这部名著中,用了很大部分的篇幅来分析总结过去几个世纪以来欧洲各国的盛衰更替的历史,找出其原因和过程,以吸取历史的教训。他说,凡是不管是利用出口农产品或原料,还是利用进口外国工业品,都不可能有效地明显增进其生产力的古老文明大国，必将因本国的工业不振而蒙受各种不利。这样的国家的农业也必然发育不良。……大部分由小农组织起来的农业国，不可能有大量的商品投入国内市场，不可能对工业品有显著的购买力。在这里大部分是自己生产自己消费，运输也不发达，国家不能获得更大的利益。其必然结果，使国民招致在精神上和物质上的、个人的和政治上的软弱无力。如果邻国采取相反的方向，他们在前进，我们在后退，就更加危险，势必造成在他们那里鼓舞市民奔向美好的未来，振作其勇气和进取精神，而在这里却看不到未来的希望，精神和勇气日益窒息。他认为，政治经济学必须为本国的国民经济的近代化提供理论上的武器。他说，我在经过连续不懈的每天的斗争之后，我到达了区分价值的理论和生产力的理论之间的不同程度，我明白了学派（指斯密学派）所玩弄的资本这个词的恶作剧。我认识了工业力和农业力的不同。学派的根本错误在于只适用于农产品的自由贸易原理，也要同样地拿来适用于工业产品。然而，世界各国目前的状况，千差万别，其中有巨人和侏儒，有健康者也有残废者，有文明人、半文明人和未开化人，但各个人内心深处要求保存自己，争取成长。因此，经济政策的目的就必须在于使未开化的国民走向文明，使弱小的国家富强壮大，特别是应保证他们的生存和繁衍。关于国际贸易的理论，政治经济学必须从经验中吸取教训，其对策必须根据现实的需要，必须从本国所固有的状况出发来考虑问题。他在"序言"中说："我根据我的期望形成了我的一个体系。这个体系目前看来不管它还有多少缺点，但它不是建立在空洞的万民主义（或世界主义）之上的，而是建立在事物的性质、历史的教训和国民的需要的基础之上的。我在这里提供了理论和实践相一致的手段，让每个有教养的人都能理解政治经济学的任务。"李斯特强调政治经济学的体系必须立足于历史、理论和政策的统一的基础上。

第二节 历史的教训和历史的方法

李斯特在"序言"中说,"优越的体系绝对要有优越的历史的根据。"他说,"我首先敢冒与理论(指斯密理论)直接冲突",重温历史,从历史中引出自己的基本原理,加以发展。在《经济学的国民体系》的第一篇的"历史"中,他用了大量篇幅,分析回顾了意大利都市的兴衰、汉撒同盟城市、荷兰、英国、西班牙、葡萄牙、法国、德国、俄国和北美洲的历史,然后他认为,"历史的教训"概括起来主要有以下几方面。

第一,对于各国国民经济的发展,它的前提是国家的统一和政治的安定,那些缺乏国家的统一、政治力量弱小的都市,即使一时获得了繁荣,也不可能持久。

第二,为了在经济上给国家的统一打下物质的基础,必须克服国内的分裂和地方主义,形成统一的国内的自由市场。要达到这个目的,必须实行国内的民主主义的自由的改革。

第三,不论何时、何地,国民的幸福总是同人民的智力、道德和勤奋成正比例的。财富的增长就是随着这些因素的增进而增进,随着其减少而后退。但是个人的勤奋与节约,创造力和进取精神,如果没有市民的自由,合适的公共制度和法律,国家的行政力与对外政策,尤其是国家的团结和权力等这些方面的支持,就绝不可能会有任何重大的成就。李斯特说,历史到处向我们指出,社会的力量和它的状况,与个人的力量和状况之间,有着强大的相互依存,相互促进的作用。……英国的工业与权力的真正的增长,只是从英国的国民的自由真正获得了基础的时候,才出现的,而威尼斯、汉撒同盟、西班牙和葡萄牙的工业与权力的崩溃，是与它们丧失了自由同时发生的。公民个人无论如何勤奋、节约、富于创造力和智慧，也不可能弥补缺少了自由的制度。所以历史的教训是，个人要从社会的制度和状况中吸取其生产力的大部分。他说，在法国我们看到，本国工业、自由的国内贸易、对外贸易、渔业、海运业和海军，总之凡是一个富强国家应有的一切特征（这些都是在英国曾经花费了几个世纪不屈不挠的努力的代价之后才争得的），在一个伟大的天才的手里，就像用魔杖一挥那样，在短短数年之间就样样具备。但是后来却断送在痴迷狂妄和专制暴虐的铁腕之下，消灭得比兴起时更快。

第四，李斯特说，历史告诉我，技术和工业会从一个城市移转到另一个城市，从这一国家移转到另一个国家。它们在本土受到了迫害、压制，就会逃到别的城市、别的国家，在那里寻求自由、安全和支持。它们就是在这样的情况下，从希腊和亚洲转移到意大利，从意大利转移到德意志、法兰德斯和布拉奔，再从那些地区转移到荷兰和英国的。无论何处，驱逐它们的总是理性的缺乏和专制暴政，吸收它们的总是自由精神。假使不是由于欧洲大陆各国政府的愚昧无知，英国就很难达到掌握工业优势的地位。……固然，经验告诉我们，风力会把种子从这个地方带到那个地方，因此荒芜原野会变成茂密的森林；但是如果我们要培植森林，就坐以静等着风力的作用，让它在若干世纪的过程中才能完成这样的转变，世界上岂有这样的愚蠢的办法？

李斯特说，最后，历史教导我们，凡是先天的禀赋不薄，在获得高度发展的财富和力量方面所需要的一切条件都具备了的国家，就可以根据他们发展进步的程度来改变其贸易制度，他们必须改变，并将会与他们的努力不发生矛盾。一般说来，当一国还处于未开化阶段，即以农业为主的发展阶段，则宜与经济更加发达了的国家进行自由贸易，会受到利益。当本国的"工业"

（manufaktus）逐渐发展，出现了工业与农业的分工与协作的关系，形成了国内市场的有机结合时，则应采取保护主义的关税政策，以防止发达国家的工业压迫本国的工业。对于亚当·斯密的理论，哪里价廉就到哪里去购买的这种商人思想，必须克服。经济和贸易政策的重点应放在保护培育本国的"工业生产力"。一旦本国的工业生产力更加发展壮大了，不怕与外国的竞争时，就应采取自由贸易的竞争原则，以免本国的工业家走向懒惰和保守，招致经济的衰退。

李斯特认为，一国的国民经济是一个有机体的组织，它有一个发生、发展的历史过程。他在序言中说，我去了北美洲，我把一切书籍都留下来，这些书籍只不过把我引向错误。在这个新兴的国家里，政治经济学中所能看到的最好的书就是生活。在这里，可以看到荒野变成了富强大国。对我来说，在这个国家才使我明确了国民经济的发展阶段的过程，而这在欧洲却要花费好几个世纪，现在却展现在我的眼前，那就是从未开化状态向畜牧状态，从畜牧状态向农业状态，更从农业状态向农工商业状态的过渡。李斯特认为，国民经济的发展阶段，可以分为：（1）未开化状态；（2）畜牧状态；（3）农业状态；（4）农工业状态；（5）农工商业状态。19世纪40年代，他认为，北美、普鲁士德国、法国是处于第四阶段的农工业状态，法国则较为发达，也可以说处于第四和第五阶段之间，只有英国拥有最发达的工业生产力，称霸世界市场。李斯特的经济学的国民体系的理论，就是要使德国的国民经济发展成像英国那样发达的"农工商业状态"的富强国家。李斯特对亚当·斯密的自由主义经济理论，虽然展开了尖锐的批判，但他自己的理论体系和历史的任务，和英国亚当·斯密的理论体系的目的和历史任务，两者之间是有其共同的一面。斯密的理论是为了英国产业资本的繁荣，李斯特的理论是为了不发达的德国产业资本的兴隆。所以,布哈林在他的《食利生活者的经济学》一书中曾指出:"古典学派也好,德国历史学派也好,从社会历史的观点看来,两者都是'国民的'体系"。因此,有人形容李斯特是"德国的亚当·斯密"。李斯特和斯密一样,也明确主张各个国民经济的经济政策的理想状态是"自由"。不过由于当时德国的历史状况的现实,李斯特才特别提出了个人的利益只有在"国家"或"国民体"(nationalität)之中,才能得到最好的保障,而作为理想应该是全人类的联盟,和在这种联盟下的自由。在《经济学的国民体系》的序言中他说:"在现今一定法制下所实现的各个人的统一中,其最高的是国家和国民的统一。但能够想象得到的最高的结合是全人类的联盟。每个人只有在国家和国民之中,远比他处于孤立状态,更能够高度地实现他自己的个人目的。同样道理,所有的国家如果能通过一定的法制、永久和平和自由交通而进行联盟,那将能更高度地实现它们的目的。"他在他的著作的封面后面,特别写下了"为祖国也为人类"(Etla Patrie et L' humanite!)的口号。

李斯特将这种最高理想状态和现实状态之间的差距和矛盾,作为国民经济发展阶段的差别来理解,因此为了"德国的利害关系",必须批判代表英国产业资本利益的亚当·斯密的理论,来防止英国产业资本的入侵。李斯特所提出的这种经济发展阶段论的主张,目的是为了强调国民经济的经济政策的时间性和相对性,是为了保护和培育德国的国民生产力的这个历史实践的要求。在李斯特的《经济学的国民体系》中,历史、理论和实践是相互联系、相互统一的,他是为了他的生产力经济学的理论体系提出了历史的根据。这就是李斯特的历史实用主义的历史方法论,也是他与所有德国历史学派的历史发展阶段论的根本不同之处。

他在《经济学的国民体系》的绪论的结尾中,语重心长地告诉人们:"历史教导我们,一国国民如果不能在适当时期培养本国的工业,培养本国有力的产业家和商人阶级,不能在适当时期保证本国的精神的、经济的和政治的独立,则举国必将灭亡。其例不鲜。"

第三节　李斯特的国民生产力理论

李斯特将经济学分为"私经济学"和"社会经济学"。后者又分为两种:第一为"万民经济学"或"世界经济学";第二为"政治经济学"或"国民经济学"。他认为,亚当·斯密的经济学是"万民经济学",是"教导全人类如何才能幸福的科学",在那里是以全人类和"诸国民"(nations)为直接的对象。与斯密的经济学相反,"政治经济学"或"国民经济学"是教导某一特定的国民,在特定的世界形势下,如何通过农工商业的发展来获得幸福和文明的科学。它应教导人们认识自己的祖国的实情,祖国的利害关系和所处的历史发展的阶段和地位,同时告诉人民如何努力才能达到发达的经济状况,与其他发展的国家进行联合。"万民经济学"不承认特定的国民经济的历史发展阶段,主张自由贸易和自由放任。李斯特认为,这是英国产业资本为隐瞒它采取重商主义政策而达到富强的一种狡猾的理论。李斯特只从策略的侧面来解释斯密理论中的自由贸易理论,并没有注意斯密经济学中的理论本身。

李斯特自己特别声明他并不是心胸狭窄的拥护重商主义政策的官方学派。他在序言中说:"我的理论基础——是置于历史和事物的自然的基础之上的——完全不同于所谓重商主义学派","我将由万民主义学派所千万次论证的议论,第一次将它置于事物的自然性质和历史的教训的基础上"。"我所建立的体系特征，与过去的不同之处，是国民的存在。我的体系的基础建立在个人与人类之间的中间存在的'国民体'（nationalität）的利益的基础上"①。他认为，重商主义政策只是某一种特定国民在其特定历史发展阶段中，对其发展国民经济有利、有用的时期内才应实行。他不同意将重商主义政策看成是普遍有用和绝对必要的政策，他强调"限制"只不过是一种手段，而目标还是在于求得"自由"。不能只看到国民而看不到人类，只看到现在而看不到将来。否则，那就是缺乏"哲学"的眼光了。

李斯特在这里所提出的"国民体"在经济生活方面有两重的含义：一是从历史的发展的观点，从时间上展开的经济发展阶段论，这给德国的历史学派留下了传统的遗产，使李斯特成为德国历史学派的先驱；二是他根据一定历史发展阶段下的"国民体"的要求，建立了他的具有特征的"生产力理论"或"国民生产力"理论。生产力理论是李斯特经济学的核心，是他的整个理论体系的基础，他的经济学的"国民体系"是作为生产力的历史发展的理论体系而展开的。李斯特的经济学在本质上是国民生产力经济学，因而也是发展中国家的经济学，是不发达国家国民经济发展的战略指南。

李斯特在批判萨伊和他的学派的那一章里强调指出："政治经济学不仅仅是说明各个人如何生产交换价值，如何分配和如何消费，更重要的是如何唤起、振兴国民全体的生产力，如何使它们提高，如何保护它们。同时还要研究它们为什么以及如何地被

---

① 参见［德］弗·李斯特：《政治经济学的国民体系》，陈万煦译，商务印书馆1961年版，第7页。本文所引的李斯特著作的引文，是作者自己根据原文翻译的——作者注。

削弱，为什么以及如何地处于睡眠状态，或者导致灭亡。为了国民的生存、国家的独立、国民的繁荣、国家的巩固以及国民的文化和未来，如何通过国民生产诸力才能最好地最有效地利用国民的资源。"[1]

李斯特的"生产力理论"不是生产力一般的理论，而是作为"国民生产力"的理论展开的。他的生产力理论是在特定国民即发展中国家的特定历史基础上展开的，它的目的是如何才能使一个不发达国家能有保障地达到农工商业发展的第五阶段，即李斯特所说的"正常的国民经济的发展状态"。李斯特批判斯密理论"忘却了国民体的存在以及它的特殊利益。……古典学派判断各国是按照万民主义的原则，他们从政治的理由，误认为国民生产诸力的万民主义倾向。"于是他提出"财富的原因和财富本身完全不是一回事"，"创造财富的力远比财富本身更为重要"，"因为它不仅保证已获得了的东西的所有和增加，而且也保证了失去了的东西的补充。这种情况对于不能依靠利息收入而生活的国民全体来说，比之个人的场合更加如此。"

李斯特主张经济学研究应该把主要力量放在分析、研究"财富的原因"和"创造财富的力"的方面。一个国家的富强不在于掌握多少交换价值，而在于掌握生产诸力。他举过一个很明显的生活事例，如同一个渔夫的财富，不在于他拥有鱼，而在于他不断想捕获鱼的意愿以及实现这种愿望的能力和工具。他说，德国在任何时代，尽管遭受了瘟疫、饥荒、国内外战争而归于荒芜，但终于恢复了它的大部分的生产力，又很快地达到了相当程

---

[1] 参见［德］弗·李斯特：《政治经济学的国民体系》，陈万煦译，商务印书馆1961年版，第298页。本文所引的李斯特著作的引文，是作者自己根据原文翻译的——作者注。

度的幸福和富强的状态。相反，西班牙由于暴君和僧侣的专断横行，在国内虽然保持着安定和平的环境，但仍日益深深陷入贫困和苦难。虽然在西班牙，仍然是美洲发现以前的和实施审判异教徒制度以前的太阳在照耀他们，他们仍拥有和以前同样的土地，他们的矿藏仍和以前一样富饶，他们仍然是和以前一样的民族，但就是由于这个国民不断地丧失了它的生产诸力而深深陷入贫穷落后和愚昧无知。

斯密的经济理论认为，财富的原因在于年年所投下的劳动，因此一国是否富裕，要看它年年投入于生产活动的劳动量的大小，从整个社会来说，决定于投入这种生产活动的劳动人数与不投入这种生产活动的人数之间的比例。斯密所提出的"生产的劳动"和"不生产的劳动"问题就是从这里出发的。斯密认为，"从事制造产品的工人劳动"或"在原料加工的价值上，追加维持自己的生活资料以及追加他的老板的利润"的这种劳动，是属于"生产的劳动"，而那些将来并不生产等量劳务所获得的东西的劳动，尽管很有名誉，很有用处，也很必要，但这种劳动是属于"不生产的劳动"，例如政府的文武百官、僧侣、法律家、演员、医生、学者、服务人员的劳动是属于"不生产的劳动"。斯密认为，"生产的劳动"是由资本来支持的，而"不生产的劳动"是由收入——即地租、利润、利息等来维持的。前者是社会财富的生产者，是交换价值的生产者；而后者是消费者。一国是富裕还是贫困，就看这两者之间的组合和比例关系如何。

李斯特对斯密的这种主张提出了批判，他认为，只说劳动是财富的根源，并未能回答任何问题。当然一切财富只有依靠精神的和肉体的劳动才能获得。但尽管这样说，也未能说明之所以得出这种有效结论的任何一种原因。因为历史告诉人们，尽管一些国家经过市民的努力和节约，而举国人民仍然陷入贫困和苦难的例子很多。对于想要知道和探求一个国民如何从贫困和未开化达到富强和文明，而另一个国民又如何从富强和幸福的状态陷入贫困和无知的人来说，对于这种回答，即劳动是财富的原因，懒惰是贫困的原因（所罗门王早在斯密以前就已经想到了），经常会要提出以下质问：究竟什么是劳动的原因？什么是懒惰的原因？为什么在历史上甚至在现代社会，尽管各个个人那样的勤奋、节约、富于创造心和进取精神，以及道德和智慧，而这个国民并未能获得高度的繁荣和幸福。同时，如果仅仅以体力劳动作为财富的原因，那么，如何说明现代的国家比之古代、中古世纪的国家会有不可比拟的高度的富强和人民的富裕和幸福呢？

显然，李斯特针对斯密所强调的"物质的资本"之外，强调"精神的资本"，强调两者的因果关系。他认为，其原因不外就是那些发挥个人积极性的精神、个人行动结果的社会秩序以及个人所能利用的自然力，除这些之外还有什么其他呢？他认为，一国的繁荣绝不决定于它的物质的财富，或它所积累的"交换价值"，一国的繁荣绝不因为它积累的交换价值越多就越繁荣，因为创造财富的力比之财富本身更加无限地重要。他批判斯密的交换价值理论不承认精神的劳动是生产的劳动，只承认生产物质价值的人的行为才是生产的。如果这样，那么养猪者是社会的生产的一员，而学校的教师则不是生产的一员；为了出卖而制造风笛和口琴的人是生产的人，而伟大的艺术家，因为他们的演出不能搬到市场去，就不是生产的劳动；医治病人的医生不是生产的一员，而药房里的学徒即使他所生产的药丸不过几分钟工夫就化为乌有，他却是属于生产的阶级。马卡洛克竟将驴子、马等动物也作为劳动者列入人类社会的生产者行列，而牛顿、瓦特、开普勒等这些伟大的科学家却连这些动物也比不上，不属于生产的行列。李斯特认为，斯密的这种理论只不过是一种"物质主义"、分裂主义和个人主义。李斯特说，生产力理论与交换价值理论的差别，很明显。好比奴隶主可以由培养奴隶而获得许多交换价值，但这却严重地破坏了未来的国民生产力。这从奴隶主个人的立场来看是有利的，因为他有了交换价值；而从国家民族的立场来看，却是非常有害的。

李斯特所强调的生产力的概念，就是创造财富的力，只有创造财富的生产力才是决定一国盛衰兴替的关键。李斯特所说的生产力的概念和内容是指"国民从各个个人的精神的和物理的诸力中，或是从社会的、市民的政治状态和制度中，或是从能自由掌握的自然资源中，或是从手中已有的资料以及从前的精神的和体力的努力的物质产品中（即物质的农业、工业、商业资本），吸取它的生产力"。[①] 因此，李斯特所说的"国民生产力"或"生产力"的概念，可以分为四种类型：

第一是个人的生产力（包括精神的和肉体的）。第二是自然的生产力、自然的资源。第三是社会的生产力。第四是物的生产力，即李斯特所说的"设备力"或"机械力"。

上述最初的两种生产力，即个人的生产力和自然的生产力；如果将两者分离，就不可能成为生产力而发挥其作用。而这两种生产力又只有在一定的社会条件下，即上面所说的要求作为第三种的社会生产力的"社会的、市民的、政治状况和制度下"，才能作为有效的生产力发生作用。因此李斯特特别强调第三种意义的社会生产力。他在《政治经济学的国民体系》的绪论部分和"历史"部分，都强调了各国兴亡盛衰的历史和它的教训，强调了国民的统一和市民的自由、国家的独立和它的强大，强调了社

[①] F. List, *Das Nationale System der Politischen Oekonomie*, in F. List Werke, Vol. Ⅵ. ed. Ludwig von Beckenrath, 1927–35. p. 319.

会的政治的制度和法律。如果没有第三种意义的生产力的存在，任何个人的生产力也好，自然的生产力也好，都将成为没有意义的存在。

在李斯特看来，一国"国民生产力"发展水平的高低，要看这个国家的"科学和技术是不是发达，它的公共制度或法律是否保证产生宗教信仰的虔诚、道德心和知识，是否保证人民的生命和财产、自由和正义。要看国民当中的物质幸福的一切要素，即农业、工业、商业是否足够壮大以保证世世代代的个人的幸福和教育的进步，是否能保证个人能充分利用国内的自然力，更进而通过对外贸易和占据殖民地以利用各外国的自然力"。[①]

李斯特除去指出上述"国民生产力"的内容外，他竟将社会的生产力内容扩大到"基督教，一夫一妻制，废除奴隶制和农奴制，废除王位世袭、字母书法、印刷术、邮政、货币、度量衡、历书、钟表等的发展，警察治安、自由的土地制度，发展交通运输，以及司法的公开，陪审制度，议会立法，国家行政的社会监督，地方团体和公共团体的自治，出版自由等等"，把这些都看做是生产力的丰富的源泉，都是对立宪国家的市民和国家政权提供别种手段所不可能获得的大量的能量和力量。

李斯特高度评价个人的（精神的和体力的）生产力，他认为这是"生产力的生产者"，是一种"精神的资本"。他主张"精神的财富"和"社会的、市民的、政治的"社会生产力同样重要。斯密只重视交换价值的物质财富而忽视了这种"精神的资本"，李斯特认为，这是斯密理论的最大错误。李斯特强调个人的"精神的财富"和"精神的资本"，但他对斯密理论中的

[①] F. List. *Das Nationale System der Politischen Oekonomle*, in F. List Werke, Vol. Ⅵ. ed. Ludwig von Beckenrath, 1927 – 35. pp. 175 – 176.

"生产的劳动"和"有用的劳动"的区别是不理解的;他分析国民经济的物质再生产的条件时,对"生产的劳动"这个概念的极端重要性也是不理解的。他对斯密理论中的交换价值的概念也是不理解的,他不理解创造使用价值的劳动和创造交换价值的劳动的区分,他不理解商品生产中的价值概念和价值规律的客观内在的必然,他也不能理解他自己的生产力理论也只不过是通向价值理论的一个阶梯和过程。他不理解价值和生产力并不是相互对立的,而是相互结合在国民经济这个有机体的整个运动之中。当然李斯特的国民生产力理论不是一般的生产力理论,他是从祖国的实情和德国的利害关系出发提出的国民生产力理论。我们必须注意李斯特的经济学是发展中国家的经济学,有它本身的特殊的历史使命。

李斯特认为,"那些制造风笛和丸药的人固然是属于生产的,但青年教师和成年教师、艺术家、医生、审判官、行政官等则更是生产的。前者生产交换价值,后者则生产生产力。第一种人教师,赋予将来的人以生产能力;第二种人艺术家,促进人们的品德高尚和宗教虔诚;第三种人医生,拯救病人的生产力"。不过,我们要注意李斯特并不是孤立地强调个人的"精神的财富"和"精神的资本",他指出,这些个人的精神的生产力,只有在"国民的统一和市民的自由"有保障的条件下,在"社会的、市民的、政治的状态和制度"形成一定秩序的情况下,才能发挥它应有的作用。他在第三十二章批判萨伊的理论时指出,精神的劳动者其所以能够算得上是生产的,并把它看成是国民的财富,那不是指价值的所有,而只是在作为国民生产力的场合才是生产的。

虽然,李斯特在叙述他所主张的国民的生产力的概念和内容时,几乎包罗了各种各样的因素,但他在其著作中主要强调的是第四种"物的生产力",即"机械力"或"设备力",具体地说即是"物质的农业、工业和商业资本"。他的国民生产力理论的核心是"物的生产力",他的《政治经济学的国民体系》的理论基础是建立在这个"物的生产力"即"物质的农、工、商业资本"的基础之上的。而在这个"物的生产力"中,即"物质的农、工、商业资本"中,他又特别以其中的工业或工业力作为基础的基础。李斯特并非是单纯的精神主义者,李斯特生产力理论的基础和核心是"物质的生产力"。他之所以列举了各种各样的生产力因素,主要是由于当时的德国的实情和德国的利害关系所致。

第四节 物的生产诸力的结构和组合

李斯特将国民经济中的"物的生产力"分为三个方面,即工业生产力、农业生产力和商业生产力。这三者之中工业生产力或"工业力"是整个"物的生产力"的主导,是基础的基础。他说:"工业是国内外商业、海运以及良好的农耕的基础,从而也是文明和政治力量的基础"。"工业力促进科学、技术的发展和政治的完成,增进国民的福利和人口,增进国家的收入和权力,能够使它的通商关系达到全世界,建立殖民地,培育渔业、海运业和海军。只有利用工业力才能使国内的农业达到高度的发展"。"如果一个国家能够垄断世界的全部工业力,让其他国家只生产农产品和原料,压制他们只能有最低限度的地方工业,那么这个国家当然要成为世界的统治者。"[①] 李斯特强调不管在任何意义上,国内也好,国外也好,"工业力"的发展水平决定整个国民生产力的发展水平,决定整个国民经济的兴衰,也是决定

---

① F. List. *Das Nationale System der Politischen Oekonomie*, in *F. List Werke*, Vol. Ⅵ. ed. Ludwigvon Beckenrath, 1927 – 35. pp. 49 – 52.

一国政治的、国防的和文化的发展基础。

李斯特认为，要使落后的德国经济赶上英国的发展水平，必须要有"国民的统一"、"市民的自由"，必须要有国民经济的独立和国内统一市场的完成，而这个伟大的历史使命之完成，又和培育本国的工业力和发展本国的独立的国民经济的有机的整体密不可分。德国有一位经济学家巴贝尔（Ernst Babel）在论述李斯特的国内市场的理论时说："对于当时德国来说，国民的国内市场以及它的生产力的培育成长，首先只有培育本国的发达的工业力，这是整个德国经济政策的根本要求。"[1] 李斯特认为，建立本国的国内市场问题，是属于"物的生产力"的分工与组合的理论问题。他提出分工有两种不同的分类：一种是精神的作业与物质的作业之间的分工；另一种是物质的作业的内部的分工。前一种的分工相互制约，精神的生产者越是能增进人们的爱国心、道德观念、信仰虔诚、启蒙开化和知识，越是能普及自由和政治的健康，保障国内的生命财产，对外维护国家的独立和加强国防，则物质的生产就越能增长。物质的生产者越是能增产财富，则越能更加促进精神的生产。[2] 李斯特分析分工问题时，重点是放在第二种的物质的作业内部的分工，即"物质的生产力"之中的"物质的农业、工业和商业资本"中的分工和组合方面。他特别提出在这些"物质的生产力"之中，最重要的是"工业力"与"农业力"之间的分工和结合，因为它们是形成一国国内市场的基础。商业只不过是它们的交换过程中的媒介，从这个意义上看，商业是重要的，正好像铁路和其他交通设施的作用

---

[1] F. List. Das *Nationale System der Politischen Oekonomie*, in *F. List Werke*, Vol. VI. ed. Ludwig von Beckenrath, 1927-35. p. 35.

[2] Ibid., p. 196.

一样。

李斯特认为，工业和农业的分工和结合，必须建立在本国的国内市场的基础上，必须有一个本国的独立自主的国民经济的再生产过程的经济结构。如果本国的市场不是由本国的工业和农业所占领，反而成了外国资本的市场时，这对一个寻求现代化的国家来说是非常不利的。他强调本国的国内市场必须统一，必须形成一个工业、农业和商业网的有机的均衡而活跃的状态。绝不能依赖国外市场，绝不能让本国国民经济的命脉掌握在外国资本家的手中。本国的农业要充分保证工业人口所需要的粮食和原料，当然也可以作为补充而进口原料。只有在这种状态下，国民生产力才能达到高度的发展，一国的政治力和财富才能取得更大的增长。

在一国的"工业力"与"农业力"之间，李斯特指出，工业力是农业力的基础，只有在这种经济结构的基础上，物质的生产力才是推动一国前进的力量源泉。"工业和工厂是市民的自由和思想启蒙的父母，是艺术和科学的、国内国外贸易、海运、交通运输改进的父母，也是文明和政治力量的父母。它使农业从其桎梏中解放出来，使它提高到一种企业形式、利用技术和科学的高度水平的主要手段。"[①] 因此，一国的国内市场是由工业和农业两者的相互依存、相互补充而形成的，但工业是主导，是推动的力量，工业力在它的发展过程中从农业内部取得了工业品的最可靠的广阔市场，从农业中取得工人的粮食和原料，从农业人口中取得工业劳动力的源泉。工业力具有能动的发展的意欲和能量，而农业则缺乏这种主导的动力。因此，缺乏本国工业力的农

[①] F. List. Das *Nationale System der Politischen Oekonomie*, in *F. List Werke*, Vol. Ⅵ. ed. Ludwig von Beckenrath, 1927–35, p. 180.

业国家，不仅在经济上是长期停滞不前的，在政治上、外交上也是不能独立的。只有发展本国的工业力，农业才能在工业力的推动下有更大的发展和提高。

李斯特在他的著作中，再三强调指出，单纯的农业国的严重缺陷。他说："单纯的农业国家，既不能使其国内外贸易、国内运输机关以及对外航海业得以有很大发展，又不能使其人口的增加和它的幸福成正比例，同时也不能在道德方面、知识方面和政治的发达方面有什么显著的进步。这种国家决不能取得很大的政治力量，也不可能对不发达国家的发展和进步起促进作用，更不能建立自己的殖民地"[①]，"单纯的农业国家和农工业国家比较，有无限不健全的地方。单纯的农业国为了交换工业品，往往要在经济上、政治上或多或少地依赖于进口本国农产品的工业国家。"同时，在文明和知识等方面，如果没有工业力，在单纯的农业国家中，"则存在专制与隶属、迷信与无知、缺少文化，缺少贸易和运输交通，存在着贫困和政治上的无力。单纯的农业国家国民中所蕴藏的精神的和肉体的力量，只能有极少一部分得到发展，国民所能利用的自然力和自然资源也只能有极小一部分得到利用，资本完全不能集中，或者集中得很少"。同时"从事农业的国民分散在农村各地生活，在精神上和物质上缺乏交流，彼此隔离，一个人所进行的事，几乎与另一人没有什么差别。一个人所生产的东西也几乎和另一个人所生产的一样。这样所有的人的过剩产品和必需品也几乎相似，各人自己成了自己产品的最好的消费者，在这里几乎没有能引起精神上的和物质上的交流的刺激。农民是以没有生命的自然界为对象的，而不是以人为对象

---

① F. List. *Das Nationale System der Politischen Oekonomie*, in *F. List Werke*, Vol. VI. ed. Ludwig von Beckenrath, 1927–35. p. 241.

的，在他们耕耘播种的地方，要经过很长的岁月之后，才能取得收成。而且他们的辛勤努力，其成果如何还要依靠一种更高的力量的意旨。这样，自我忍耐、谛视、因循守旧、姑息倦怠，就成了他们的第二天性。……他们从摇篮直到坟墓，一直在同一环境中长大，和同样的人们在一起劳动，在他们眼里几乎没有由于精神的不寻常的勤奋精励所取得的特别繁荣的实际事例。在未开化的农业中，子子孙孙相传下来的只是一点私有和贫困，只有从竞争中才能发挥出来的力量，几乎全部在睡眠中。"[1]

李斯特强调工业力的巨大作用，他说："因为工业家经营业务，必须相互联系，只有在社会之中，并依靠社会才能生存；只有在交易之中，并依靠交易才能生活。""他们的生存和繁荣完全依靠他们的远见预测和他们的活动。他们为了取得必需品必须努力销售过剩产品，为了不陷入贫困而必须努力变为富裕。他如能比别人更快一步地走在前面的话，他就走向繁荣，如果迟疑踌躇不前的话，他就必然没落……他们比之农民有百倍以上的机会可以培养自己的判断能力。……他们为了确立他们的事业，必须付出不寻常的努力。"李斯特反复唤醒人们，只有一国的工业力得到发展，在工业力的刺激下农业力才得以有所发展，从而一国统一的国内市场才能得以形成。显然，李斯特的目的在于为了对抗英国当时产业资本的入侵，要使德国的国民经济的命脉和本国的国内市场掌握在德国的产业资本家手中，因而强调德国的工业力必须和本国的农业力进行有机的分工和结合，才能保证德国资本主义在落后的状态中取得发展。不过，我们应该注意一个问题，就是一国的工业化并不就等于一国的完全现代化，德国的工

---

[1] F. List. *Das Nationale System der Politischen Oekonomie*, in F. List Werke, Vol. VI. ed. Ludwig von Beckenrath, 1927–35. p. 229.

业化的过程是在与封建的容克贵族的妥协下前进的，日本的工业化的发展过程，在第二次世界大战以前是与半封建的生产关系和君主制相妥协与结合而进行的。

在"物质的生产力"中，第三种力是"商业力"或是叫"商业资本"。李斯特认为，"商业力"和前两者工业力和农业力相比，是居于从属的次要的地位。因为工业力和农业力是构成国民经济生产的基础部分，如果对工业和农业这两者的相互关系没有明确的正确认识，就不可能对商业力本身所固有的机能和地位有正确的理解。李斯特认为，工业和农业是生产财富，而商业只是作为农业和工业的媒介，作为生产者和消费者之间的财货交换、商品交易的中介。虽然同是一种商业，扩大来说，同是一种国际贸易，但它有时对形成国内市场有利，有时则相反有害。商业力之所以能够成为国民生产力的构成要素之一，只有它在工业力和农业力的分工与结合中，为了形成国内市场，促进商品流通和商品生产发展的条件下起作用的场合，才算是一种物质的生产力。这和铁路及其交通运输工具在形成国内市场中所发挥的作用一样。李斯特强调，"商业力"必须和国民生产力理论相结合，必须和形成国民经济的国内市场相结合，而不应和"交换价值"的理论相结合。为什么呢？因为一旦商业脱离了国民生产力的理论，而与"交换价值"的理论相结合，就是只追求自由放任和唯利是图。对于商人来说，"自由放"这句口号是高兴的，对于强盗、诈骗犯、小偷等来说，也是好听的声音。"如果将工业或农业的利益去服从、去适应商业的要求，完全委之于自由放任，其结果将导致不堪设想的错误。眼中只有价值，而丝毫不考虑国民生产力的存在，把全世界只看成是一个商人共和国。……商人们在进口商品和出口商品时，根本不考虑对于国民经济、对于国民生产力起什么作用，不考虑对国民的道德品质，幸福和勤勉起什么作用。他们将毒品和药丸一起进口，他们用鸦片和酒精麻醉人民，他们的进口贸易或走私贸易可以给几万人以'职业'和'生活'，同样也可以使他们陷入乞丐的困境。对于他们的算盘来说，只要有利可图，作为商人他们对这些事漠不关心。那些没有饭吃，为了摆脱本国贫困生活而移居国外的人，商人们可以利用运送他们而从中取得'交换价值'。商人们在战时可以向敌人提供武器和弹药。如果可能的话，他们将会把田地、草地出卖给外国。如果最后的一片土地也卖完了的话，他们自己将乘海轮把自己出口。"①

李斯特对于商人和商业资本，扩大一点说，包括对买办资本的辛辣的尖锐的批判，对于我们中国人来说是有深切体会的。本来一切商业资本只有当它和一定的生产方式相结合时，它才取得它的性质和作用。所以，李斯特指出，商业力必须和国民生产力的理论相结合，也就是说要为本国的国民经济的发展起作用时，它才能算得上是物质的生产力的一个组成部分。

上面我们分别观察了"物的生产力"的三个组成和它们之间的相互有机联系。在李斯特的生产力理论中，它们都统一在具有特殊意义的国民经济的国民生产力概念之中。作为结束，我们借用李斯特在书中介绍的孟德斯鸠对波兰历史的一段评论。李斯特说："孟德斯鸠比他的前人，也比他的后人，更能接受历史给予立法者和政治家的教训。尽管当时政治经济学还很不发展……他反对重农学派的空洞的体系，提出了如下的见解：如果波兰完全抛弃了依靠对外贸易，而培养本国的工业力，对其原料和粮食自己进行加工，定会更加幸运。波兰只有发展本国的工业力，依

---

① F. List. *Das Nationale System der Politischen Oekonomie*, in *F. List Werke*, Vol. IV. ed. Ludwig von Beckenrath, 1927–35. pp. 280–281.

靠本国的自由和丰富的人力和实业的城市,才能够建立强有力的国内组织,才能发展民族工业,取得自由与富裕,从而确保其独立。对其文化比它低的邻国也才能取得政治上的优势。……但是波兰的贵族们却喜欢将本国奴隶劳动的可怜的果实送到国外市场,穿着外国进口的价廉美观的布匹到处游荡。……由于波兰没有本国的工业力而终于灭亡、四分五裂。"[1] 马克思在《资本论》第一版序言中说:"一个国家应该而且可以向其他国家学习。一个社会即使探索到了本身运动的自然规律……它还是既不能跳过也不能用法令取消自然的发展阶段。但是它能缩短和减轻分娩的痛苦。"[2] 一个国家的工业化的发展和现代化的过程,要涉及许多方面的知识和能力,要有很多的经验、熟练和习惯,要考虑国内外的经济发展阶段。所以,培养本国的工业力时必须采取稳步渐进的步骤,拔苗是不能助长的。李斯特的国民生产力经济学,作为19世纪初期不发达国家的德国,为了追赶先进国家所提出的国民经济发展的战略思想,虽然它有许多不完备之处,但一百多年来的世界近代经济史的事实证明,对于今天的我们还是有它的现实的参考意义。恩格斯在评价李斯特的《政治经济学的国民体系》时,认为它不失为德国资产阶级经济学著作中最优秀的著作。

(原载《外国经济学说研究》,四川人民出版社1984年版)

---

[1] [德]李斯特:《政治经济学的国民体系》,陈万煦译,商务印书馆1961年版,第18页。
[2] 《马克思恩格斯全集》第23卷,人民出版社1972年版,第11页。

补论：读者可能对李斯特批评亚当·斯密理论中"交换价值"概念感到费解。对这种批评，我们不宜从字面上来理解，而应从他的发展"国民生产力"的角度来理解。

李斯特批评说，亚当·斯密的经济学是"世界主义"经济学和个体主义经济学，只看到物的交换价值，没有看到个人与人类之间还存在着"国民共同体"这个环节，因而没有充分考虑到这一共同体的精神的、政治的、现在的和将来的利益，没有考虑到"国民生产力"的发展问题。在李斯特看来，"国民共同体"有自己特殊的语言、血统、历史、风俗习惯、法律和制度。它要求独立自主、领土完整、民族生存和繁荣。国民经济学的任务就是使未开化的国民文明化，使弱小的国家强大起来，独立生存。这就是政策的使命：培养民族经济的成长，以备将来进入世界强国之列。

正是从这种观点出发，他的爱国主义思想使他一心想发展德国的"产业生产力"，促进祖国的富强，所以，他对亚当·斯密的自由贸易思想、发展商品生产的思想就没有充分考虑了。

关于李斯特理论的批判或评论，马克思和恩格斯都有片断的说法。马克思在《政治经济学批判》的注（9）中有这样一段话："帮助着造出有用物、造出一个使用价值的劳动，和造出财富的一定的社会形态、造出那交换价值的劳动，这两者之间的区别，李斯特永远不能理解。因为对于他那片面地讲求实际的头脑来说，理解一事的本质总是离得很远。因而，他把英国的现代的经济学家们看成只是埃及的摩西的剽窃者"。①

马克思、恩格斯和李斯特都是同时代的德国人。在马克思就任《莱茵新闻》的编辑之前，这家杂志曾首先请过李斯特，只

---

① 马克思：《政治经济学批判》，徐坚译，人民出版社1959年版。

因为当时李斯特生病未去。恩格斯曾经在《资本论》第二卷序言中写道,马克思对当时的德国经济学者中只知道劳(Raw)和李斯特。马克思从1849年开始研究经济学,是从研究伟大的英国学者和法国学者开始的。他知道很多英法经济学者,而对德国经济学者,只知道劳和李斯特这两人,而且知道得很多。马克思还曾写过一篇关于李斯特的文章,在这里就不深说了。马克思和恩格斯对李斯特的评价可概括为:第一,李斯特经济学的理论在科学体系方面是不够充分的,他没有揭露资本主义社会的理论思考能力,主要是因为他不能区分创造使用价值的劳动和创造交换价值的劳动。第二,他有一个"偏重实际的头脑",所以,马克思和恩格斯都赞成李斯特是"作为经济政策的提出者,他是极为杰出的人物"。同时也应指出,经济政策当然要根据一定的历史条件下的经济基础来制定,并要为经济基础服务。不同的经济基础要有不同的经济政策。所以,在资本主义早期,保护关税能够保护民族工业的发展,因而是进步的;在资本主义发展时期,主张自由贸易是进步的政策。马克思肯定了李斯特的这种政策观。

李斯特生前和身后,都有人把他视为重商主义者。因为他反对对外的自由主义经济政策,从而被认为是反潮流的主张。事实上,李斯特的著作——《美国政治经济学大纲》、《政治经济学的自然体系》、《经济学的国民体系》,都主要是为了产业资本的原始积累,从而主张对内统一国内市场,对外使用保护关税政策,借此发展本国的生产力。从这方面来看,也可以说李斯特属于重商主义。但对当时的德国来说,这并不是违背时代潮流的。因为,当时的德国产业资本还在襁褓之中,还苦于国内分裂的市场之中,对付不了已经发展壮大的英国产业资本的进攻。所以,他和当时主张貌似开放进步的经济学者如美国的 Thomas Cooper

（1759—1839）和德国的 John Smith（1809—1874）相比，从德国历史发展的意义来看，更具有进步性。

李斯特的思想给当时还不发达的国家如日本、美国等以强大的影响，也正是由于这一原因。因此，虽然李斯特在经济理论方面并不比同时代的学者有更多的贡献，但作为不发达国家对抗来自发达国家的资本竞争压力，促进本国产业发展的思想武器，李斯特的生产力理论和政策主张（包括反对国内的封建主义、建立国内统一的竞争性市场的主张），一直为后来的不发达国家所重视，保持着它的时代的现实意义。

德国历史学派的登场之后，反对自由主义经济学的思想有两个侧面。一个是对外政策方面；另一个是对内经济政策方面。前者是限制自由贸易，进而倡导贸易保护论和关税保护政策。作为发达国家的英国，它的自由主义经济学从边沁功利主义那里吸取了精神的支柱，把对外自由贸易政策视为永恒不变的政策原则，认为这是各国国民致富的奥秘。贸易自由主义原则对于处于发达状态的英国来说，可以说是"真理"，但对那些不发达国家来说，它们需要的是与自由贸易理论和政策不同的经济理论和政策，这种理论和政策必须建立在批判自由主义经济思想的立场上。德国历史学派建立在"历史的方法"上，这本身就意味着对斯密自由主义思想的批判。斯密的经济自由思想，如果说存在谬误的话，那就是忽视发达国家与发展中国家在生产力和经济结构方面存在着巨大的差距。这种差距的存在意味着在经济政策方面也必然有其不同。

后者是斯密的自由主义经济理论是资本主义上升时期的经济理论，它不太可能注意到产业革命带来的"社会问题"和"劳动问题"。自由主义把这些问题归根于个人的责任或过失，或者认为是一种自然现象，不认为它们与社会制度有任何关系。马尔萨斯在说明人口问题和贫困问题时的观点就是这类例证。自由主义认为，这些社会问题的产生是资本主义自由不够充分的产物，只要实现充分的自由，社会问题就会自然消失。因而，以社会改良主义思想为主流的德国历史学派必然要对自由主义展开批判。当然，社会改良主义经济思想不同于社会主义经济思想。社会改良主义与自由主义经济思想都是建立在共同的立场上的，那就是为资本的利益服务。它们之间只是目的相同，手段各异而已。

第四编
日本市场经济及日本式企业经营

第六章　日本的市场经营

第一节　《日本市场经济》季刊发刊辞

建立中国特色社会主义市场经济体制，是中国宪法规定的根本国策，也是中国经济体制改革所应遵循的方向和目标。现在中国人民重又开始了新的历史长征。历史的发展告诉人们，市场经济体制的形成，绝不像在一张白纸上可以画最新最美的图画那样人们可以随心所欲，而是一个国家亿万人民长期劳动心血的结晶，其成败完全有赖于人们平时的劳动是否诚实，是否精益求精，永远进取。中国正开始从旧"苏联模式"中解脱出来，向新的市场经济秩序转变，当务之急是如何克服、扬弃过去旧"苏联模式"的思维习惯和运作方法，认真根据市场经济运行的客观规律，解放思想，学习新知识，稳步而健康地推进中国社会主义市场经济的成长。

从一个国家的立场来说，市场经济绝不能意味着人人"下海"经商，更不能依靠那些"炒股票"、"炒土地"、甚至"炒房地产"的兴隆而得以健康发展；相反，这种投机风潮只能阻碍甚至破坏市场经济的形成。这种教训，历史上屡见不鲜。因为一国国民所赖以生存的生活必需品，衣食住行以及精神生活等，只能是劳动创造出来的各种产品。只有各尽所能，形成社会分工，各以其劳动贡献，从市场买得其生活必需品的份额。通过劳动产品的交换，形成了商品生产社会。市场经济的基本原型是实现商品的价值和使用价值的交换关系的总和，是商品从生产过程经过分配和消费进入再生产过程的必然的有机组成。这种交换关系所依据的基础是投入劳动形成的价值，从而成为市场经济的核心和灵魂，即商品生产的基本经济规律——价值规律。

任何一个国家的市场经济的形成，都必然要依靠其物质生产力、社会基础设施和道德文明水平的不断提高。不同时代，不同的发展阶段，各个国家也都各自形成其独自的市场经济的结构。由于市场经济是开放的经济，国内市场与国际市场之间必然的形成其相互联系、相互依存和相互影响。18世纪以来，英、美发达国家的市场经济模式，支配着后进的资本主义国家。而德国19世纪以来，在吸取了古典的英国市场经济模式的基础上，逐渐在本国的风土中加以修正和改造，形成了人们称之为德国的"莱茵型"市场经济模式。二战后，日本在美军的支配下扬弃了过去明治时代半封建、半军事性的市场经济结构，大力吸取美国式的市场经济的经验，形成了追赶欧美发达国家的"日本型"的市场经济模式。在将近二十多年的时间里，日本实现了赶超的目的，成为世界上的第二经济大国，为世界资本主义发展史书写了新的一页。日本的成就和道路受到了举世瞩目。在它的影响下，70年代以后我们又看到了"亚洲新兴工业国"的兴起，美、英古典的资本主义市场经济模式，受到了后来居上的日本市场经济模式的挑战，迫使美英的企业也不得不提出向日本学习，以争取生存。

本刊的目的就在于学习、介绍日本建立市场经济的经验，当然也应包括其失败的教训。因为日本原是东方发展中国家，它吸取了欧美的市场经济的理论与实践,加以融会贯通,根据本国国情,创造出一套世人称之为日本式市场经济模式,屹立于世界经济大国之林。虽然日本式市场经济也不断出现矛盾,长期以来也一直经受各种各样的危机与困境,但日本战后的经济增长以及其市场经济发展成功的基本原型和基本经验,对中国来说,比之欧美更具直接的借鉴和参考意义。例如发展在市场经济过程中如何运用西方经济学方面,就有值得我们认真思考的地方。一位德国经济学家斯密格洛在他的《战略的实用主义——运用西方经济学中日本的教训》一书中说:"令人吃惊的日本如此顺利所形成的经济政策体系,包括了一系列与欧美相对立的经济理论。这种体系横断地发挥了各种经济理论的作用,有静态的理论,也有动态的理论,有新古典派和奥地利学派(熊彼特和哈耶克),有货币主义和凯恩斯主义,有需求学派和供给学派,有新重商主义和新自由主义,等等。它的经济政策的组合有若干保守倾向的财政政策和积极的信用配置政策,有动态的资本主义和积极的公共的社会政策,有批判的理性主义,又有哲学的实用主义,是一种经过提炼的行之有效的经济政策体系,这才是日本多年应付并克服许多国内外经济环境的不确定性和变动的秘诀所在。"

就笔者亲身的体会来说也有同感。早在明治时代开始,日本的国立大学及经济学界就普遍既重视经济自由主义的亚当·斯密经济学,又重视与自由主义相对立的关税保护主义的德国历史学派的李斯特经济学,在经济政策的运用上几乎可以说二者都受到同等的重视,也几乎可以说两者同时都起作用。第二次世界大战以后,日本热情而认真地向美国学习,运用了现代西方经济学的理论,但绝不教条主义,而是既利用它,又在实践中常常反其道而行之,以达到其预期的目的。这可以说是日本市场经济形成中的一大特色。还应补充的是,日本除去应用了古典学派、新古典学派、历史学派、凯恩斯学派、货币主义等理论外,还有效地应用了马克思经济理论。战后日本经济复兴过程中,如有泽广巳、都留重人等进步的经济学家,就很有成效地应用了马克思经济学。当前,中国开始建立社会主义市场经济体制,有人对马克思经济学却视之为"过时"的理论,束之高阁,对现代西方经济学则趋之若鹜,一知半解,自以为是,这种现象殊令人担忧。东京大学经济学部,几十年来却把马克思经济学规定为必修课,与现代西方经济学并立。从这里也不难看出,日本市场经济的运行与日本政府经济决策成功的秘诀所在。

在日本市场经济的运行中,日本政府千方百计要保护市场机制能够有效地发挥其作用,这一点斯密格洛在他的书中也特别郑重地有所说明:"日本式市场经济提供的最大的教训是在于提高市场的机能,每当市场机制出现明显'失灵'的时候,也绝不丧失信心运用经济政策以恢复市场机制的作用。"日本市场经济既保障自由竞争原理,同时又运用经济政策、产业政策等,发挥其"行政指导"的作用。

还应引起注意的是,日本企业始终坚持在生产过程中不断改进技术以提高劳动生产率,在市场上一贯坚持生产者竞争的原理,反对任何寡头垄断,使日本商品的国际竞争力得以不断提高。日本的企业形态虽然也是采取股份公司的法人形态,但日本的股份公司却与历史上的以及现代欧美的股份公司有所不同。日本企业的实权不掌握在资本家的股东手中,因为大企业股东人数太多,不可能对企业实行支配权,结果大多为法人所有,由从业人员负责经营。所以日本的企业经营和美国比较,就出现了许多原则上的差别。麻省理工学院产业劳动生产率调查委员会出版的《美国制造》(1989年)一书中,曾指出美国与日本的企业经营相比较,美国企业的经营多为短期行为,以眼前利益为重。美国企业的生产第一线缺少技术力的指导，而日本的厂长、工程师大多分配在生产的现场，在第一线工作。美国企业经营轻视从业人员，忽略"人力资本"，而日本企业却十分重视从业人员的凝聚力与亲和力，形成了共同体的集团意识，从而能保持劳资关系的协调，而美国的企业则根本无法做到。从发展中国家看，日本原也是资本积累贫困的国家，20世纪70年代以前日本的企业自有资金十分有限，但在引进资本和引进技术方面，日本却一贯重视后者，强调引进技术，提高企业生产制造的竞争力。在资金方面则利用商业银行以及各"主力银行"创造信用，运用间接金融而不立即依靠直接金融发行股票去筹集资金。对于引进外资，既积极又谨慎，但不允许美国资本通过购买股票、控制其大企业的主权。

总之，战后日本法人资本主义虽也正面临一些困境，处于变革的关头，但它的确创造了许多对发展中国家来说十分有用的经验，我们必须认真学习、研究，从中寻求有助于中国市场经济建设的参考和借鉴。但认识一个国家绝非易事，学习一个国家经济建设的经验包括其失败的教训，也绝非易事，如不经过长期而刻苦的努力，没有众多人的通力合作，是很难做到的。为了祖国的现代化，为了中国社会主义市场经济得以顺利健康成长，我们衷心期望本刊读者不吝赐以批评、指导和帮助。

（作于1993年6月20日）

第二节　第二次世界大战后日本经济的高速增长及其社会历史条件

一

1945年8月日本战败后，日本国内经济一片混乱，通货膨胀，粮食困难，大量的人口失业，民不聊生，而日本政府在美军总部的控制下，陷于瘫痪，不能发挥其应有的职能。当时首先考虑自己国家的命运和前途的是广大的人民，特别是日本的马克思主义经济学家和财界人士，他们研究如何使日本从混乱和破坏中恢复生产秩序，重建自己的国家。当时出现了三种意见：第一种意见是恢复战前的原有经济结构，即出口棉纺织品，赚收外汇，换回国内必需的原料和生活物资。人们称之为"棉纺织品立国论"。第二种意见是学习瑞士，出口特殊工艺品来建立和平中立的国家，成为"东方的瑞士"。第三种意见认为上述两种意见，都不现实，因为棉纺织品的竞争激烈，中国和印度还有亚洲其他国家，棉纺织业十分发达，日本不可能靠出口棉纺织品来换回8000万人口的生活必需品，只靠轻工业也不可能有富裕的前途。而学习瑞士也行不通，瑞士的人口少，有传统的钟表工业可以维持其国民经济。日本则不然，人口多，资源少，又没有什么特殊的传统工业，所以，学习瑞士，走瑞士的道路也行不通。以东京大学经济学部的教授有泽广巳博士为首，还有一些日本的进步学者，如都留重人博士等提出了复兴重建日本经济的第三种意见。他们主张大力发展重、化学工业，提高劳动生产力，争取生产附加价值高的产品出口，来发展国民经济。首先将有限的资金投向煤、钢等基础工业，并大力促进日本军国主义上层建筑和经济基础的解体，实现日本的民主化改革。在美国的大力扶植下，到了1948年、1949年以后，这种意见逐渐在实践中发挥作用，获得了成效。

有泽广巳博士的这个主张，被人们称之为"倾斜生产方式"，它是运用了马克思的再生产理论，结合当时的日本情况提出来的。许多日本朋友说，战后日本经济之所以能够在不同时期、不同阶段比较顺利地发展增长，这与尊重科学、尊重学者的社会风尚是密不可分的，虽然学者当中，有马克思主义的学者，也有近代经济学的学者，但他们在制定国家的政策中，都能受到尊重并发挥作用。这就比盲目地摸索前进更能有成功的把握了。

战后日本经济从投降时期（1945年）到恢复时期（1955年），从恢复时期（1956年）到高速增长时期（1973年），再从高速增长时期经过石油危机转入20世纪70年代后期，直到现在的低增长时期（1974—1985年），前后40年，大致经过上述三大阶段。战后，日本在废墟中恢复其国民经济，大约花了不到10年时间。到1956年，日本的企划厅就在该年的"经济白皮书"中公开宣告"已经不再是战后的年代了"。从那时开始，日本进入了经济高速增长的第一阶段，大约经过5年时间后，1961年日本加速了它的设备投资，迅速地提高了劳动生产力，生产直线上升。经过技术结构的不断革新，日本的高速增长一直长期持续到石油危机的爆发。平均国民经济实际增长年率为10%以上，出现了为世界所惊讶的"日本经济的奇迹"。日本经济高速增长的过程是随着前进的步伐，根据情况的变化采取不同的政策的，日本的经济政策既有自己的基本方针，又有灵活多样的应变措施，因而在1974年以来，虽然遭受了两次世界性石油危机的袭击，在西方国家中独有日本能平稳地渡过了难关。

二

回顾战后日本经济高速增长的过程，对我们理解日本经济是很有必要的。美军占领了日本后，就蓄意使日本成为美苏两个大国对峙中的东方桥头堡。1948年年底，美国陆军长官罗伊尔宣布将日本作为赔偿的工厂设备等，一律留在本地使用，作为兵站基地的日本经济的设备。1950年6月，美国发动侵朝战争，这给日本经济的恢复，带来了意外的大好机会，侵朝战争爆发后一年左右，日本的工矿业生产竟增加了36.8%，超过了战前1935

年的水平。在侵朝战争前夕，日本的工矿生产水平只有战前的83.6%，一年之后，1951年就达到了战前的114.4%。出口商品价值在一年内增加了43.5%，外汇储备，在1950年6月末，只不过2亿8600万美元，但到1952年5月末，就猛增到11亿7770万美元。1951年9月签订了日美安全保障条约，1953年7月，又签订了日美行政协定，日本被纳入在美国的旧金山条约体制之中，成为美国环球战略的一环，也成为美国军事工业结构中的一个组成部分。

1952年，美军镇压日本的进步势力，日本的垄断资本纷纷恢复其集团组织旧财阀的商号名称，如战后改名为"千代田银行"的三菱银行，恢复其旧有的名称；改名为"帝国银行"的三井银行，和改名为"大阪银行"的住友银行，也都一律恢复了原来的商号名称。那些在战后被解除公职的财界人物，也相继恢复其原来的身份，并宣布"财阀解体"的结束。所以，战后日本的经济结构和基础，并没有因为战败而遭到摧残，相反，由于美苏的冷战体制，反而在美国的援助下，很快得到了恢复和扩大。1954年，三菱商事综合商社恢复其营业活动，接着，1958年三井物产综合商社也恢复其营业活动。到了1955年，即投降后的第10年，日本的生产指数就恢复到战前最高水平的180.7%，日本战前的最高水平是1944年的178.8%，日本经济恢复得如此迅速，是由于日本在战前就积累了相当发达的经济潜力，如造船、钢铁等即使在战争年代也一直在发展中。

从1955年到1961年，是日本经济高速增长的第一阶段，在这个阶段中主要依靠投入大量劳动力，特别是大量廉价的青少年工人，采取劳动密集型的方法来提高劳动生产力，1959年出现了青少年工人劳动力短缺的状况。同时，大力引进了美国的先进技术，扩大民间设备投资，发展重化工业。由于技术革新的大量投资，扩大了生产资料的市场，投资引起了新的投资。这一时期的高速增长，主要是设备投资为主导的高速增长，当然在这种高速增长的后面，日本已经具有现代化的企业经营，大量的熟练技术工人，极为有效的政府的"行政指导"，高度发达而普及的教育，如果没有这些历史长期积累的基础，单靠投资是不可能实现其高速增长的。

日本是一个资本积累贫困的中等国家。战后，日本政府运用财政、金融、税收、利率等手段，大力保护扶植大型企业，特别是电力和钢铁工业等基础工业，促进资本的积累。1956年，民间企业设备投资的增长率为57.6%，1956年和1957年两年间的增长比之1955年实际增加了一倍。从1955年到1961年，平均设备投资增长率为28%。其中，机械工业生产年增长率为28.6%，钢铁工业为19.3%，化学工业为14.9%，整个生产资料的年增长率为24.9%，耐用消费品增长率为37.2%，纤维工业生产增长率为9.1%。日本利用日元汇率360日元换1美元的有利条件，积极创汇，这期间进出口各增加了2倍，仅轻工业产品的出口就从20亿美元增加到42亿美元。

到了1961年，在出口贸易的商品结构中，重化工业品占总额的47%，轻工业品则降到44%，1960年由于大量进口石油，贸易出现逆差，金融一度紧缩，经济停滞不前，这时，池田内阁采取了"所得倍增计划"，大量引进美国的资金和技术，增加新的设备投资，采取资本、技术密集型的工业生产，扩大生产活动。从1962年到1965年，日本经济转入了第二阶段的高速增长，从投入以劳动力为主导的高速增长，转向资本、技术为主导的高速增长型。1962年日本利用东京举办国际奥运会，进行大量的建筑投资，迎来了1963年的经济回升。但1964年下半年开始，由于美国经济不景气，日本经济依附于美国，也进入了一个长期的停滞局面。1965年，日本政府对大型企业采取了一系列有效的保护和扶持的措施，降低法人税，增加社会资本的投资，促进大型企业的联合，发挥垄断和规模的优越性，以增强企业的国际竞争力。其显著的例子如1964年三家三菱系统的重工业公司，合并为三菱重工；日产汽车公司吞并了勃林斯公司。1970年，日本最大的两家钢铁公司，八幡和富士合并，组成了新日铁公司。日本寡头垄断组织的经济结构进入了一个新的历史阶段。

在这期间，日本许多大企业利用沿海的有利条件，填海造地，建立了最新技术的工业基地，废除了旧有的机械设备，在企业经营管理方面采用职位等级制和年功序列工资制等一系列的改良政策，实行"能源革命"，利用廉价石油，进口美国廉价农产品，坚持低工资制，猛增设备投资，使日本的劳动生产力突飞猛进，国际竞争力得到空前的提高。从此以后，出口年年猛增，重化工业水平追赶到欧洲的先进水平，就在1964年和1965年日本经济处于停滞状态的时候，美国发动了侵越战争，美国军费迅速膨胀，作为美国在远东的兵站基地，日本企业又一次发了战争财，日本对越南的出口猛增5.9倍，对韩国出口猛增了5.5倍。

从1960年到1970年这10年间，日本国民经济总产值的年增长率为11.1%，而同期的美国却只有4.1%，意大利为5.6%，加拿大为5.2%，英国为2.8%，法国为5.8%，联邦德国为4.8%。

三

日本自进入高速增长以后，经过了第一期的以投入劳动力为主导的增长和第二期的以设备投资、引进最新技术为主导的增长时期，在大约20年的时间里，劳动生产力获得了巨大发展，特别是重化工业方面，出现了持续的高速增长。它的劳动生产率的增长，1969年和1955年（=100）相比较，1969年的劳动生产率的提高率为246%，而同期的美国只有145%，联邦德国为144%，英国为130%。日本的制造工业工人的工资最低。例如1966年，制造工业工人每小时工资，美国为979日元，联邦德国为398日元，英国为399日元，而日本却只有209日元。

经过经济高速增长的两个阶段以后，日本的钢铁工业生产额增长了10倍，铝增长大约13倍，石油制品增长19倍，水泥增长5.4倍，发电量增长4.3倍，彩色电视增长100倍，小轿车增长159倍。日本的造船业早为世界第一位，化纤、卡车、公共汽车等也早进入世界第二位。在20世纪60年代中，水泥在1962年，钢铁在1964年，电力、石油产品、人造橡胶均在1966年，纷纷进入世界第二位。小轿车在1963年还是世界第七位，经过五年的时间，1968年就跃居世界第三位，1971年超过联邦德国，进入世界第二位。进入70年代后，水泥、塑料、彩电都进入了世界第一位。

日本的制造工业，1970年，它的重化工业所占比例为62.5%，高于联邦德国的56.49%，是世界的最高水平。其中最引人注目的是日本钢铁工业的发展，1955年日本钢铁生产量是940万吨，1970年增长到9330万吨，达到这样的水平，美国花了将近半个世纪，而日本仅用了15年。日本经济高速增长的火车头是钢铁工业，在技术设备方面走在各国的前头，在1969年，日本一台高炉的产量为2723吨，而美国却只有1465吨，苏联1644吨，联邦德国为1039吨，英国845吨，法国为672吨。1976年年底，世界有16座超大型高炉，每座可以有4000立方米以上的容积，日本就拥有11座。其他大型高炉，日本也拥有世界 2/3 的优势。日本在处理原料以及炉内还原的操作技术等方面，效率极高，居世界首位。

在高速增长的过程中，日本的国际贸易迅速发展，在 20 世纪 50 年代，日本的国际贸易一贯是逆差，外汇储备最多也只有 20 亿美元，但进入 20 世纪 60 年代以后，在前半期，出口增长率还低于生产的增长率，但到了 60 年代后半期，就很快超过了生产的增长率，1968 年开始出现巨额顺差为 25 亿美元，以后年年增加，1969 年为 37 亿美元，1970 年为 40 亿美元，1971 年为 79 亿美元，1972 年为 90 亿美元，以后的增长速度更令人惊异，直到目前国际贸易的摩擦成了当代重大的课题之一。

日本出口增长的"牵引车"是重化工业。由于它的劳动生产率不断迅速提高，国际竞争力极强，特别是由于临海造地的工业立地条件，成本低，20 世纪 60 年代末，日本的钢铁、船舶、家用电器，在世界出口额中占第一位。小轿车也从 1974 年开始在世界出口额中占第一位。1955 年，日本出口商品中占第一位的是纤维制品，约占总额的 37.2%。金属、机械、化学制品等重化工业品只占 36.2%，但在 15 年之后，1970 年其出口商品中，纤维制品的地位由机械类所取代，纤维制品下降到 12.5%，重化工业品的比重占 72.3%，日本资本主义从过去以纤维工业为主体的畸形结构，经过战后的结构改革，现在发展成为具有高度发达的重化工业为主体的发达的资本主义国家。

回忆 20 世纪 40 年代，日本出口中的主要商品为 1 美元 1 件的女衫上衣，50 年代，它们的出口商品主要为照相机、半导体、无线电等，60 年代，则主要为钢铁、汽车、船舶、家用电器等。80 年代以来，年年巨额贸易顺差，日本已经由引进资本转变成输出资本的第一大国，成为世界上最大的债权国，而美国却反而成了债务国了。

随着日本国民生产力飞速增长，国民财富、人民生活水平也都有了空前的提高。1955年日本的国富总额为20兆2970亿日元，经过15年后，1970年日本的国富大约增加了8倍，为160兆5450亿日元，人民生活方式和生活水平也有了显著变化和提高。1976年，彩电的家庭普及率达93.7%，电冰箱的普及率为96.1%，电话的普及率为世界最高水平，远远超过欧洲各国，小轿车的普及率在这13年间增加了27倍。特别应注意的是战后日本教育的普及和提高，如将1960年和1975年作一比较，升入高中的比例，1960年为57.7%，而1975年则为91.9%，升入大学或专科大学的比例，1960年为10.3%，1975年则为34.2%。日本已成为高学历的社会。从上面简略介绍的战后日本经济高速增长的过程和成就来看，的确可以说是现代西方资本主义发展史上的一个"奇迹"。

四

战后日本经济近20年持续高速增长引起了全世界的注意。西方一些著名经济学家，像P.萨缪尔森、M.弗里德曼等莫不鼓吹日本作为资本主义国家的"成功"，企图证明资本主义制度的优越性和万古长青。也有不少马克思主义的经济学家，在战后西方资本主义相对稳定，高速发展，特别是像日本这样持续高速发展面前，出现了动摇和怀疑。虽然有很多经济学家对战后日本经济的高速增长，进行过大量分析和研究，但真正能科学地说明和分析它的原因和性质，同时能预见到它的经济结构变化和必然的困境的，还是马克思主义经济学家。

日本战败后，美军统治了整个日本，实行军管。在侵朝战争以前，美军司令部根据波茨坦宣言，摧毁了日本复活军国主义的基础，实行了一系列相当彻底的民主改革，使日本人民获得了基本人权，享受言论、出版、宗教信仰和罢工的民主权利，这一系列的战后民主改革虽然在侵朝战争以后受到挫折，但对战后日本生产力的解放和生产关系的革新，为20世纪50年代后期转入经济高速增长，起到了关键性的作用。在这些民主改革中，特别重要的是确立了人民的民主权利。天皇再也不是"现人神"了，使他还原为"一般的人"，结束了绝对专制主义的天皇制，宣告了主权在民。取消了军事法西斯专政工具的组织和手段，废除了治安维持法、特高警察等组织。人民可以自由地批判"天皇"。同时对战前半封建的土地所有制实行了改革，土地归农民所有，解放了农民，扩大了国内市场，提供了大量的廉价劳动力，对战后日本经济的复兴和发展起了极大的作用。工人阶级有结社、罢工的权利，工会组织迅猛发展，战前（1931年）工会成员只有369万人，组织率只有7.9％，二战后一年，1946年工会成员竟达到393.7万人，组织率达30％。日本自明治时代以来由国家扶植起来的带有封建性的"政商"性质的财阀，被宣告"财阀解体"，废除了封闭的家族式的财阀组织，解散了支持日本军国主义侵略战争的三井物产和三菱商事，使之分割成一百多家小公司，但实际上在50年代后又恢复了它们原有商号名称，只打碎了少数特权家族集团的"持股公司"，它们的股票资本可以在市场出售，转到别的方面，这些庞大的货币资本促进了日本战后以银行为核心的垄断资本集团，助长了战后日本金融垄断资本体系的迅速成长。二战后，日本企业的经营民主化，对战前的资本主义生产关系起到了革新的作用。在1868年明治维新变革中所没有能够完成的现代资产阶级民主革命的历史课题，80年以后，在美国的压力下实现了。这是战后日本经济高速增长的根本前提和条件，完全符合历史发展的客观规律。

自从明治维新一百多年来，日本资本主义的发展速度一直是很快的，与二战后高速增长有其内在联系的是，在"九一八"事变的侵华战争以后，开始了以军事工业为主体的重化工业的发展，建立了一套完整的统制经济的组织和制度。战败后，虽然战时国家垄断资本主义解体了，但留下了相当规模的"遗产"，庞大的技术人员和熟练工人的失业大军，将近1300万人。工业用机械设备，如将投降的1945年和战前1935年比较，还保留有180.6%，特别是日本有以重、化学工业生产体制为基础的各种组织和制度，它的教育水平相当高，还有一套能力较强的官僚体制。在投降时除去船舶只留有战前的56.8%，损失最为严重外，其他方面则保留有较战前更高的物质财富基础。它的国富总额战败后和战前比为101.1%，钢铁和工作母机的生产设备能力却比战前高得多。所以，战后日本经济的高速增长，并不像亚洲的其他国家，它起步的基础不同于一般不发达国家的基础。虽然，日本战后经济高速增长的原因是多种多样的，既有历史的、社会的、制度上的原因，又有战后特殊的国际环境、美苏冷战局势、日本国内政治长期的安定，还有日本列岛本身的地理环境等的原因，但促进日本战后经济迅猛发展的一个决定性的因素，是飞速的技术引进和技术的开发与革新。在经济高速增长的60年代，日本支付引进技术专利权的代价，就达到2148亿美元，它所引进的技术都是美国花了很大代价研究出来的有效的技术，这对日本生产力的提高，有不可估量的好处。同时，日本国内的技术队伍也迅速成长壮大，日本将引进的技术加以开发研究和改进，使之适合本国工业生产的需要，成为日本自身消化了的科技力，很快地在钢铁技术、造船技术、电子器件、国铁新干线等方面赶到了世界的前头。60年代，日本的劳动生产率平均上升了11.1%，而在同一时期内美国却只上升了3.1%，联邦德国上升了6.0%，英国上升了3.2%，法国上升了6.4%，意大利上升6.4%，加拿大上升了 4.3%。

日本在国际竞争中能具有特殊的优势地位的一个特殊原因，是日本在 60 年代建立了临海造地的新型的工业地带。这种临海工业生产在日本工业中占有很大比重。例如，日本的钢铁工业，1969 年产量为 9241 万吨，其中 78% 是由临海 16 家工厂生产的。日本利用临海工业地带，建设了现代化的巨大企业的工业基地，这为日本弥补了缺乏资源和市场狭隘的根本缺陷，极大地增强了它的国际竞争力。日本果断地实行了"能源革命"，放弃煤炭，改用进口的廉价石油，这对提高工业生产力，降低成本，一直具有极大的意义。

日本企业在战后实行了经营管理上的革命，日本的大企业是经营者的企业，不受资本家的控制，而经营者本身既是经营者又是被企业所雇用的人，因此，人们称日本资本主义是"企业家资本主义"或"法人资本主义"。它们在本国历史传统的基础上，大力吸取了美国和德国现代经营管理的科学方法和管理经验，形成了一套行之有效的"日本式经营"的体系。大企业内部的全部人员都是本企业内的工会组织的成员，都参加本企业的经营管理，与自己的企业共存亡、共荣辱，他们能够"爱社如家"，这保证了日本的大企业在技术上精益求精，实现全面的质量管理。

日本企业的经营管理，与日本政府的有效的"行政指导"、保护和扶植是不可分的。日本官僚机关，对大企业的经营方针和方向，都能及时地预先给以指导和帮助，使整个日本国家成为一个"日本股份公司"的组织，成为一个战争组织，这对日本战后经济的高速增长是一种根本的重要的条件。

日本战后经济高速增长的原因还可以列举很多，这里我们只能从略。但必须特别提出的是战后日本经济高速增长的主体承担者，它的直接战斗的主力军是广大人民。在战后苦难的岁月里，他们几乎举国上下担忧自己国家如何活下去，如何站起来，他们勤奋地学习和工作，用劳动和智慧、科学和技术，很快地战胜了战后的贫困，走上了复兴繁荣的高速增长的道路。没有现代化的战斗的主体的力量，任何事情也是不可能设想的。战后，日本经济高速增长的"成功"，并不证明资本主义制度本身的优越和万古长青，恰恰相反，正是日本在很大程度上实行了一系列的民主化改革，摆脱了封建性的资本主义制度的束缚，解放了生产力，改革了上层建筑，解放了思想，缓和了劳资关系，才能在一定的历史条件下实现经济的高速增长。但由于它仍然是资本主义制度，它也必然会很快地受到资本主义制度固有矛盾的困扰，目前的形势正迫使他们不得不去寻求新的转变，日本的学者们已在开始讨论"日本的选择"，就是明证。

（载《教学与研究》，1988年第4期）

第三节 日本"泡沫经济"的破裂及其教训

一 何谓"泡沫经济"

"泡沫经济"在经济史上并不是一件新鲜事情，只不过在不同时代、不同的国家所表现的形态及其起因和背景不同。顾名思义，这类经济事件或经济现象是一种人为的虚幻的泡沫式的经济，而不是现实的经济。"泡沫经济"这个名词最早出现在英国，即有名的"南海泡沫事件"。1711年，英国在西班牙领属的南美洲设立了南海公司，1720年西班牙王位继承战争，南海公司接受了政府为战争所发行的国债，从而获得了对西班牙殖民地的贸易垄断，特别是贩卖奴隶的垄断权，南海公司大肆鼓吹其利润的飞速高涨，于是南海公司股票出现了空前的投机热潮。1720年1月面额100英镑的股票，到了3月上涨到330英镑，5月为

550英镑，6月890英镑，到了夏天膨胀到1000英镑，许多人一夜之间成了大富翁。艾尔莱子爵在他的"南海泡沫事件"中写道：当时人们的狂热程度，使政治家忘记了政治，律师忘记去法庭，贸易商忘记去做买卖，医生忘记了病人，商店主忘记了自己的铺子，宗教工作者忘记了讲道台，还有连妇人们竟忘记了夸耀和虚荣。据说连伟大的物理学家牛顿竟也伸手抢购南海公司的股票而遭受了很大损失。

就在这"泡沫"盛行的年代，在英国出现了形形色色的投机的"泡沫"公司，例如发明永恒运动车轮的公司、发展养马事业的公司、专为教会服务的公司、保险马匹的公司、避免雇用工人遭受损失的保险公司、从铝中提取白银的公司等，层出不穷。马凯在他的《非同寻常的大众妄想与疯狂》一书（1852年）中说，如问"人们这是怎么回事，谁也不知道，但不外乎都是为了'伟大的利益'所设想出来的各种各样的公司"。由于这许许多多的"泡沫公司"的设立，也发行了许多股票，南海公司认为侵犯了它的垄断权益，动员政府颁布了《禁止泡沫公司法》，解散这些泡沫公司，从而引出了这些公司股票价格的暴跌，最后也牵连到南海公司本身。在不到半年之内，南海公司的股票价格下跌到原来市价的1/7，使许多商人、地主、投机家破产，成为英国资本主义史上有名的"南海泡沫事件"。这一事件影响了英国资本主义在下一个世纪的顺利发展。

"泡沫经济"的定义，在现代一般的理解是指背离现实的经济实体，人为地或投机地为了追求高额非劳动收入和利润，形成了资产（STOCK）价格的狂热上涨（这里所说的"资产"是指像股票、土地、不动产等保存经济价值的手段），这种狂热上涨的虚幻的资产价格所构成的经济现象。不过早在1634—1937年间，在荷兰出现过"郁金香投机狂潮"，一个郁金香的球根，竟然高涨到可以交换到"一驾新马车、两头茸毛好马、还加上一套马具"。在马凯上述的书中曾写道："贵族、市民、农民、工匠、船员、佣人、随从、扫烟筒的、旧货店的老太太等都伸手去投机抢购郁金香。"各个阶层的人们将自己的财产换成现金，投资购买这种"郁金香"花，是历史上最早的一次最大投机狂热，即所谓荷兰的"郁金香狂潮"事件。一百年后，在荷兰又重演投机狂热，出现过"风信子投机狂潮"。在 18 世纪的法国，曾出现过约翰·劳的发行银行券的泡沫事件，致使法国的银行制度直到 19 世纪也不受人们的信任。尽管在历史上各个时代各个国家出现过不同形态不同背景的"泡沫经济"，造成了几十年乃至近百年的后遗症，受其害者真可以说家破人亡不可胜数，但这种历史的教训，由于人类社会的某种劣根性，经常会"好了伤疤忘了痛"，重又反复在资本主义社会中出现。20 世纪末，日本的"泡沫经济"的出现和崩溃，虽然其表现形态和背景原因更加"现代化"，更加复杂化了，但是投机的掠夺式的"创收"，不劳而获的"致富"思想，则是一脉相承的。

二 日本"泡沫经济"中的股价与地价

（一）股价猛升

日本从 1985 年开始到 1990 年之间，出现了新型的"泡沫经济"，新型者是和过去历史上许多次愚蠢的异想天开的发财梦不同。这次日本的"泡沫经济"是日本发达到经济大国之后，年年高度经济增长，国际贸易年年顺差猛升，日元资金过剩的情况下，是有钱人的在巨富条件下的"泡沫经济"，值得我们深切关注。

日本的"泡沫经济"的形成也是从资产价格的膨胀开始的。这里的资产是股票、土地，甚至美术品等属资产价值保存的手段。一般说来，这些资产价格也会随经济的增长而上涨的，并不是说它们的价格是固定不变的。但是，如果它们的价格异乎寻常地与国民生产总值的增长不相称地异军突出，如脱缰野马那样，形成"泡沫化"的资产价格，虚拟的架空的"财富符号"，那就是不正常了。

日本的股票价格，进入20世纪80年代后半期后，一直趋向上涨。1985年末，日经平均股价为13113日元，以后不断上涨，出现新纪录。1987年10月，不到两年时间，上涨到26000日元大关，差不多2倍。但世界上出现了"黑色星期一"，世界股价暴跌，各国正忙于整顿国内股市，而日本在国内资金极为富裕条件下，却放松银根，膨胀信用贷款。1987年末，日本股票时价总额竟占到全世界股票时价总额的41.7%，但日本人口只有美国的一半，国民生产总值（GNP）只有美国的60%，而日本的股票市场开始超过了美国，成为世界第一。以后一直热气沸腾，1989年7月1日的成交额竟破纪录地达到了28.5亿股，1988年末，股价平均达到3万日元大关，1989年末相当于1985年末的3倍，股价平均额到达了38915日元的高峰，1989年末股票余额时价总额为630兆日元，为同年国民生产总值的1.6倍。

但是这种股票时价暴涨和膨胀，是一种虚拟资本的膨胀，而日本的现实资本，并没有因股价膨胀到600多兆日元，或跌落到其一半，其国民生产总额就会因此而膨胀或收缩。日本经济的生产力仍如以前一样，设备投资等并不因虚拟资本的膨胀或收缩而出现生产力随之而波动的情况。股价是资产的价格，股票并不像商品那样年年生产年年消费，一旦成立了股份公司，股票标志着一定的资产，只要公司不倒闭，不断可以积累增值，是一种存量资产。现实资本的世界，其商品的价格是一种流量，是以其价格为基础从事生产、分配和消费，乃至再生产，商品销售出去，实现了价值，它就要消失，不再是商品而是物品或其他满足人们所需求的对象。所以生产出来的商品最后要从商品世界中消失或形态变化。而股票只要公司存在，它就不会消失，形成资产存量。一般在股票市场上买卖的只是其中的极小的一部分，大部分是由法人或个人所保有，但一小部分上市的股票时价，其变动波及没有上市的那部分，从而形成股票的时价总额，所以上市少，不上市买卖的多的话，这类股票时价必然会高。据日本每年全国证券交易所协议会所发表的统计数，上市出售的浮动股票约占个人持有股票的22%。但1985年末的时价总额只为196兆日元，为该年国民生产总额的60%。仅仅在4年之中，膨胀了434兆日元，差不多相当于一年的国民生产总额的数字（见表4-1）。这种股价的疯狂上涨使日本社会像喝醉了酒一样，如痴如狂。但这种虚构的财富的膨胀正像"泡沫"一样，是不可能长期维持的。

表4-1　　　　　　　　日经平均股价的变化

（单位：日元）

年份	平均价格	最高价	最低价
1981	7510	8019	6957
1982	7399	8027	6850
1983	8807	9894	7803
1984	10567	11577	9703
1985	12557	13129	11545
1986	16386	18933	12882
1987	23176	26646	18544
1988	27011	30159	21217
1989	34043	38916	30184
1990	29475	38713	20222
1991	24298	27147	21457
1992	18108	23801	14309

资料来源：日本银行：经济统计年报1992年。

按照古典的股票价格理论，如希法丁在"金融资本论"中所展开的那样，股价决定于每股红利与市场利息率的关系。1989年末，日本东证第一部上场的全部股票的平均每股红利为7.31日元，每股红利以市场利息率来除，还原为资本额。如长期利息率为7%，用7%除7.31日元，资本还原额为104日元42钱8厘。但在1990年3月22日东证第一部全部股票的简单平均价为1602日元57钱，比之理论股价高出10多倍，这不能不说是一种泡沫经济的现象。即使说股票时价受供求关系的影响，而且红利也不能固定，有可能成为投机的对象，但其变化也仍不可能不围绕着"理论股价"而上下变动。但日本从1985年末以来的股价上涨的势头可以说是直线的，而且是异乎寻常的空前上涨，这只能是人为的一种"泡沫经济"现象。现代西方经济学者中不少人试图用"理论"来说明解释，其中有名的如美国托宾用资产时价来说明股价，不过他所说的资产的时价并不是现实存在的公司资产的时价，如果公司倒闭出售厂房设备时，大多三文两文地处理了事，不值多少钱。托宾所说的公司的资产不是这一类，而是指今后想买进其公司的所保有资产，计算其要花费多少。如果像日本那时的情况，地价上涨，而且是暴涨，那么，计算起来就不得了，一般的大公司都自己持有大量的自己股票，这样，这些股票就会继续上涨，自己保有的股票上涨，必然与市场股价互为因果，不断继续上涨，没有止境。东京大学有位教授曾借用托宾理论说明日本股价还相对地不算高，还要涨，使许多证券公司欣喜若狂，而使许多经济学者为之目瞪口呆，无话可说。这是一种"投机理论"而不是投资理论，因为他们所计算的理论上的股价，只是从股票需求为基准出发，如果投资者想投资与某公司相类似的事业，就必须要投入与这种同额的资本，如果在这家公司的股票价格比之该公司所保有的资产时价（即新购买时所要支付的价格）

低的场合，就应该买进这种公司的股票，这是他们理论的出发点，这当然是不现实的。因为购买股票的投资者要求一定的投资效益率，这样大的资产投资何以能保证他获得平均利润率？显然，这种理论的前提是不现实的。而希法丁的"金融资本论"中的古典股价理论，其前提是假定一切投资者都是一种金利生活者，他们投资只是为了获取一定的市场利息率水平的收入，这也显然是过时的。事实上，在股票市场上股票价格的变化因素很多，并不是简单地由某一种因素所能决定的。日本"泡沫经济"中的股价暴涨更自有其特殊的时代的因素，后面再说。

（二）地价狂涨

股价和地价的狂涨是构成日本"泡沫经济"的二大主要内容，地价的狂涨中也包含着不动产的投资热和价格的上涨。1985年末，日本土地资产总额，按国民经济计算的推算，是1004兆日元，到了1990年末上涨了1.4倍，为2389兆日元，其增加额为1385兆日元，相当于日本名义国民生产总值的3倍。据说1990年末，日本的土地资产价格总额，竟然可以购买4次比日本大25倍的美国。东京都的皇宫所占地的价格可以购买美国的一个州（加利福尼亚州）。其疯狂上涨的惊人程度，由此可见一斑。从表4-2可以看出，地价上涨和股价上涨的年代是差不多的，大约是在1985年到1990年之间。

表4-2　日本国内生产总值与股票、土地资产额的变化　　单位：兆日元

年份	GDP	股票	土地
1981	261	81	128
1982	273	91	135
1983	286	107	139

续表

年份	GDP	股票	土地
1984	305	138	149
1985	324	169	176
1986	338	230	280
1987	354	301	449
1988	377	394	529
1989	403	527	521
1990	434	478	517
1991	457	373	504
1992	484	297	428

资料来源：转引自野口悠纪雄：《泡沫经济学——日本经济发生了什么事情？》，第23页。

东京都商业区土地价格的上涨，自1983年就已经开始，如果以1983年为100，1990年住宅区地价上涨了235%，商业区地价上涨了328%。据日本不动产研究所的调查，日本六大都市的商业区地价指数，如以1955年为100，10年以后，1965年上涨超过了1000，1988年则超过了10000。在33年之间上涨了99倍，但在这期间，日本名义GNP上涨了44倍多，制造工业工人工资上涨了20倍多。这次日本土地价格的狂涨，是历史上少见的。东京都商业区地价，1990年的高峰时期，地价超过了1985年水平的2.7倍，住宅区1990年比1985年上涨了2.7倍。在大阪市商业区1990年比1985年，地价上涨了3.3倍，住宅区地价1990年比1985年上涨了2.7倍。由于地价狂涨，一般住户因固定资产税、继承税、地租、房租等也随之迅速上涨而负担猛增，一般工薪人员要想靠工资收入买一幢住房的梦想彻底破灭，甚至从事中小企业的人也因地价上涨所引起的土地资产税的负担，无法维持营业。东京都议会要迁移到西新宿区，引起了土地投资者争先恐后抢购西新宿的土地。据报道，在西新宿六丁目南约有

2.4公顷的地区，在高层建筑群中间有一片旧式二层楼的住宅地带，原有数十户人家，15年前就开始组成了再开发的准备工作。但现在这个地区，土地的70%以上已被大企业所抢购收买，许多住户搬出了这个地区，两家住房中就有一家是空的，呈现杂草丛生、虫鸟齐鸣的荒凉景象。但这里的地价按"官价"每坪（4平方米）竟要9000万日元。地价狂涨，赶走了居民[①]。土地成了大企业投机的对象，期待着地价不断上涨的巨额利润。按常理，地价的决定：如是商业地区，则根据从土地中所获得的收益如何而定，即所谓"收益还原地价"；如是住宅地区，则以需求者的购买资金的平均水平为基础，再由供求关系来决定。但日本这一时期的地价上涨，根本不是按经济学常理所能说明的，据日本国土厅1990年《土地白皮书》中的解释，说是东京都市区由于办公用需求增加，买进住宅用地以改建的需要增大，促使地价上涨。但如此疯狂上涨的原因，是日本从1986年以来的金融松弛，放松对不动产投资的贷款，助长了投机的狂热。事实上，除来自银行方面的信用资金外，还由于日本1985年以来，出口贸易年年巨额顺差，大企业手中资金膨胀过剩，而设备投资已到一定限度，在股价、地价上涨高潮中，大企业的经营有很大一部分资金投入到股票、不动产和土地方面，获得了巨额投机利润的收入。同时银行方面又一再采取低利率政策，放松银根，大银行自己包括证券业也直接投资到股票和土地、不动产方面，获取了巨额投机利润，大企业又以其不动产、土地等为抵押，向银行借到了巨额资金，投到不动产、土地和证券市场，巨额的流动性资金，形成了日本经济"流动性"过剩，而日本上市的股票有一

---

① ［日］《走访地价高涨的最前缘》《经济》1988年第2期，第92页；《地价何以高涨?》《经济》1991年第4期，第74页。

定的限度，大都市的土地更是有限，在经济处于景气高潮时期，大家对股价、地价看好，造成了"虚拟资本"飞扬跋扈的"泡沫经济"的投机热潮。一部分日元资金还投向了海外，购买美国和欧洲的不动产，甚至世界名画等美术珍品，受到世人的非议。据中国《工商时报》1993 年 5 月 19 日的一则报道：东京的咖啡店因地价高、房租贵、成本上升，难以营业。东京的咖啡店 1972 年时有 11083 家，1982 年增加到 20241 家，但从 1983 年以来开始减少，1992 年降到了 20 年前的水平，只有 10651 家。许多咖啡店改变其营业内容，夜晚甚至兼营酒吧，日本大城市的"咖啡店文化"，濒临没落的边缘。

三 日本"泡沫经济"的历史背景

在开始时，笔者曾提到这次日本的"泡沫经济"之发生，与 17 世纪前半叶荷兰的"郁金香投机狂"以及 18 世纪英国的"南海泡沫事件"，虽然在投机狂和不劳而获巨利的方面，没有什么两样，但前者毕竟还是局部的、时间也还不太长，而且崩溃得也很彻底。而日本是高度发达的并且政府的指导相当有力的资本主义国家，这次出现了时间达数年之久、规模达天文数字、影响整个日本国民经济和人民生活的"泡沫经济"，必有其日本特殊的社会经济背景和它的社会经济结构的问题。由于这些社会经济结构上的历史特殊性，日本的"泡沫经济"虽说是"崩溃"了，但其后遗症还未完全爆发出来，至于说日本经济结构本身所包含的内在的体制问题，包括上层建筑在内，均还未受到全社会的注意。

按照日本经济学界对日本"泡沫经济"的分析，引起 1985 年以后长达 5 年左右的日本"泡沫经济"有如下一些原因。

（一）"广场协议"

1985 年 9 月，美日等大国首脑在纽约的"广场旅馆"召开会议,达成了所谓"广场协议"。美国要求日本削减对美国出口,减少美国对日逆差,同时要求日本开放国内市场,购买美国商品,扩大内需。在金融方面强烈要求日元升值,在国内放松银根,降低银行利率,增加货币供应等,以求实现扩大美国出口,减少贸易赤字,避免美元贬值。而日本国内1985年由于面对日元升值压力,政府已开始采取放松银根,降低利率,运用财政政策,促进国内经济的回升。在国内经济已开始回升的情况下,"广场协议"的结果,日本国内继续维持降低利率、放松信贷的金融政策,造成了日本国内日元资金过剩,经济过热,形成了所谓"过剩流动性"经济状态。如果将流动性的资金与日本名义国民生产总值相比较,1986—1987年资金供应上升率是同期名义国民生产总值的2倍(见表4-3)

表4-3　　名义国民生产总值与货币供应的变动比较　　单位:亿元

年份	名义国民生产总值比上年(%)(A)	M_2+CD 平均余额比上年(%)(B)	(B)/(A)
1981	6.1	8.9	146
1982	5.0	9.2	184
1983	4.6	7.4	161
1984	6.9	7.8	113
1985	6.4	8.4	131
1986	4.4	8.7	198
1987	4.0	10.4	212
1988	6.4	11.2	175
1989	7.1	9.9	139
1990	7.6	11.7	154
1991	5.4	3.6	67

资料来源:[日]生野重夫著:《现代日本经济历程》第八章,朱绍文等译,中国金融出版社1993年版,第129页。

如表 4-3 所示，1986 年以后日本货币供应量猛增，直到 1990 年几乎是两位数的增长。货币供应数量的惊人猛增情况见表 4-4。

表 4-4　　　　　货币供应量（M_2 + CD 平均余额）

单位：亿日元

年份	M_2 + CD 平均余额	年份	M_2 + CD 平均余额
1980	1978716	1985	2951827
1981	2655266	1986	3207323
1982	2353359	1987	3540364
1983	2526400	1988	3936668
1984	2723600	1989	4326709

资料来源：东洋经济统计月报。

如此庞大的过剩流动性资金的泛滥，显然已出现经济过热的现象，大企业虽进行设备投资，其规模相当有限，因此，银行系统和大企业部门，就纷纷投向股票和土地方面，以追求高额利润，由于经济处于景气状态，人心看好，结果使股价从 1980 年 12 月的日经平均（月中平均）7081 日元 38 钱，上升到 1989 年 12 月 29 日的最高价 38915 日元 87 钱，竟上涨了 4.5 倍。在这期间，日本对外贸易顺差，年年增长，1986 年为 928.27 亿美元，1987 年增至 963.86 亿美元，1988 年为 950.12 亿美元，以后，每年递增，1992 年日本对外贸易顺差达到 1260 亿美元。日本银行的公定利率，从 1986 年 1 月开始，到 1987 年 2 月，仅仅一年当中，公定利率从 5% 下降到 2.5%，直到 1989 年 5 月，才逐步回升到 3.25%。在国内大量供应信用资金，如 1989 年末，其贷款余额为 6 兆 7076 亿日元，买入票据余额为 9 兆 2000 亿日元，国债余额为 25 兆 3481 亿日元，其放出的信用资金数量实足惊人。过剩的日元流动性资金，一部分流向美国，购买美国国债，由于国内利率低，人们就将资金投入到资本收益可以不断上升的投机市场，投入到股票和土地等方面，银行本身也设定"特金"等"特别账户"从事投机，大企业脱离银行的控制，独立行事，从事"金融运营"，投资于股票、土地，乃至美术品等，年年获取巨额暴利。从1986年到1991年春，日本出现了空前的经济繁荣，人们如醉如痴，陶醉于"经济大国"的富裕甲天下。这一段的日本经济景气，可称之为"泡沫景气"，写进日本战后的经济史中。

（二）在上述金融松弛的基础上，日本银行界和大企业手中握有大量的过剩流动性资金，在日美经济摩擦激化的情况下，扩大生产受到一定限制，纷纷将流动资金投向经营房地产的不动产业和股票市场

非金融法人部门20世纪80年代后半期，购买土地的数额达到了80年代前半期的8倍；不动产业的土地投资，80年代前半期为2.1兆日元，到了后半期猛增到15.1兆日元。同样，盘存资产在80年代初期为2.6兆日元，而80年代后半期猛增至24.19兆日元，据估计其中有半数是投向土地购买。从事房地产投资的不动产业的所需资金81兆5000亿日元中，约有3/4估计为62兆3000亿日元为银行贷款。从1985年到1989年之间银行向不动产业的放款上升率，年平均为19.9%，而其总放贷上升的年平均率却为9.2%。银行还对非银行金融机构放贷，1985年为27兆日元，到1990年5年间增加到62兆，约增加了1.3倍。这些非银行金融机构约有40.2%的资金投到不动产和建筑方面。法人企业大量购买土地，从1986年以后，地价猛涨，时价与账面上的价格差额愈来愈大，1988年末达到了342兆日元（《经济白皮书》1989年版）。如果大资本将其购进的土地出售，可获巨大投机收益，如不卖，可获有巨大的涨价收益额，用以做担保，

又可以获得巨大的经济活动或投机活动的资金。

自从第一次石油危机以来,日本的制造业采取了合理化经营政策,提高了企业内部的资金运用。1976年以后,日本的大企业基本上不需要向银行借款来扩大设备投资,银行向制造业的贷放逐年减少。而企业本身还可以利用证券市场的各种证券形态,从资金市场获得大量低利的运用资金,企业界的经营活动已摆脱了依赖银行的地步。在股票市场上,又出现了许多"机关投资家",如年金基金、生命保险业、信托银行、投资信托公司等,集无数的个人以及集体的资金,加以运用,也都纷纷投向收益高的股票。近几年来,日本股市的交易,机关投资家已成为很有影响力的存在。

(三) 第三个原因值得注视的是许多大企业甚至如日立、丰田、松下等现代化高科技产业,也都纷纷从事所谓"金融投资"的活动

事实上,是利用手中大量流动性资金[①],从事土地和股票的投机买卖,从而获得巨额"泡沫利润"。特别是股票市场由于这类大企业的金融投资活动,对股价上涨起了推波助澜的动力,当然银行的活动也是其中的主要构成部分。据1992年第7期《经济》月刊中一篇文章中的分析,日本十大代表企业在购买有价证券中所获得的涨价利益,即时价与原来账面上价格的差额收益是令人吃惊的。丰田公司1989年6月有价证券的账面收益为2兆5465亿日元,即使在出现了"泡沫经济"破裂以后的1991年,它的账面收益,还有1兆9330亿日元;日立公司1989年3

---

① 日本制造业的总资产中,手中流动性资金保有的比例,20世纪80年代后半期,从原来的约15%增加到20%,而在美国60年代后半期以来,一直是稳定在6%,美国的大企业不像日本有条件从事"金融活动"投机。

月为2兆1886亿日元，1991年3月为2兆3430亿日元；松下电器1989年为2兆1334亿日元，1991年为2兆0999亿日元；新日铁1989年为1兆8542亿日元，1991年为1兆6722亿日元；三菱商事1989年为1兆4961亿日元，1991年为1兆4132亿日元；三菱重工1989年为1兆3252亿日元，1991年为1兆1825亿日元；日产汽车1989年为1兆2434亿日元，1991年为1兆0236亿日元；三井物产1989年为1兆0162亿日元，1991年为1兆0286亿日元；富士通1989年3月为9115亿日元，1991年为1兆0602亿日元；日本电气1989年为8970亿日元，1991年为8795亿日元。从上面的时价与账面上的差额收益中看，虽然1990年日本泡沫经济开始破裂，股票价格下跌，十大代表企业的差额收益平均每家减少了1000亿日元，但各大企业从泡沫景气中所获得的"泡沫收益"仍然是非常巨大的。据说许多从事制造业的大企业，在每年巨额收益中，几乎有一半以上的收益来自"金融活动"的投资收益，是在金融市场上运用虚拟资本的涨价的收益，这就不同于通过制造过程所赚取的剩余价格的收益，它是一种架空的虚拟资本，但它又是法律上的金融世界的实际上的收益，具有"资本"和"货币"的一切权威。它在日本国内，以及在美国、欧洲，在世界各地发挥其日元资金的威力，它可以购买世界各国的一切现实的财货，收罗世界各国的名画和珍宝，这种"泡沫经济"的魔术，和过去历史的情况不同，其影响已不限于日本的国内。日元资金在世界上的作用，必须引起深切的关注。

上面我们简略地提出了日本泡沫经济的一些原因，但在现代高度发达的资本主义国家，出现这类土地、股票的投机狂热，绝不像过去历史上的"泡沫事件"，因为人们对日本经济的前景一律看好，对于土地，日本有所谓"土地神话"，人们普遍认为土地才是有利的资产，火烧不了，水也不能冲走，而且日本国土有限，特别是大都市的土地。对于股票也是如此，除去上面笔者提到供应上市的股票，浮动股票在日本不太多。不能不注意日本企业的国际竞争力经久不衰的企业收益力的事实，日本的企业收益从 1986 年后直到 1989 年，一直上升，而且日本的国民生产总值的增长率，实质上也一直在增长，1987 年为 4.7%（而政府预计为 3.5%，下同），1988 年为 6.0%（3.8%），1989 年 4.5%（4.0%），1990 年 5.1%（4.0%），四年连续超过政府预计，实际年年在上升之中。所以对这次日本"泡沫经济"的原因分析，就不能像过去那样，归之于人们单纯的愚昧、冒险和"投机"。现在日本经济界普遍感到"泡沫经济""崩溃"了，大叫大喊企业收益的减退，出现了巨额缺损的局面。但就笔者来看，日本的"泡沫经济"只不过是"破裂"，并未"崩溃"。凡是资本过剩的地方，特别是金融资本过剩的地方，证券市场的存在，"泡沫经济"是难以避免的必然现象，只不过程度不同而已，但"泡沫经济"并不能因此而被说成是无害的经济行为。

四　破裂和教训

日本"泡沫经济"从 1990 年初开始，就已显出其"裂缝"，由于它本来是一种"泡沫的"、"虚拟的"资产价格的上涨，并没有现实经济的条件为基础，一旦出现"裂缝"，人心思危，其破裂之迅速，可以说好比黄河决口，人力难以阻挡。1989 年末，日经平均股价高峰为 38915 日元，1990 年开始下降，4 月间降到 28000 日元，下跌率达 28.0%，8 月 2 日，海湾战争爆发，原油价格上涨，股价继续下跌，股市出现空前的惊慌状态。1989 年末，东京证券交易所一部上市股价时价总额为 590 兆日元，1990 年末下跌到 360 兆日元。1991 年股价继续下跌，日本"泡沫经济"的裂缝一天天扩大，1992年4月8日跌到17000日元，下跌率达到57.3%。1992年5月，笔者应东京大学经济学部之邀，任客座教授，到达东京后，见日本各方面的情况，一片惊慌失措的空气，笼罩着社会的各个角落。1992年7月22日，日本股价下跌到14000日元，突破了日本第二次世界大战后的最大下跌的纪录，下跌率达到60%[①]，同时也超过了1929年世界大恐慌的股价下跌的纪录，几乎所有大银行、大企业、证券公司都出现了巨额的赤字。1991年夏，野村、大和、日光、山一四大证券公司发生了经营上的丑闻事件，整个日本证券业失去人民的信用，单单因违法行为而被追加交纳的税款，就相当惊人，山一要补交273亿日元，日兴补交191亿日元，野村补交65亿日元，大和补交49亿日元，还有其他的证券公司。所以单从证券业的情况看，据综合证券47家发表的1992年3月的决算，1991年3月的赢利为6305亿日元，1992年3月则减少8926亿日元，赤字为2621亿日元。东京证券交易所的正式会员124家，其1992年3月发表的决算，也同样从1991年3月的6806亿日元的赢利转而亏损为2453亿日元，这是从1965年9月以来的第一次出现的巨额亏损，可见"泡沫危机"何其深刻严重。然而，我们不要忘记1980年的股价日经平均为6870日元16钱，1985年为12565日元62钱。所以泡沫经济的破裂，对于那些大金融资本家、大企业来说，虽然出现巨额亏损，出现时价与原来账面价的差异减少，但还是获得了巨额利益，但那些中小企业乃至专事投机的公司则没有不为之破产而受到巨大损失的。由于股价泡沫景气的破裂，1990年下半年开始，地价也开始下跌，1991年继续下降的

[①] 1949年9月至1950年7月，由于实施"道奇计划"，"道奇紧缩"下跌率达到过51.8%。

情况，自1991年7月到1992年7月，一年之间，东京都住宅区地价下跌率为15.1%，大阪府为23.8%，京都市为27.5%。据日本地价的纪录，这次下跌率是战后日本经济史上的第一次。那些以不动产投资为主的企业，陷入了不能自拔的苦海深渊。1990年9月有"伊东满"事件，11月有共和的破产，负责2000亿日元。据东京商工会议所的调查，1990年企业破产件数（负债1000万日元以上的企业）为6468件，负债总额约2兆日元，其中不动产业的破产数为364件，负债总额6600亿日元。1991年以后，许多有名的不动产业企业，均以巨额负债而纷纷倒闭，东洋信用金库也竟因虚假存款事件，负债4100亿日元而倒闭。1991年不动产业的倒闭，其负债总额是历史上最高的，达8兆日元，是1990年的4倍。1992年倒闭企业件数增加了，但其负债总额却未增加，据帝国数据库的调查，1992年上半年，倒闭企业达6579家，比前一年同期增加39%。这种倒闭的情况，日本经济学家认为是由"泡沫"型倒闭引起了日本经济进入"萧条"型倒闭的过程。前面我们说过，日本"泡沫经济"的起因中，日本金融机关的无节制的放贷，甚至相互竞争，争取贷放，引起了过剩的流动性，掀起了股票和土地的投机狂潮，出现了历史上一次巨大的"泡沫经济"，现在狂热退潮了，一泻千里，"泡沫"破裂了，梦幻的陶醉消失了，日本的银行业背上了庞大的巨额的"不良债权"。据1993年4月的报载，东京都21家银行背负着13兆4000亿日元不良债权，据估计实际上，"不良债权"的总额是其公布的总额的2倍以上。由此可见，日本经济由于"泡沫"破裂所留下的后遗症何其严重，而要逐步克服它，消除这种影响，把市场引向健康的秩序，又岂能是一朝一夕之功呢？

在日本经济处于泡沫繁荣的年代，日本社会显示一片豪华阔气的风潮，一幅名画上百亿日元在所不惜。国际贸易由于其国际竞争力的特殊结构，贸易顺差年年上升，1993年3月竟达到1200多亿日元，富国日本的形象已为世界大多数人所接受。殊不知日本社会大众并不感到他们是富国之民。地价上涨使日本职工放弃了终生劳动最后晚年能买到一所作为安家之处的住宅的美梦。日本青年的人生观改变了，他们不再愿意过前人那种人生，走上享乐的浪漫生活。勤劳的人民终日辛劳，也不能安心生活，甚至"过劳死"者比比皆是。社会的道德风尚也随着泡沫经济的狂热而颓废堕落。笔者的朋友生野重夫先生在他的著作《现代日本经济历程》一书中曾提出，在1980年代初期，作为实现高度经济增长的条件，受到世界各国高度评价的体制；在20世纪80年代后半期，作为扩大突飞猛进的贸易顺差的条件，受到世人批判而要求其改革的这种体制，也就是战后特殊的日本资本主义体制，现在是应该进行全面反思的时候了。日本企业界的思想动向，我们可以从最近日本的书刊中看出来。例如最近畅销书之一"清贫的思想"，日本的大企业家们，提倡大家应安于"清贫"的生活，提倡"清贫"的美德。看来很像战败时日本第一代总理东久迩稔彦所发明的一句话，即失败了，要求"一亿总忏悔"。现在日本泡沫经济破裂了，经济进入萧条不振的混沌局面，用这句"安于清贫"、"乐于清贫"的"清贫"思想，要大家都来"反思"。

总而言之，和历史上许多次的泡沫经济事件一样，最终总要破灭，人民总是遭殃，日本的泡沫经济的后遗症，当然也不例外。这里不能详细叙说，因为当前日本正在"泡沫经济"破裂后，苦于应付这次泡沫经济的后遗症。它的资源配置、收入分配、企业经营、金融体制、精神面貌、道德规范都受到了严重破坏，如何重新修整，认真对待，可以说日本人民又处于历史性的重大的转变关头。

欧美的不少经济学家认为,日本的繁荣过去了,"太阳落山了"。这种看法只看到其表面的一时的现象,第二次世界大战后几十年来,支持日本经济繁荣的国民生产力,它的高度的技术力,高水平的教育基础,勤勉的劳动人民,高储蓄率,以及它的企业经营的经验和体制,在整顿好"泡沫经济"的后遗症之后,笔者相信它还会重新建立起适应新世纪要求的市场经济体制。

最后,笔者想提醒一下中国经济界,当前中国由于炒股票热、炒地皮热、炒房地产热,资产价格也处在上升状态。市场经济条件尚不具备,更不成熟,玩弄这类资产价格的上涨,鼓励人人向往投机,做发财梦,政府和银行又不能有所作为,这样继续通货膨胀,币值不稳,放任下去,恐怕市场经济还未建立,"泡沫经济"泛滥成灾,必将淹没一切从事劳动生产、创造真实财富的社会经济秩序,也必将破坏建立健康的市场经济,其患无穷。从反面学习外国经济所经历的教训,将有助于我们的反思。

(此文原载于《改革》1992年第4期)

第四节 日元异常升值:国际通货危机的序幕

近3个月来,日美汇率迅猛升值,对于以出口立国的日本来说,无疑是一场严重打击,是又一轮日元空前升值的新危机。由于这次升值来得突然,增幅很大,日本产业界包括政府在内,莫不惊慌失措。有人说这是一场"经济大震灾",其实,何止是日本,也是国际通货危机的序幕。

日本经济在泡沫经济破裂之后,其后遗症至今仍无法根治,金融界一直处在不安状态。虽然企业界1994年度开始出现复苏,特别是轿车、家电、半导体等乃至钢铁业等都有好转,但由于这次日元的空前升值，使日本经济的复苏受到严重挫折。由阪神大震灾所出现经济复兴投资的刺激效用，也难得有预期成效。当然日元升值可以促进进口，加速改组产业结构，改变耐用消费品、轿车、家电等的出口，降低国内物价，但在当前，日本企业将接受经济和产业结构调整带来的挑战。

　　这次日元迅猛升值，日本银行又是介入市场，又是调整利率，均毫无反应。事实上，日元迅猛升值，是美元迅猛下跌的表现。日美经济摩擦的矛盾，由来已久，并愈演愈烈。在"苏联"解体以前的冷战时代，以美国为首的七国首脑会议，大致还可以维持一定程度的协调，共同维持美元的下跌。每当日元升值到一定程度，也都可以保持在一定水平，相安一时。但现在冷战体制结束，以美国为首的大国集团的组织，迅速分解，世界经济的关系，形成了"资本主义对资本主义"（法国经济学家阿拜尔提出）的"大接战"（美国麻省理工学院的索洛提出）的时代。而日美的经济矛盾，日益尖锐。美国十多年来要求日本减少贸易顺差，以缓和美国的严重贸易逆差，但事实是不但不减少，反而增加，1992年至1994年三年中，日本的贸易顺差均达到了1300亿美元以上，日本的经常收支顺差也都增加到1300亿美元以上。而美国1992年的贸易逆差为845亿美元，经常收支逆差为679亿美元，1994年分别增至1513亿美元和1557亿美元。为了弥补这巨额赤字，除去发放美元，每年要从国外进口约6600亿美元，其中来自日本的约1200亿美元，来自德国约220亿美元。从美国的立场来说，美元对日元和马克的比价，的确是下跌了。但现在情况有新的变化，美元对加拿大元和墨西哥比索升值，所以这次日元迅猛升值，美国虽然口头上说要加以制止，但内心并不想力挽狂澜、也无力做到这一点。当今之世各大国均谋自保，而美国产业早已减弱，已到了它对冷战时期所散发的天文数字的不兑换纸币美元负责的时代了，换句话说，是到了结束以美元为唯一国际通货统治的时代，建立21世纪的新的国际通货秩序的历史阶段了。

在制止美元汇率下跌方面，还有一个可以有所作为的国家是德国。但德国属于欧洲市场圈，对美元下跌，也并不感有什么日子不好过的地方。德国已经度过与东部统一的经济负担的困境，经济回升，1994年的实际GDP增长率为2.9%，1995年将会达到3%。制造业开工率84.6%，工人实际工资增长了4%，其出口好转不依赖美元圈。所以，德国前段时间虽为制止马克过度升值降低了利率，但考虑国内情况，作为也有限。

日元升值的重要因素还在日本经济本身。国际投机资本看到日本经济连年贸易顺差，国际竞争力强，作为经济基础的制造产业，特别有力。日元看好，已不下于马克，所以，国际资本都投向日元，抢购日元，日元迅猛升值，是势所必然。但单靠日本一国的力量制止日元升值，真可以说是杯水车薪。即使美国为了维持其国际通货的地位，与日本联手介入，其能力也是有限的，而且也不可能保持日元长期稳定。日本的经济运作，特别是产业制造力，已超过了美国，日本经常收支年年巨额顺差，亚洲国家经济又如日初升，日元看好，国际投机资本，正好利用冷战后的国际形势，摆脱美元，抢购日元，这也正是这次日元迅猛升值基本原因之一。今后，即使美日联手暂求稳定美元的下跌，日元汇率得以喘息，但也只能是短期的一时的苟安现象，从长期趋势来看，日元仍将升值，美元还要下跌，国际通货制度危机也必将再度爆发。

总之，此次日元迅猛升值现象说明，不兑换纸币任意滥发，必将受到时代的惩罚。美、日、德三国货币作为储备货币而鼎立于世界市场的态势正在开始形成。那些一味责备日本对美贸易巨额顺差，造成日元迅猛升值的危机，难免有片面之嫌，问题在于冷战体制结束世界经济结构已发生变化，由美国一手造成的美元纸币的膨胀危机，所引发出来的国际通货危机是必然的。大国兴衰，世之常事也，要紧的是我们要认清国际经济形势，适应其变化，把本国经济搞上去。

（刊于《经济日报》1995年4月21日）

第七章 日本式企业经营

第一节 日本的"经营者企业"的组织形态

要搞活中国大中型企业，研究外国的经验，特别是日、美的经验是非常必要的，其中日本的企业经营的经验更值得我们参考，因为日本原本是东方的在现代化方面落后的国家，他们的做法基本上虽然是从欧美那里学来的，但他们在学习之后经过与本国的情况结合，形成了一套使欧美的企业家都为之赞叹的经营管理体系，这将给中国的企业家们在搞活企业，形成中国社会主义企业的经营管理方面以极大的启示。

日本的企业从规模上看有大型的和中小型的两大类别，按照日本《中小企业基本法》规定，凡从业人员在300人以下，资本额在1亿日元以下的企业属于中小型企业，在研究日本企业的经营管理方面，绝对不能忽视中小企业的顽强的经营能力和他们的经验。这里我们为了研究日本式的典型的基本经验，所以只限于分析日本的大型企业的经营管理经验，并与美国大型企业的经营管理经验进行比较。日本的大型企业的概念，一般是指在法律形式上的股份有限公司，它们的股票都是要在证券交易所上市的股票。这类大型的企业估计有2000家，占总法人企业的0.1%，但它们的销售额却占40%左右，影响极大。其中大约有1100家的股票能在东京和大阪两地的交易所里上市的大企业，基本上构成了日本大企业的主体集团。当然也有股票不上市场的大型股份有限公司，像三得利洋酒公司、出光石油、吉田工业、西武百货公司等。除股票上市的大型企业以外，日本还有好多种类型的大型企业，我们不能一一列举，不过，只有这些已经上市的大型的股份有限公司才可以算是日本典型的大型企业，它们的经营管理的经验也才是构成"日本式经营"的典型经验。

　　日本原是资本积累极为贫乏的国家，二战以后，日本大企业的自有资本很低，一般只占15%—20%。其中15%是企业的内部保留，股东的股份资本只占总额的5%，股东占有股票10%以上的大公司，几乎是没有的，大企业的总资本中约80%左右是他人资本，主要的供应者商业银行（即都市银行）、长期信用银行、生命保险公司、信托银行，但也有大商社，主要交易的对方公司，外国的投资机关、财团等（见表4-5、4-6）。就日本的商业银行的资金本身而言，其运用资金中79%是来自社会的存款，银行本身的股份资本仅占其总资本额的1%左右。现在日本私人的股票持有率逐年下降，1955年为53.2%，1983年下降到26.8%，所以大企业的经营管理不受股东（资本家）的任何约束，即使是大股东也无权干涉企业的经营，一般持有股票者多数是为了储蓄，而不是为了经营企业。在大企业中"所有与经营"是完全分离的。即使那些老牌大公司，用创业人的姓名作为公司名称的，像三菱、三井、住友等旧财阀公司，战后经过"财阀解体"的结果，性质也完全改变，成了与旧财阀完全无关的新的法人组织。还有像伊藤忠、野村证券、饭野海运、池贝铁工所、川崎制铁、古河电工等，虽还保留着原来名称，但都已经与当初的创业资本家本人没有关系。大公司的生命完全决定于各大企业内的经营管理的领导阶层的手中。日本战后的大型企业和一般传统意义上的概念，发生了很大的变化，已经不是由股东大会下的董事会掌握公司的命运，而是一种由经营管理阶层掌握其命运的"经营者的企业"，股东不能干预公司的经营，例如，1980年日本最有代表性的110家大企业中，它们公司中的前五名高级职员中，共550人，其中只有9人是私人股东，其余多为由银行、保险、信托等公司派出的代表人员。

日本大企业的董事会，不是由股东大会产生的，而是公司的内部组织，从属于公司内部经营管理阶层集体的组织，其成员大多为本公司的高级职员，董事会不能任免总经理以下的职员，而总经理却有任免董事的权限。日本企业的核心领导部门是由本公司内优秀的专门人才组成的战斗集体。它们的经营方针与其说追求眼前的最大利润和股东的红利，不如说最关心的是扩大其销售，争取最大的市场占有率，扩大公司的信誉和社会地位，以求企业组织的成长和发展。它们的行动原理是市场竞争，市场需要什么，生产什么有利，就生产什么，从没有万年不变的生产体系。根据市场变动和国际经济的变化，进行不停顿的技术革新，扩充新设备，开发新产品，改进经营管理，它们把利润看做是实现其目的的一种手段。和欧美的企业比较，欧美大企业自有资金率远远高于日本，欧美企业的董事会代表股东的权益，具有对经营人员的任免权，欧美企业的高级经理人员最关心的是追求眼前的利润，为股东获得最大的红利，否则，经理阶层的地位就不能保住。而日本的企业家和公司的全体职工一道，他们的共同目的首先是谋求企业的稳定发展,把公司看成为自己的"家业",更进而视企业是国家的事业,是一种"国事"。他们中多数也是以"国士"自居,要求自己成为现代经济战士。因此千方百计为了企业的生存和发展,不断增强竞争力,改进生产工艺,开发新产品,开拓新市场,所以现代的企业家,在本质上他必须是一个开拓型的创新者。例如,日立公司当初只不过是一个小型的发动机制造厂,后来成了重型电机厂、通信电机厂、车辆生产厂。战后,成为金属、电线、化工、家用电器、大型计算机等的制造厂。还有如东洋化纤公司,原来是人造丝工厂,战后改生产尼龙、化纤、精制化工塑料等,化纤的生产下降到40%。因此日本的企业家非常强调经营的才能,非常强调企业的集体主义。

表4-5　　　　日本企业资本构成的国际比较

单位:%

	美国1967年	英国1967年	联邦德国1966年	日本1967年
自有资本	60.6	54.8	39.7	23.7
资本额	21.1	24.1	21.1	13.6
内部保留	39.5	30.7	18.5	10.1
借入资本	39.3	45.2	60.3	76.3
进货债务	7.4	15.7	—	18.1
借入资金	20.3	18.8	—	38.8
公司债				4.2
其他	11.6	10.7	—	15.2
公司数(家)	63	499	877	447

表4-6　日本大企业战前、战后，企业资金来源比较

单位:%

	自有资金	借入资金	战后自银行借入资金	
战前1936年	86	14.0	1951年	62.8
战后1951年	25.9	744.1	1974年	50.3

资料来源：日本经济调查协议会：《70年代企业资金调运——补论一》，1971年，第5页。

一般日本大企业的厂长、经理阶层，多数是由大学毕业后，经过报考审核，进入公司后，又在企业内部接受严格的训练，经过几十年工作中的考验和遴选，才有可能晋升到经理或厂长地位。作为一个企业的代表，总经理或董事长，他的存在本质上是全体从业人员或公司的代表，而不是股东们的代表。他们不受大股东的任何影响，大股东也不能更换经理阶层的人事，但企业内部的从业人员却可以更换经理阶层的人员。在日本的大企业内部经营方针的决策机构和执行机构是一体的，这和美国的情况完全不同，美国企业董事会的成员，多数是公司外部的大股东，董事会接受股东的委托发挥其经营管理的决策大权，他们的经营目的是追求投资收益率和股价收益率的提高，美国的企业主要是为股东和投资家的利益服务的。而日本大企业的大股东多数是"主力银行"为后盾，是法人大股东，不同于私人资本家的股东，其目的主要在于取得企业的稳定发展，而不是眼前的红利，由于法人股东之间是相互持有，因而结成系列集团，相互信任，相互支持，像一种"星座"一样的存在。所以"经营者企业"能够顺利地从事其独自的经营管理。他们不去追求股票市场价格的上升，而要求稳中求坚定。1981年日本的"经济白皮书"中曾指出："我国和美国的企业进行比较看，首先在经营目标方面就不

同，美国多数的企业，重视投资收益率和股票市场价格的短期效果，而日本企业的目标，则重视市场占有率和开发新产品，重视企业的长期成长"（217页）。日本大企业的经营阶层从事经营并不是代表股东的利益，而是代表作为独立人格存在的家业"公司本身"，他们首先必须追求公司本身的稳定发展为繁荣，这是全体职工共同的要求，也是共同的利益所在，所以日本的大企业就很容易形成"家族或经营主义"、"集团经营主义"的传统风格，日本式的经营管理，质量管理小组活动等一系列的创新自然也就能行之有效。

日本大企业的组织形态是"经营者企业"，它的性质已经不同于传统意义上"公司组织"，它必须以公司为本位去追求长期的稳定的发展与繁荣，所以每一经营者企业本身就好像是一个作战的连队，它必须在市场竞争中取胜，为此而不断创新，不断前进，革新技术，更新设备，为了这个目的，公司的利润分配就不能以满足股东的红利为原则，首先要为发展而做更多的内部保留。日本企业对利润的概念，是指扣除了工资、奖金、法人税、研究开发费、折旧、股息之后的纯收益，这种纯收益其中相当一部分首先分给从业人员，每年各企业差不多有三、四个月乃至半年工资的奖金，平时福利也高。在企业内部，总经理与一般职工之间收入差距不大，比美国小得多。一般是1：10或1：15，而美国则是1：50或1：100，对股东的红利大概占纯收益中的15%—20%，其余留在企业内部。日本的企业在市场竞争中，并不一味是薄利多销，当它开发了新产品，受到市场欢迎，而别家又不能立即赶上，这时企业的经营就发挥独家经营的特色，大赚其钱，这种新开发的商品叫做"赚钱的拳头商品"。从这里赚来的钱，用来充实研究开发，支付创新过程中的费用。例如日立、富士通、日本电气等在进入电子计算机领域时，三菱重工在进入汽车生产时，都准备了五年乃至十年的亏本投资。现代资本主义国家的价格政策，是极为富有弹性的，既有垄断性价格，也有市场竞争价格，绝不是千篇一律。

日本的大企业之间竞争极为激烈，但在为了国家民族的利益时，它们又经常是相互扶持，有时甚至作出牺牲来维持新生事业。例如，日本的纺织业界曾经为了扶持日本的海运事业，不但银行为此发放巨额贷款，支持其竞争，它们长期甘愿支付高价运费来支持日本海运事业的发展。在国际市场上，它们相互之间既有竞争，也有相互合作、相互扶持，这是作为不发达的国家在追赶欧美先进国家时，都必然要采取的战略之一。在这种场合，日本政府的"行政指导"和各种奖励扶持，更是强有力的后盾。日本自明治维新以来，一直是有一个强有力的优秀的官僚组织，运用其政治、经济、外交、文化教育等各方面的力量，对国民经济的运行，对企业经营的战略，都在发挥了强大有力的指导作用，日本的企业活动与日本政府的活动，往往难以分清界限，本来是企业的事情，政府也介入，本来是政府的事情，企业也参加，许多经济立法、投资计划、政策措施等都是在企业界的参加下共同制定的。美国的经营学的学者们，把日本这种官企联合经营的组织形态，称之为"日本股份公司"，就是说整个日本国家，就是一个有机的经营战斗体。日本将西方资本主义先进的文明嫁接到本国土壤上，生根发芽，壮大成长，终于在不到 1/3 的世纪里，赶超欧美，成了经济大国。"经营者企业"的组织形态和它的一整套作战方法都是欧美各国所望尘莫及的。这方面日本是青出于蓝，走到了前面。

日本的企业据东京大学经济学教授官隆太郎告诉笔者说，至少在以下这八个方面有企业的自主权。在不断为企业创新前进的要求下，它必须具有：（1）研究开发新产品的权利；（2）引进资金、技术的权利；(3) 市场经营的权利；(4) 决定扩大和缩小雇用职工人数，解雇、录用职工的权利；(5) 决定本企业工资制度的权利；(6) 与外国或本国企业实行横向联系，实行技术合作和合营以及增设子公司的权利；(7) 扩大生产设备的规模，在其他地区设新厂，建立新销售网点；(8) 决定产品销售价格等。总之一句话，就是不断地创新，不断地开拓，以迎接来自国内外的市场竞争。美国著名的已故经济学家熊彼特在他的《经济发展理论》一书中提出大致同样的内容，要求作为一个企业经营者必须具有的素质和品德。他说：第一，必须不断制造新的产品投入市场，进行竞争，扩大市场；第二，必须为此而引进新的生产技术，新的生产方法；第三，必须加强信息调查和研究开发；第四，必须确保争取新的原料；第五，必须不断改进适应新的形势的企业组织形态和管理结构。他说，革新不一定将原有旧的都要取消，可以保留旧的，但要注意将现在的生产资料和条件，加以合理的新的安排和组合，正如人们建设铁路，并不是由驿站马车的主人做出来的那样，应该利用一切设备增加生产，提高劳动力，同时进行创新。企业是一个企业经营的主体，在进行这些组合中它必须是主动的因素，如果墨守成规，唯命是从，唯唯诺诺，毫无创新开拓的勇气和精神，他就不是真正合格的企业经营者。当然作为一个企业经营者他自身必须具备许多基本的科学知识和实践经验，否则，他就根本没有资本担任企业经营的负责地位，企业经营者与行政官员根本不同，他绝不能依靠发号施令来实现工厂的经营的，这虽是常识，但在中国当前还是应该一提的。

第二节　日本式企业经营的所谓"三大神器"

任何一个国家的企业的经营形态和方式，都必然是在这个国家社会历史条件的规定下，根据其经济体制和结构的产物。日本式的企业经营之所以受到全世界企业界和经济学家的重视，是因为日本在战后的成功，特别是自1973—1974年第一次石油危机以后，西方发达的主要资本主义国家都陷入经济滞胀的困境，而独日本却一直维持高于其他国家的增长率，贸易顺差不断增长。①一跃成为西方第二位的经济大国，日本企业的竞争力如此顽强，引起了各国对日本企业经营方式的研究高潮，这方面的著作像雨后春笋，不胜枚举。经济合作和发展组织在1972年、1977年，相继派出了规模庞大的代表团，深入调查研究，写了大量报告，他们将日本式的企业经营总结为三种神器，支撑它的竞争力经久不衰。这三种神器是：（1）终身雇佣制；（2）与学习相结合的年功序列制；（3）企业内的工会组织，和它的内部职业教育培训，还有企业职工的优厚的福利待遇。在上述一系列的制度和措施的基础上，使企业的从业人员产生了以企业为家的感情和献身企业的忠诚心，日本的垄断资本利用这种忠诚心，作为管理工人的手段，宣传"劳资一体"，企业与职工是"命运共同体"的关系，形成了日本企业所特有的"经营家族主义"。这

---

① 即使在美国的压力下，近年来日元巨幅升值，而它的国际贸易顺差仍未见下降。1985年6月，1美元合250日元，现在1美元约合140日元—150日元，1986年10月日本对美国贸易顺差为50亿美元，比9月份上升1亿3000万美元。1986年1—9月，日本对欧洲共同体的贸易顺差高达133亿美元，比1985年全年顺差还高出22亿美元。1986年1—10月，日本对韩国的贸易顺差为45亿美元，比1985年同期顺差23亿元几乎增加一倍。1987年上半年超出1000亿美元，比1986年同期增加9.5%。贸易盈余480亿美元，比1985年同期增加100亿美元。（参见日本大藏省六月份国际收支速报）。现在日本成为西方世界第一位债权大国，而美国却沦为债务国。1985年年末，日本对外纯资产额增加到1298亿美元，比1984年增加75%，1984年对外纯资产额为550亿美元。而美国1985年纯债务额为1074亿美元。日本在海外的投资，1975年是580亿美元，十年以后，到了1985年增加到了3400亿美元。到20世纪末，日本的战略目标，国民生产总值将超过美国。

种日本式的企业经营的方式,实际上,是作为不发达的东方国家,利用西方股份有限公司的原理,以日本的大企业集团为核心,由党、政、官、财相结合而形成的一种经营形态。当然这只限于日本的大企业,广大的中小型企业是不可能实行的,尽管它们想要,如果能实行就好了。而大企业集团及其经营方式,从另一方面来说,如没有广大的中小型企业作为其社会经济的基础,它也是难以维持其存在。下面就来介绍这三种神器是什么样的内容和作用。

一 终身雇佣制

在日本封建社会时代,雇用工人多数是以"工头"为媒介,间接招工。日俄战争后和第一次世界大战中,日本的产业得到了很快的发展,各企业为了竞争,战胜对手,不得不培养、确保自己的技术工人、熟练工人,因此,在日本战前就已经开始了"终身雇佣制"。第二次世界大战后,由于经济恢复和发展速度增快,企业间的竞争更加激烈,使历史上只具有雏形的终身雇佣制和年功序列工资制逐渐定型化。日本大企业是作为"经营者企业",它是具有高度集中而紧密结合的战斗组织,在工程技术、生产经营管理、市场分析、研究开发、情报信息的搜集分析等方面,必须要有优秀的人才,还要具有综合经营能力的人才。这样,就很自然地加强了各大企业内部的终身雇佣制。日本的大企业一般从大学新毕业生中招考、挑选优秀的人才,新毕业生一旦考取,在日本叫做"就职",也可以译成中文的"就业"。他们一旦进入大企业后,就成了这个公司的"人",他们的一生直到退休,其最能发挥能力的宝贵年华,都是在企业的经营活动中度过的。这些从业人员的一家大小的生活,自己在社会上的地位命运等,和自己的公司紧密地连在一起。所以许多优秀的大学毕业生,一旦进入大企业后,他们学生时代的理想就完全抛之度外,使他自己完全成为这家公司的"人"。甚至在他作为"社会人"之前,他首先考虑的是自己是这家公司的人。他和公司以及公司的同伴们自然就形成了一种"命运共同体"的意识,日本的"爱厂如家"的精神,把自己的公司称之为"我家的"公司的感情,这些都是日本大企业的终身雇佣制对从业人员看做为自己的"人力资本"的这种组织方式的结果。但并不是所有的从业人员都属于终身雇佣的,其中还有很多临时工、非正式工,他们也占有相当比例,但并不能享受和正式工作人员同等的福利待遇。这些大企业的正式工作人员受到比一般公司职工更加优厚的福利待遇和社会保障。

由于本企业的从业人员和本企业的命运连在一起,受到终身雇佣制的保障,所以各大企业在技术革新时极为顺利,例如朝日新闻社引进电子计算机时,报纸一天也没有停。而英国的《伦敦时报》在印刷工程中引进电子计算机时,却遭到工人的反对。1986年2—3月间,《伦敦时报》的"星期版"（Sunday Tvinej）在引进电子计算机到印刷工程时,工会工人罢工反对。经事部门决定解雇这个工会罢工的工人,重新建立了新的工厂,雇用了比较稳健的电气、电子铅管工会（EEPTV）的工人。那些被解雇的工人几乎每日集合到报馆门前阻止报纸的发行。相比之下,日本大企业的这种终身雇佣制对于不发达国家在运用竞争原理,追赶发达的国家,确是一种有利的组织形式。但这种终身雇佣制和我们的终身雇用的"大锅饭"有本质上的不同,不可相提并论,混为一谈。

由于世界经济的滞胀危机,贸易摩擦,日元猛升,使日本的企业陷入不利困境,它们正采取一系列技术革新和裁员等合理化措施,来恢复其国际竞争力,过去所实行的终身雇佣制,由于年龄老化，不能适应新的技术改革的要求，同时由于这种人员费用带有固定支出的性质，为了降低成本，就势必大量裁减旧人员，吸收新的技术人员，所以目前日本大企业的终身雇佣制进入了转变时期。

二　年功序列工资制

据日本工资研究中心金子美雄的分析，在大正末期，一部分工厂也曾提倡学习欧美的办法，按职别和工种乃至技能为基础来决定工资，但40多岁的中年职工，上有父母，下有子女，负担重，困难多，于是采用了按年龄和家庭负担情况来规定工资，同时职员和工人也基本上按同样原则，一种标准来规定月薪和工资。战前，对这种做法，一般大企业表示冷淡。1932年，日本政府商工省劝告在年功制的基础上，逐步改变为欧美式的职务工资制，再加上按能力和贡献给予奖金的制度。但到了战时，日本厚生省为了保障工人生活的安定，就明文规定要按照年龄和工龄的长短来规定固定工资额的基准。这种制度战后进一步获得普遍化，所以，日本的年功序列工资制的基本思想，是在于维持最低生活费，保障工人生活的稳定。日本的年功序列工资制不以职别和工种为基础，而是重视人的因素，要看性别、年龄、学历、工龄等来规定各企业的工资制度。由于以工龄和年龄为基础来规定工资，所以当职工的子女成长负担增加时，他们的工资也相应地增加，在终身雇佣制的保障下，从业人员自然有一种生活安定之感，对自己所属的企业自然会产生依附感和忠诚心，形成与企业共存亡的"命运共同体"的意识。战后，之所以重视学历，是为了防止同一家族垄断企业经营大权的一种手段，也是为了更好地适应竞争日益激烈的需要。但他们的工资也仍是按照年功序列制来评定，按其工龄自动提升。虽然工资的增加是自动地机械地上升，但职位就不是自动地机械地提升，这完全要看他的能力和表现，以及上级对他的评价。日本企业内部职位的提升方面，竞争是相当激烈的，当然毕业的大学和出身的派系也会有相应的影响。

二次大战后，日本社会的民主改革有了很大的进展，企业内部职员和工人之间的身份地位的差别消除了，两者的工资待遇按同一原则来规定工资。因为在企业内的工会组织中，职员和工人都是工会会员，所以大家都按年功序列制办理。有人把这种大企业内工人的年功序列工资制称之为"蓝领工人工资制度的白领化。"不过，这种办法也只限大企业，中小企业则既不存在终身雇佣制，也不存在生活费的终身工资制。战后，由于经济增长迅速，雇用青少年工人多，采取年功序列制，对企业来说，可以节省人体费用。

近年来，由于人的寿命延长，经济增长速度减缓或下降，按年功序列自动提升工资的做法，已经出现困难，目前，开始要限制按年功序列自动提升工资，而要规定在一定的年龄水平上，才可以适用年功序列制。有人主张规定在45岁，可以按年功序列调资，子女生活费用负担到18岁。但也有主张把界限规定在55岁，子女负担到大学毕业。不过，即使因年龄的关系不能自动提升，但并不妨碍按职务和能力等来调级调资，这种日本大企业的年功序列工资制，的确是日本社会所特有的形式，它与终身雇佣制是相互结合而存在的。对企业内部职工之间的平等协调关系是有好处的。

由于日本的企业经营是一种"官民协调体系"，大企业的经营必须要有政府部门的指导和支持，为了能与政府官员接触方便，战后各大企业而年功序列工资制，加强了学历主义的色彩，东京大学出身的经营管理人员，纷纷被提升到社长的位置，这也体现了日本大企业作为"经营者企业"的特性。

近年来，日本的年功序列工资制也和终身雇佣制一样，已不可能按照原有的秩序，发挥其机能，更进一步强调专门人才的能力，对有专长的职员，逐步采取专业化的措施，发挥其专长，并用以来延长其退休时期。

三　企业内部的工会组织

日本大企业为单位的内部工会组织是日本式经营管理得以实现的根本条件，是日本所特有的一种"劳资关系"。这种按企业别的内部工会组织，和终身雇佣制以及年功序列工资制形成一个有机的整体，成为日本大企业经营得以战胜对手的三大法宝。日本大企业内的工会组织的成员，既包括事务工作的从业人员，也包括技术人员、课长、组长等管理、监督人员，即所谓白领工人也是工会的会员，这些从事监督和管理的人员，大多是工会成员中的同窗前辈，因为一般大学毕业后，在进公司后，都是工会的成员，以后逐步升为领导人。据1981年7月12日《日本经济新闻》的调查，日本大企业的董事、部长等高级领导人中，有45%是工会会员出身，而且大多还是工会的委员长这一级的领导人。但是如果一个优秀的大学毕业生，在进公司时成为年轻工会干部，热心会务，但如果到了35岁以后，还继续热心，他就不容易进入本企业的领导层了。

日本大企业的经营管理人员，多数来自本公司的工会成员，据日本经营者联盟调查，在主要的大企业中，几乎6人中就有1人曾经是工会的领导干部，日新制钢社长、住友生命会长、住友化学社长、钟纺社长、冈本理研橡胶社长、大木建设社长等原都是本公司工会的领导人。最近，松下电气产业的工会委员长高烟敬一也辞去委员长，成了公司的董事。在日本的企业经营中，工人和工会都不能参加经营的决策，但公司的负责经营决策的领导层到常常是来自工会。他们虽出身于工会并不代表工会组织。工会组织不断向经营管理层输送优秀的人才，同时工会也成了会员在公司内向上爬的一种有力的阶梯，日本企业内的工会组织，它的性质和机能是从属于本企业并为企业的经营管理而服务。

日本一般民间企业的工会组织，属于全国性的有海员工会、全国电影戏剧工会、中小企业的全国工会。但一般的大企业则采取以本企业为单位的内部工会组织。即所谓"企业别工会组织"。在它的上面有产业别联合会、还有总评、同盟、中立劳联、新产业别工会等。它们又都和国际的产业别工会，国际自由劳联、世界劳联等有联系。但日本工人加入工会组织的比例是很低的。在战后，1949 年一度达到了 55%，由于美国占领军的干涉和镇压，1953 年就减少到 36%。以后的多次调查，日本的工人加入工会的也都不超过 35%，而这 35% 部分的工会会员，大多属于含从业人员 500 人以上的大企业，几乎都属于企业别的内部工会组织。所以，日本加入工会组织的主要是大企业内的工人，它们相互之间并没有联系，各自为本企业的业务开展和福利主义而努力。它们与没有组织的广大的中小企业的工人之间更没有任何联系。

日本大企业内的工会组织直接最关心的是企业经营的扩大和发展，因为他们的生活、调资、提级乃至一家的生活都直接与本企业的经营好坏有直接的关系，这种关系像"命运共同体"一样相互依存。这些工会成员的思想感情，完全和本企业经营管理人员的意志是一样的。因为他们一进入大企业后，就把这个企业看做自己的"家"，自己一生的希望和生命寄托在这里。所以，在日本大企业内部培训职工，管理极严，职工们也都甘心情愿地接受，即使是"反工人阶级的"许多做法，他们也不反抗。这种大企业内工会的组织形态,形成了日本企业经营所特有的"劳资协调关系",是劳动者和使用者之间的协调关系,日本企业家们强调这不是旧式的"劳资对立关系"。日本企业的这种协调的"劳资关系",为欧美各国所羡慕不已,他们想学而又不可能学到。由于日本大企业,有这三种法宝,所以,日本企业的经营竞争能力,就远比欧美各国高而有活力,日本的社会也就比欧美各国相对稳定得多。

日本大企业内工会组织的这种形式,和欧美等发达国家比较,日本的工会组织的数目就很大,但全国工人加入工会的比例却不大,还不断在缩小。例如1985年日本的工会组织有34589个,目前还在增加,而加入工会的比例却由35%下降到29.1%。美国在1978后共有174个工会组织,加入工会比例1980年为23.9%。英国在1983年工会组织有393个,不断在减少,其工会加入率1982年为53.9%。联邦德国在1983年有20个工会组织,其加入率1982年为41.5%。瑞典的工会组织大约有30个,但其加入率却达到了大约90%。

由于日本大企业在经营方面,有以上这"三种神器"日本大企业作为"经营者企业"就得以存在、巩固和发展。企业的集团主义精神也就自然会相当牢固,日本的大企业就有可能不断进行技术革新,提高经营战斗力,而其他国家则只好望尘莫及。

第三节 日本式企业经营的社会经济基础

凡实行日本式企业经营的大企业,如果它不能实现其高积累的收入,那么它们的一套办法,为终身雇佣制、年功序列工资制等就无从得以存在下去。所以,日本式的经营之所以能够存在而发挥其效能,必须要有一定的前提和社会基础,这些条件和基础,简单地说,它的第一个特征是战后日本以大企业集团为中心的庞大企业与美国的资本有血肉联系;它的第二个特征是日本所特有政、官、企密切结合的协调关系;第三个特征是要有为大企业所服务的广大的中小企业的存在,这是它们高积累利润的源泉之一。

战前的旧财阀是属于家族统治的具有地主阶级和政商垄断的性质,如,三井财阀属下有500家子公司,三菱财阀属下有250家子公司,都是封闭性的垄断集团。战后,旧财阀解体了,重新改组,形成了类似"康采恩"形态的组织,它们与美国资本既有千丝万缕的联系,但日本的这种相互持股的组织形式又是防范美国资本吞并的有效手段。因为日本大企业的股票是由本企业集团之间相互持有,日本的这种企业形态是日美垄断资本之间又联系又斗争的历史条件下形成的,这些大企业集团在现代日本经济中占最高统治地位。

这些企业集团利用综合商社或董事长会等形式相互结合,但这种所谓"综合商社"与战前不同。在战前,三井物产、三菱商事、住友商事等综合商社,是将本财阀属下的企业从销售到采购等独揽在手中,是一种封闭性的垄断集团,同时各大企业又有它自己专门的往来银行。但战后的各大企业是开放性的、竞争的。它的金融往往由各银行之间共同进行,战后由于驱逐战犯,各大企业的经营领导阶层,不能像战前那样以家族关系和封建等级关系任命董事和经理。战前,虽也重视学习,但战后排除了封建性的同族经营,在重视学习的基础上更加重视其能力和实力。所以,战后的企业以命运共同体的意识来代替过去的企业家族主义思想,战后日本的这种大企业集团之间激烈竞争,形成了寡占竞争。各大企业都拼命争取成为领导地位的企业,它们都和美国垄断资本相互结合,引进美国的"科学、技术",实施高度增长的经济政策，例如，三菱企业集团曾和美国西屋财团签订过技术协定，三井企业集团曾和通用电力公司签订过技术协作合同。日本各大企业集团之间不仅在国内、在国外也都展开了激烈的竞争。它们的这种激烈的竞争促进了日本经济的迅速发展。大企业集团既利用本国广大的中小企业的经济活力，同时又向海外发展，形成了日本的跨国公司组织。

任何一个落后的国家在争取本国前进的过程中，它的经济发展必然要有赖于政府的支持和帮助。战前，在军事法西斯的时代，旧财阀企业与官管工厂、军事工厂相勾结，利用刺刀和太阳旗打先锋为它开拓市场，掠取原料，战后，虽然官管工厂被取消了，但差不多有113家之多的特殊法人组织、国有公司等企业集团为中心的大企业组织，日本政府对它们曾利用税收、财政、金融等一切手段锐意保护和培育。

有一个时期，日本的大企业差不多有70%—80%以上的资本是依靠借款，大企业只要能支付利息，它就可以获取高的增长率。大企业一面展开薄利多销主义的竞争，又努力使其垄断价格得以实现，它们根据政府的"租税临时措置法"加速技术革新，实行短期折旧，将巨额赢利保存在企业内部，从而使日本大企业能够提高它的股票价格收益率，日本政府对大企业的这种借款经营，给予支持，提供大企业发展中所必要的资金，所以政府又以永久掌握企业增长的方向。这种借款经营在本质上是长期的、永久性的，日本银行不提出收回，企业就可以不要归还。日本政府的通产省、经济企划厅、日本银行、各种产业团体、各种审议会和经济团体联合会等形成了一个"官民协调"的有效率的经济体系，同时日本经团联等还作为财界代表和工会组织交涉协商，形成了日本式的协调的劳资关系。政府的立法部门和行政部门，差不多用90%的时间来注意考虑产业界和财界的问题，日本政府的国策是建立在企业集团利益基础上的并为它们服务的。美国商务部把日本的经济称之为"管理经济"。日本经济高度增长的主要原因之一应归之于日本政府和产业界的密切合作，这种政府与财界的相互结合和相互支持是日本经营所独有的一种特征，也是日本资本主义经济及保持稳定增长和高度积累的一种保证。

上面我们已经指出"日本式企业经营"只限于企业集团中的大企业，中小企业是不可能采用日本式经营的。但如果没有为数众多的中小企业的存在，日本式企业经营的成功也是不可能的。事实上，中小企业是大企业日本式经营所以存在的社会基础，由于中小企业作为大企业的承包的下属机构，在生产方面以及流通方面形成一套有机的组织，每当大企业要采用新技术时，就可以利用中小企业，它自己却不需要花费很多的固定设备投资，而且也可以分散风险。大企业在开发新技术的产品时，就利用本系列的中小企业，建立流通渠道的销售网，提高资本的回收率，降低资本有机构成，提高利润率，这种结构给大企业在国际市场上的竞争，增加了很大力量；正是因为这种中小企业的存在，在经济不景气时期，牺牲中小企业的承包业务，为大企业分散不利条件，大企业可以免受损失，所以日本的中小企业每年倒闭的特多。但一方面有倒闭，而每年又有许多新的中小企业在开业。

大企业由于实行终身雇佣制和年功序列工资制，它的劳动力往往缺乏伸缩性，解决这个问题的办法，就是雇用临时工，网罗众多的中小企业，形成系列的组织，让中小企业来承包，这类转包往往在本大企业工厂内部进行，例如新日铁公司的君津工厂，在那里工作的工人，有一半以上不是属于新日铁的本厂工人，大企业可以利用中小企业的工资低、福利低，来保持高额利润，还利用延迟付款以获取利息的收入。据"中小企业白书"的报道，由于大企业实行"减量经营"，中小企业就业的工人占总劳动力人口的比重就有所增加，300人以下的中小企业，其工人人数竟占总劳动力的70%以上，而小企业的工资只有大企业的一半，所以大企业工人的工资和小企业工人的工资，差距愈来愈大，特别是到了老龄时期，在中小企业中很难像大企业那样，实行日本式经营的终身雇佣制、年功序列工资制，也没有可能享受企业内的培训和福利。整个日本工人阶级的绝大多数处于社会福利的低水平上，中小企业不存在日本式经营的制度，所有这些也正好是大企业之所以能实行"日本式经营"的社会经济基础。因为广大的中小企业承担着社会的巨大生产力，而它们的经营状态极不安定，劳动条件极为恶劣，它们的这种存在，对大企业来说，正好是对它本企业内的职工群众的一种无形的"皮鞭"。正由于这种劳动工人之间的差别处境，使日本工人阶级难以团结，从而使企业内部工会组织得以长期存在。在日本的经济结构中，广大的中小企业的存在，是大企业竞争力的后盾，是大企业技术革新和高资本积累的社会基础，也是当前西方世界所羡慕不已的日本式企业经营和日本式劳资协调关系得以长期存在的根本原因。

第四节　日本式企业经营的问题

20世纪70年代后半期以来，资本主义世界出现了研究"日本式企业经营"的热潮。人们不仅想要知道战后日本为什么能在短短的时间里，从废墟中恢复起来，在20世纪60年代赶上了欧洲，70年代赶上了美国，一跃而成了世界上第一位的"经济大国"的秘密。人们更渴望知道为什么在战后资本主义世界相对稳定期已经结束，主要发达国家都陷入了周期性的滞胀危机的困境之中，而唯独日本不但顺利地渡过了两次石油危机，而且还继续在维持着企业的高额赢利率，特别是它的劳动生产率仍在上升，国际竞争力也从未有所下降。对这种"日本式经营"的赞扬，不但美国有，在欧洲也颇不乏人。例如伦敦经济学人杂志社出版的《惊人的日本》、瑞典记者沃根·海德巴格的《日本的挑战》、美国著名的未来派学者哈曼·卡恩的《超级大国日本的挑战》，哈佛大学的埃兹拉·福格尔的《日本头名国家》，还有美国布鲁金斯研究所编写的《亚洲巨人——日本》等，"经济合作与发展组织"曾几度派出专门调查团写出了庞大的书面报告，甚至有人出版了《日本经营的神话》这样一类的著作。

西方国家特别是美国为什么对日本的企业经营模式如此热心关注，甚至像美国的大经济学家 P. 萨缪尔森，以及货币主义者的 M. 弗里德曼等都异口同声赞日本资本主义是资本主义的模范，其中的原因当然各有说法，笔者以为当时西方发达国家几乎都陷入了结构性的滞胀危机，一时找不出好的药方，而唯独日本尽管在滞胀危机时期，它的企业经营却顺利地闯过了石油危机、美元危机等一系列的世界性的经济风暴。它的劳动生产率竟仍在不断提高，国际竞争力不但不下降，却反而提高强化，还保持了资本主义国家少见的劳资关系的协调稳定。尽管日本企业是利用机器人最多的国家，完全可以说是世界第一，但大企业里的职工并未因此而感到惊慌，仍一如既往，忠诚于自己的工作，爱护自己所在的企业，积极主动地引进和开发新的技术革新，所有这些都使西方国家都想从日本的企业经营的模式中，寻找一条打开本国经济困境的良方，维持资本主义体系并缓和不平衡发展的矛盾。

在日本国内的经济情况，当然也不例外。但是他们对问题的态度却完全不同。在日本国内由于要应付危机，大企业采取了"缩小经营"，积极采取"合理化"、"自动化"、"技术革新"等来对付经济危机。日本企业经营的原有体制，也开始动摇，如何维护现存体制,是他们主要讨论和关心的焦点。于是有人主张加强日本企业内的"家"和"村"的传统意识,强调以"和"的协调思想为基础的劳资关系,利用企业是"家"的集团主义的观念,来维持日本企业的传统经营。但多数日本学者却认为,不能将这种日本式的特殊经营模式,脱离了国家垄断资本主义的一般性来研究,必须将两者统一起来。日本的经营管理问题既是日本本身特殊的问题,也是国际垄断资本主义的一个组成部分。战后,日本的经营管理,基本上是引进欧美的方法,加以改造形成的。由于资本主义世界周期性的滞胀危机,国际竞争和贸易冲突日益尖锐,日本大企业采取了"紧缩经营"的对策,采用机器人,加速技术革新,提高劳动生产率,加强劳动强度,降低实际工资,裁减中高年龄的劳动力,从而使被称为"日本经营的三种神器"的终身雇佣制、年功序列工资制和企业别劳动组合(工会)[①],发生了动摇,建立在这种结构基础上的劳资协调关系,也开始进入了紧张阶段。所以,日本式的企业经营的国有结构和体制,正在进入转变的过程,随着技术革新的日益进展,日本式经营的解体和转变,必将日益加速,问题也必将日益明显和严重起来。以后的日本社会的事实也的确如此,出现了新的贫困阶层,而他们原来还自都认是"一亿日本人是中产阶层"(一亿中流)的幸运儿。

[①] "经济合作与发展组织"1972年的调查报告中提出日本经济的高速增长是由于终身雇用、年功序列工资和企业别工会这"三种神器"。1977年又出版了第二次的对日调查报告,赞美日本的经营。

第八章　日、美企业经营的比较

第一节　日、美企业经营的特征

一位日本企业家的朋友告诉我说，他经常受到美国经济学家的提问，要他回答日本的企业经营的活力是从何而来，何以战后日本企业内的劳动生产率提高得这样快。他总是略带苦笑地说，日本企业的经营只不过是学习并认真地贯彻了从美国那里学来的方法，并不断地加以改造以适合日本的国情而已。如果有什么"秘诀"的话，那就是根据本国社会、历史的条件，对外国的先进经验进行移植、改造发挥其真正的效用。例如日本企业经营的"三大法宝"——终身雇佣制，年功序列工资制以及企业内部工作组织等，都是向西方学习来的，不过按照日本的国情加以改造，进一步发挥其实际效果。这种基本结构形成了日本企业内的特有的劳资协调关系，形成了企业经营中集体主义的意识，"命运共同体"的关系。他笑着说，他曾经代表日本的大商社去美国访问，在同一系列内企业的美国董事长家中做客，后来这种董事长来日本，作为回礼请他到第一流饭馆，这位董事长不太满意，一定要到他家做客，只好在家中招待他，但这位董事长一看就说，"这是你汽车司机的家吧，让我去你的家"。这个事例说明了日美企业领导人生活水平的差距。美国大企业董事长、总经理与一般职工之间的收入，和战前的日本情况相似，差距很大，战前日本（1927年）大企业的董事长或总经理和一般职工的收入差距，大约是110倍，即使扣除了纳税之后，还有100.7倍之差距。但战后日本大企业的领导人和一般职工之间的差距，大体上只有14.5倍，如果扣除纳税之后，只有7.5倍。

在日本经营者联合会的[①]"工资白书"中，还强调指出，日本企业经营者，绝大部分是该企业本身所培养训练出来的工资收入的工作人员，他们经营的目标与其说要增加自己个人的收入，不如说是谋求企业本身的发展壮大。现在日本大企业的经营管理阶层与一般概念上的"资本家"是有点不同的，他们是属于企业本身的经理阶层，不同于欧美，欧美企业的经营中还存在着"资本家"和工人阶级之间差别和对立，矛盾也很深刻。日本的经济学家和经营学家以及企业家，他们称日本的企业是属于"经营者企业"，而不是"资本家"所有的企业，这些经理阶层应该是属于工业家或企业家，而不是"资本家"。在这里，大企业的法人所有与经营者经营是统一的，而不存在过去那种"资本'所有'与经营权的分离"。在美国的经营者眼中，企业被看做为一种"非人格的"金融资产，可以买来卖去，只图赚钱，但日本的企业家对这种企业买卖行为却大为反感，企业在日本经营者眼中，看成是一种"有人格的"存在，看成为是一种"家业"，一种"国事"。日本企业经营的原理是建立在企业的集团主义，或者是经营家族主义的基础上的，它的"三种神器"或"三大法宝"都是建立在这种意识形态上的，互为前提，互为存

[①] 日本经营者联合会："工资白书"（劳动问题研究委员会报告）1982年1月。

在。而欧美企业经营的原理，是建立在洛克式的个人主义的基础上的，日本和欧美企业的经营在基本思想上是不同的，所以，它们的行为方式就出现许多不同，例如，企业相互之间在市场竞争的结构方面，在对待职工以及工会组织方面，在利润分配方面等，都有很大的不同。这种不同的做法形成了日本企业的经营体系，因为日本原是不发达的资本主义国家，要想在国际竞争中战胜欧美，它必然要走自己的道路，要依靠本国广大的工人群众和企业经营者的集团主义的合作。

日、美两国都是属于国家垄断资本主义，都是强调市场竞争原理，在国际贸易方面，摩擦和竞争异常激烈，但在各自的国内，情况就不一样。以汽车和钢铁工业为例，日本和美国的汽车业与钢铁业都是居于垄断地位的寡占企业。在美国的汽车工业的三大公司之间，通用汽车公司、克莱斯勒、福特公司等，它们相互之间结成垄断联盟，控制市场。在第一次石油危机以后，油价上涨，对轿车的需求，当然要从大型号的生产转向小型号的省油型的生产，美国汽车工业的经理们理所当然地会意识到这个问题。但美国的汽车生产迟迟不改变型号，他们根据过去的经验，满以为只要生产汽车方面生产出大型号的车，消费者会跟随而来的，由于通用汽车公司采取了这一战略，福特、克莱斯勒等也就追随通用公司的做法，采取了同样战略，共同来垄断市场，左右消费者。殊不知日本的丰田汽车公司却利用了这个机会，制造了省油的小型号汽车，打进了美国市场，在市场竞争中，美国丧失了国内市场。结果，美国在国内也和日本一样，三大汽车公司是处于相互竞争的状态，那么，美国的汽车生产也就转向小型号的省油型的轿车生产。美国的大企业的垄断不但控制了钢铁、汽车等制造工业部门，在劳动力市场方面，也同样出现了一种垄断，美国钢铁业工人总工会、美国汽车工业工人总工会，都是全国性的组织,在20世纪70年代末,不断要求提高工资,结果美国东北部的大工会的会员工资,高于西南几个州没有组织的工人工资达3倍以上。这些全国性的工会组织,对劳动市场,也行使了卖方垄断的市场控制。许多雇佣工人的企业是小规模的企业,它们之间竞争激烈,如果一部分工人的工资大幅度提高,成本也必增加,在市场竞争中难免要失败,美国的缝纫工业就曾出现过这种情况。当垄断企业在劳动市场中,受工会卖方市场的压力控制下,接受大幅度提高工资,在产品也处于卖方市场的条件下,可以提高价格,将负担转嫁给消费者,如果不具备这个条件,那就势必要在竞争中失败。在美国,许多寡占企业往往利用工人要求提高工资,而不断地提高产品的价格。在50年代的后半期,美国的U.S钢铁公司、通用汽车公司等,它们既是各行业中的提高工资的带头者,又是提高价格的带头人。在70年代石油危机以前,美国的经济结构中就包藏着由于工资成本的提高而引起通货膨胀的潜在可能性。进入80年代以后,日本汽车占领了美国市场,美国汽车工业的垄断控制力,日益下降,美国汽车工人的工会组织,也日益软弱。所以劳动力市场的卖方市场只有在产品占有垄断优势的条件下才有可能,在商品生产竞争的市场中,劳动力不可能独自具有垄断力。美国的许多企业,特别像纤维工业,纷纷向西南几个州转移,使美国的西南部日益成为美国制造工业的中心,原因之一就是那里的工人,多数没有组织,工资较低,不像东北部那样有工会组织的垄断控制。

但在日本情况就不一样,虽然丰田汽车和日产汽车都是汽车工业的巨头,但其他汽车工业,像五十铃、本田、松田等并不惧怕丰田和日产,它们想尽办法和它们对抗,开发研究,调查市场,寻找机会,扩大市场占有率。各公司的工会组织在要求增加工资时,也都自动地首先考虑到不能伤害本公司的经营竞争力。

所以，日本企业的竞争力之所以如此顽强，这与日本企业内部的这种工会组织的要求与性质是分不开的，它们之间保持着一种日本特有的"劳资关系"相互协调，互为一体。日本企业的工会不像美国，美国工会是按产业别或职业种类组织起来的，它们与企业之间是对立的劳资关系，而日本的工会是以企业为单位的内部工会组织，并和终身雇佣制、年功序列工资制相结合，形成了日本大企业所特有的协调的"劳资关系"。由于日本的各企业之间竞争激烈，职工们在上述组织中自然形成了一种集体主义的"爱社精神"。他们都深深地意识到他们与企业的利益是一致的，是一种命运共同体的关系。

在大企业对待雇佣职工的态度方面，日美两国也不一样。每当经济出现不景气的时候，在美国首先是临时解雇工人，以减少开支和亏损，而对股东的红利，对高级职员的奖金却照发不误，以此来维持企业的存在，这是因企业在美国人眼里，只不过是一种赚钱的工具，是一种金融资产，随时可以换手。而日本的企业却不是这样，它们极力避免解雇工人，不得已时作为内部失业，等待好转，照发工资，但对股东红利、对高级职员奖金则不发，这样使日本企业内部的职工关系，就可以维持着一种的类似家族式的集团主义精神，从而使他们对企业感情好像是自己的"家业"、是国家的事业，而不是单纯为股东谋红利的金融生产，可以随便换手。另一方面，日本的企业为了准备竞争，加强竞争力，对于自己的职工，就像看待自己的技术和信息等资产一样，是一种财富，极力保护，培养提高，这与美国企业的做法很不一样，看来这一条基本经验，对我们社会主义国家也是值得重视的。

上面我们指出了日美两国大企业在市场上存在着垄断与竞争的不同情况，这里要附带地指出所谓"自由竞争"，不同时代不同社会，它的内容和形式大不一样，并非都是千篇一律的。A. 斯密经济学中的竞争概念，不同于资本主义成熟时期李嘉图经济学中的竞争概念，而现代新自由主义学派的自由选择、自由竞争的概念，也不同于李嘉图时代的竞争概念。它们反对政府干预，强调"个人"之间的竞争，垄断资本的自由。而斯密的竞争概念是生产者之间的竞争，18世纪工厂手工业之间的竞争是生产者之间的竞争，这种竞争既是企业之间又是个人之间的竞争。现代企业拥有上千上万的职工，因此，在市场上的竞争必然是企业与企业之间的竞争，而不可能是个人，个人只有在企业内部各个车间之间开展竞赛，既竞争又互助。日本的企业和职工结成一体，好像一个球队，在市场上和其他企业进行较量，竞争胜负。所以，日本的经济学家在强调日本企业经营的效率和国际竞争力的活力来源时，经常指出，日本国内各大企业之间存在着国内市场的激烈竞争，而各大企业内部又作为一个有机体的整体，进行作战，这是日本企业之所以能不断提高其劳动生产率的基本原因之一。从哲学上或经济思想上看，欧美企业的行动原理是洛克式的个人主义，而日本企业的行动原理却是集团主义的或家族式的经营家族主义。这当然是由于日本在落后的社会文化的基础上，移植西方的先进经验和生产技术所形成的独特的日本式的企业经营体制。

  关于产品质量管理问题，日本和欧美（包括苏联在内）做法也不相同，质量管理问题实际上绝不仅仅是一个技术上的问题，毋宁决定性的关键在体制和思想认识。多年来，人们每当强调质量问题时，就立即想到加强检验制度，增加检验关卡，一级卡一级，效率低、费用高，事实上也难以彻底保证质量问题。欧美工厂的车间检验员占车间工人数的 7%~15%，而日本则只占 1%~2%。人所共知，战后，日本在国际市场上之所以能够战胜对手，获得经济高度增长，它的产品的价廉物美是一个根本因素。在日本的工厂内或企业内，上至董事长下至勤杂人员，都能有一个共同的"目的"，这就是为本厂、本企业制造优质产品，扩大市场占有率，以谋求本企业的稳定发展，从而也可以保证本企业职工的一家老小的生活来源。日本企业极为强调企业内部的培训，强调经营管理、技术改新的教育，因而全体职员都能在一个目标下共同努力。从产品的设计起，直到全部生产过程的每个细节，无不深入研究，不断进行合理化、标准化的努力，以降低成本、提高质量、增加竞争力。经营管理的领导部门，它本身就是从下面实际工作人员中提升上来的，所以他们决不是光发号施令，而是亲自到车间去帮助解决问题。任何工厂的厂长都必须亲自到现场去观察、分析、研究并解决问题。厂长必须是专家而且要满身沾着油泥，这样，一个工厂通过全体成员的努力才有可能提高和保证产品的质量。只有在不断提高产品质量，才能保证企业经营的效果，而这种经济效果也才是真正的可靠的效益。中国经济体制改革成败的关键就在于企业改革能否深化，能否保证产品的质量不断提高，尽快赶上国际市场上竞争对手的先进水平。因此企业管理的现代化和民主化是至关重要的根本课题。

最近《纽约时报》报道了美国大企业的严重的官僚主义的事件，造成了许多非法交易，并指出美国的国际竞争力下降当然与过去美元汇价过高不无关系，但企业内部的官僚主义使得生产成本上升、产品质量下降。经理们墨守成规，经营无术也是一个重要原因。这种官僚主义每年造成的浪费高达 8620 亿美元，相当于政府部门中的官僚主义所造成的浪费的 6 倍。如果这个问题得不到彻底改革，前途不堪设想。美国企业内部的这种官僚主义所造成的浪费，在中国企业内部的情况又是如何呢，必须引起我们的深思，再深思。

在价格决定方面，日、美企业的做法在理论和实际方面是不一样的，英美经济学一般都以为日本企业的商品价格，和他们一样，是根据生产成本加一定的利润，这就是西方经济学教科书中所介绍的价格决定原理。但是日本的企业家每当在开发新产品时，他们不像美国的企业家，一心只是想成本加上利润，只考虑要赚钱，而不去考虑市场的接受力的实际情况。日本企业家则首先去考虑"当新产品上市时，能卖多少钱"，在考虑研究能卖多少之后，则想方设法如何改进技术、压低成本、如何才能够赚钱。这里，可以看出日本企业在经营方面，时刻想着竞争对手，想着市场竞争，想着其他企业的战略。因此日本企业在竞争市场上，他们是"价格的接受者"而不是"价格的制定者"。这一点很值得我们学习。日、美同为国家垄断资本主义，在市场竞争原理的应用手法上，日本是远远走在前头。例如当本厂开发出新的受市场欢迎的商品，而别家根本不能制造，在没有竞争对手时，他们则大赚其钱，用以来弥补其他方面的费用和亏损，这时他们并不鼓吹什么"薄利多销"，等到一两年后其他企业赶上来了，则再采取"薄利多销"，平时不断努力开发新产品，不断制造出"王牌产品"，以扩大企业的经营和利润。

最后，我们谈一谈日、美企业经营与政府行政指导的关系。日本原本是一个落后的不发达国家，明治维新以来，为了振兴民族工业，就一直采取了政府、企业、工会等共同作战的经济保护主义。这在19世纪上半叶以来的德国也曾采取过同样的措施。日本政府一直就是日本工业现代化的领航员和保护伞。通产省和所属各工业技术研究所，掌握世界经济发展趋势，制定产业政策，确定哪些工业是关键工业，支持其研究开发，高瞻远瞩。它的信息准确、迅速，它对企业进行"行政指导"，影响很大，成绩卓著。大力扶持本国产品，扎扎实实地占领国际市场。日本政府对企业经营在国际市场上的竞争虽然大力保护扶植，但对国内市场则鼓励各企业之间展开"你死我活"的竞争。一旦出现其中有倒闭的企业，则又来共同伸手帮一把，让它有个转机的可能，这样，可以维持国内市场的竞争，避免由巨大企业垄断市场，这是日本式的市场竞争的一种特有形式，而美国的企业经营方面则没有像日本政府所做的有效的"行政指导"。

下面是一些日本政府如何扶植振兴本国关键工业的具体事例，这些事例很可以供中国经济行政部门的参考和借鉴。例如：

一　造船工业

日本造船工业成功的另一个重要原因是靠政府扶植。日本政府的政策目标，是使日本造船工业在世界市场上有最强大的竞争能力，这个目标始终不变，但实现的方法却十分灵活。

1947年5月，日本运输省提出了著名的"计划造船"政策所谓计划造船，就是由政府通过银行出钱定购船舶，并将船舶租给海运公司，再用收来的租金定购新船。1947年秋，第一次计划造船23艘，政府提供资金的70%，民间银行提供8%。1947年末公布第二次计划，造船28艘，民间银行资金已占23%。到1948年下半年公布第四次计划时，民间银行提供的资金上升到70%。计划造船的主要意义在于创造稳定的需求，从1947—1980年，计划造船达1153艘，运载能力为3500万吨。计划造船在战后初期，对日本造船工业的发展起过决定性作用；后来，当造船工业在石油危机冲击下被迫衰退时，计划造船同样起过力挽狂澜的积极作用。

日本政府在实行计划造船的同时，就开始寻求船舶出口，当时日本船舶很难打进欧美市场，最大的障碍是钢材成本高。为了支持船舶出口，日本政府决定，由开发银行向造船公司提供钢材价格补贴，使钢材价格降低11%。同时，输出入银行降低造船公司的贷款利率。1954年年初，政府还允许造船公司廉价进口糖在国内销售，获利相当于得到100亿日元补助，使出口船舶的价格至少降低了5%。从1953年到1955年，国内船价为每吨150美元，政府为支持出口，决定把出口船价降低到每吨120美元。到1957年，日本造船工业基础已经牢固。各种扶植措施逐渐撤销。到1962年，日本钢铁工业也发展起来了，能为造船工业提供质优价廉的钢材了。

二 机床工业

日本从机床依赖进口到机器人王国，从20世纪50年代中期的年产10万辆汽车，到今天的年产1100万辆汽车，也是日本通产省在日本工业发展史上树起的丰碑。第二次世界大战前，日本使用的机床，一直依赖进口。1951年，日本通产大臣接受产业合理化审议会提出的"机床国产化"报告，并为实现机床国产化采取了一系列有效措施。诸如：提出更新设备政策，导致对机床的需求；利用国营体育竞赛的收入对机械工业投资，到70年代末，每年达200亿日元；企业对设备投资，给予免税优惠；1962年前，用外汇进口机床，需经审批，为消化进口机床带来的先进技术，组织联合攻关，并给予补助费以及通过振兴工业立法，等等。

这些措施使日本机床的质量，在1960年时达到国际水平，到60年代中期，实现了机床国产化，同时着手开拓国际市场。经过十多年的努力，终于在美国市场上站稳了脚跟。

20世纪70年代初，日本机械工业遇到强烈的竞争。通产省担心，日本机床工业如不能继续保持技术上的优势，到70年代末，将陷入困境。因此，在1971年制定了《振兴特定电子工业和特定机械工业临时措施法》，促进两者结合，打出王牌产品——数控机床。它们提出的战略目标是在 1977 年以前国产机床 50% 实现数控化。为保护日本数控机床顺利发展，还对外国机床进口规定较高的关税。日本数控机床从科研成果转化为工业产品历时 9 年之久，所需研制费用，均由企业和政府提供。

这样一来，到 1980 年，日本对美国的机床出口额，已从 1971 年的 760 万美元激增至 47000 万美元。到 1981 年，日本数控机床在世界市场上的占有率，高达 50%。这时，数控机床的需求开始出现停滞苗头，日本的注意力又转向有灿烂前景的新产品——柔性生产系统（FMS）和机器人。

第二节 日、美企业经营的若干比较

在日美企业经营竞争中，有许多地方值得我们深入研究，从中吸取知识和教训。首先，两国企业经营阶层对待本国企业的看法和感情不一样。日本的大企业属于"经营者企业"，大股东是不可能左右企业经营的，日本企业的经营负责人在职时间很长，有的甚至终身；而美国的经营负责人在职时间很短。日本企业家称自己的公司为"我家"的公司，给董事长、股东会的报告中，称"我家公司"如何如何；而美国企业的经理人员对股东会的报告中，则称"你们的公司"如何如何。美国企业的资本，私人资本家占有率高，甚至占 70%；而日本企业的自有资金却很低，一般只有 15%～20% 左右，大都利用自己的所谓"主力银行"。因此，欧美的企业存在的目的，在于它是否支付股东的利润，股东看待企业是属于他的金融资产；而日本的企业的目的，是"国家的事业"，是"家业"日本企业经营的原则是依靠全体从业人员的集团主义；而欧美企业的经营行为准则是个人主义的行动原理。

在不景气时期,企业陷入困境时,在欧美首先是解雇工人,但对股东却仍发红利,对高级人员仍给予奖金,用以来维持公司的存在;但日本的企业却相反,极力避免解雇工人,即使不得已时,也只是临时解雇,再准备回来,对股东不付红利,也停止发给高级职员任何奖金。日本的企业始终贯彻企业内部家族式的集团主义。日本企业经管人员把劳动力、技术、信息、经验等,视为公司的财产,日本企业千方百计保护这部分"人力资本";而欧美企业则根据需要随时解雇,又可以随时招聘。欧美的企业是根据"私有权原理"行事的。其核心领导部门,是经过长期合作又具有专门经营能力的集体组织;而欧美则是董事长、总经理负责制的原则。欧美企业在分配利润时,与一般职工之间差距很大,甚至1:100,而日本则很小,一般是1:10或1:7左右。

日本国内企业之间始终运用"生产者之间的竞争原理"。企业对产品价格的决定不是按照成本加利润,即所谓市场价格原理(The mark up Prieing hypolheaio)或(The Full-eost Pricing Prineiple)来决定价格,而是在分析竞争市场的情况、竞争对手的能力、购买人的价格弹性、本厂开工程度等来规定可以获胜的竞争价格。当本厂新开发的受欢迎的商品,没有竞争对手,这时就不采取薄利多销,而是大赚其钱,从这里赚得了的利润,用来开发新技术,寻求新市场,在石油价格上涨期间,按理应生产节油型汽车,但美国的通用汽车公司等三家大公司,由于通用汽车公司仍然生产大型轿车,供应市场,其他两家也仿效通用的战略,以为购买者只有按照厂家的供应和价格来购买,殊不知日本丰田汽车公司却利用节油型的轿车,打进美国市场,结果美国三大汽车公司全被打败。而在日本国内,丰田与日产等汽车公司之间则展开了极为激烈的相互竞争,这种生产者之间的竞争,大大地提高了企业的战斗力。日本大企业的总体,尽量保持精锐的"苗条体系",下属各个企业则尽量专业化,相互结合,形成企业集团,过去的所谓六大系列集团,如三菱、三井、住友,属第一类;第一劝业银行系列、富士银行(芙蓉集团)、三和银行,属第二类,还有像松下系列、丰田系列、日立系列、新日铁系列等,系列内部的结合,并不是无条件的,而是建立在多年的老关系和利益共享的基础上,绝不是无条件的类似旧的家族性质的组织关系。在日本的生产事业横跨几个企业,合作进行,而欧美则多数在一个企业内部进行生产事业的活动,这样就必然不够机动灵活。

在日美企业经营的经验比较中,更为本质的不同之处,即企业经管阶层与工人阶级的关系,日、美这两个国家的工人阶级所实行的民主原理完全不同。日本的绝大多数工会组织是大企业别内部的工会组织,和日本大企业的终身雇佣制和年功序列制相结合,形成了日本所特有的"劳资关系"。其实这种劳资协调关系的思想早在战前的德国也就已经有了这方面的经济学著作和企业内的评议会等的组织。欧美式的民主、工会组织是横向联系的工会制度,是以职业别、产业别来组织的全国性组织。同一工种、同一报酬,这样在工人之间,失去了彼此竞争的动力。美国汽车工业,寡头垄断,不考虑市场竞争和消费者的利益,美国的工人组织也有垄断性。特别是东部发达地区,工人组织性强,劳资关系紧张,工资比较高,现在美国的许多企业向西南部转移,那里的工人组织不高,工资要求也不大,近几年来,西南部工业有了相当大的发展。在英国劳资关系的对抗就更突出了,动不动就解雇,造成了整个社会的动荡不安。英国甚至要求日产去英国办工厂,帮助解决就业问题。由于福特汽车公司和通用汽车公司营业不振,丰田的竞争力迫使美国的工会组织不得不考虑如何配合经营战斗，降低工资，保障雇佣。1984年全美汽车工人组织与VAW和G.M.之间，签订了雇佣保证，设置保证基金制度。全美矿山工人工会也开始这样做了。总之，美国企业经营中的工会组织已经从传统的英国式的结构逐步开始向日本企业内的工会组织的结构转变，也可以说从过去的"以阶级斗争为纲"的行动纲领，转向"以经营生产竞争"为原则的方面在转变。日、美在经济、科技等方面既有联合的方面，但在联合的基础上，正在展开新的生产力的竞赛。美国的经营力是压不住日本经济的应变力和竞争力的。但这种情况不是固定不变的，随着日本经济结构的变化，生产技术力的发展，资本主义式的企业经营，终归要与生产者阶级，乃至企业职工发生不可避免的矛盾和冲突。现在完全可以预料到这种情况会在一定的时点上出现。

第三节 "日本式企业经营"的国际评价
——出席东京法政大学第九次国际讨论会侧记
（1984年）

一

20世纪70年代中期以来，西方世界出现了研究学习日本式经营的热潮，赞扬日本式经营的著作一时如雨后春笋。经济合作和发展组织曾多次派出专门调查团，写了庞大的调查报告书。近几年来，苏联、东欧和中国也都热心议论、介绍日本式经营的体系和内容。

人们的目的是不仅想要知道战后日本为什么能在短短的1/4世纪里，从战败的废墟中恢复、60年代赶上了欧洲、70年代赶上了美国、80年代成为第二位经济大国的秘密；同时也想知道为什么在战后资本主义世界相对稳定期早已结束，主要国家陷入了滞胀危机的时代，独有日本能顺利地渡过了二次石油危机，继续保持稳定增长和高额赢利率。它的秘密何在，企业从这里寻求打开本国经济困境的出路。

在上述国际形势的背景下，日本法政大学为了纪念它的经营学部成立25周年，于1984年9月3日至5日，邀请了国际上著名的日本问题专家，举办了"日本式经营"问题的国际讨论会。笔者也应邀参加了这次讨论会。会上分别从市场、金融、会计、产业结构、劳动问题等方面，进行了论证和分析。对国外教授的报告论文，还分别邀请了知名专家进行了评论。每天参加大会的约有250多人，讨论会气氛热烈，活泼深入。这次讨论会的要求主要是希望国外学者对日本式经营的光明与阴暗的两面，提出各自的评价。这里，对他们所提出的意见作一简要的介绍。

二

在介绍各国学者的评论之前，笔者想有必要简单说明一下什么是"日本式经营"。因为在国内对这个问题的理解并不一致。所谓日本式经营最主要的是指战后日本大企业内部的劳资关系和它的一整套管理体系。日本大企业的经营管理负责人，和本企业的工人是同属一个工会组织，而且很多往往是过去的工会的负责人。大企业一般都采用终身雇佣制和与学历相结合的年功序列工资制。日本的工会是以企业别为单位的组织，而且是职员和工人都属于同一个企业的工会组织。经济合作和发展组织把日本的这种终身雇佣制、年功序列制和企业别工会组织，称之为日本式经营的"三种神器"，认为，这是战后日本经济得以高速增长的原因。在大企业内部，工作人员受到很好的技术培训和职业教育，享受较好的福利待遇，从而养成了从业人员以企业为家的思想感情，日本企业的经营管理阶层宣传"劳资一体"、"命运共同体"的思想作为对工人的一种管理手段，日本学者称之为"经营家族主义"。它是根源于日本资本主义的落后性，在家庭手工业生产的基础上发展起来的，原型是东方封建主义的意识形态。战后，由于一系列的民主改革，财阀解体，形成了以巨大企业系列集团为核心的国家垄断资本主义，党、政、财等结为一体，具有组织性、灵活性、竞争力都很强的所谓"日本股份公司"，这种日本式经营体制只适用于大企业，日本广大的中小企业的存在，是这种日本式经营体制得以存在和有效运行的社会经济基础，是大企业的国际竞争力得以长期不衰、高额利润率得以维持的根源之一。例如丰田汽车厂，它的从业人员只有美国通用汽车公司的1/20，而它的销售额却达到了通用汽车公司的1/4，丰田汽车厂下面联系着独立经营的36000家承包部件生产的有效率的中小企业。这些中小企业有大量优秀的技术人员和经营管理人员。日本工人中有近80%左右是在中小企业里工作，他们没有大企业的优厚福利，工资和劳动条件都受到限制。20世纪60年代以后，随着日本经济高速增长，这些中小企业就成为现代大工业如钢铁、汽车、电机等机械工业的下属细胞组织。因此，日本式经营是与日本国家垄断资本主义的结构分不开的，是日本特殊的一种劳资关系的管理形态及其一套制度的总称。当然，日本式经营也绝非纯属日本所固有的，它的许多部分是吸取欧美的精华，在实践中长期形成的。

三

这种日本式经营的制度和结构，其他国家是不是可以仿效移植，是当前世界上热心议论的问题，也是这次国际讨论会的主要议题。参加讨论会的各国学者对这个问题的意见，基本上可以分为两种。一部分人侧重于日本式经营的光明面；更多的人侧重于它的阴暗面的分析。哈佛大学的罗基和伦敦大学的沙赖属于前者，笔者在大会的发言，也是属于重视日本式经营的积极面的。

哈佛大学罗基的报告是《企业经营与社会类型》，他认为，日本企业和日本的产业社会是属于"共同体"的性质，从长远的将来看，对美国的产业复兴具有"模式"意义。他指出美日之间，在政府的产业政策和企业经营方面都形成对照，是完全不同的类型。同时两国的"社会意识形态"也根本不同。在美国，人们的社会行动的意识是根源于约翰·洛克的哲学，即"运命的个人主义"的传统；而日本，却是根源于"运命的共同体主义"的思想。但是将来美国会发生变化，如果社会条件发生变化。它的社会意识形态也必须要有一个历史的转变，即从洛克主义转变到共同体主义。这种转变正在个别的经营行为中，在产业政策的实践中，局部地断断续续地在进行着，但它要经过相当长期的充满困难的错了再试的过程。在洛克主义的传统根深蒂固的地区，移植日本式企业经营方式，对经营管理人员和工人在心理上的"威胁"，要有充分理解，不能单方面地强加于他们，必须根据实际情况进行两者的"交配化"（hybrid）。虽然，现在美国的经济还维持着一定的增长率，但在制造业等重要方面，美国所占的世界市场的比例，一天天在下降；对外经济摩擦，特别是日美之间的贸易摩擦，它的客观因素正在深刻化。不容乐观，日本方面再也不能只停止在过去那种自由贸易和对症疗法的做法了，必须从谋求世界经济整个发展的角度来重新构思国际经济的新秩序。

伦敦大学沙赖的报告是《英法的经验》。他和联邦德国、荷兰等西欧五家大学联合作了一次调查，调查欧洲各国的日资企业的经营特征。他在报告中指出，在日本企业家握有经营主导权的制造业中，可以成为欧洲企业经营的"榜样"的地方，主要是它们的"生产管理"的水平比较高，而在"人事管理"方面的水平则比较低。日资系统企业中，除去对工程的研究和设备、原材料的管理方面有优越性外，在培养"多能工人"方面、职员和工人的一体化方面、现场的人事管理方面，所有这些属于"生产管理"的方面，都使欧洲很多技术人员为之一惊。当地的工人们一般也表示接受而且表示好感。

英国技术革新中心的克拉克，威斯康星大学的赖宾、泰国太马沙特大学的法希特则侧重于日本式经营的阴暗面的分析，以及它所面临的问题。

克拉克的报告是《风险企业的日本特征》，他认为，日本式企业经营和日本型的产业社会，对于创造性的发明会带来阻碍作用。在尖端技术方面，美国的风险企业到处皆有，而在日本虽然报纸上谈得很多，事实上却不多，两国成了显明的对照。其原因是日本式经营和日本型产业社会缺乏像美国的那些条件，如在美国有世界各地来的许多研究家和企业家，它具有广泛的国际性；还有许多水平很高的大学研究院，这些研究院都是开放的；在劳动市场方面具有很大的流动性；有高度发达的股票市场，它对经济和经营都有相当的影响；消费支出在国民收入所占比重也大。这些条件在日本是差的。同时，日本也缺乏使中小企业迅速发展和青年企业家成长的社会条件。因为在日本是大企业中心主义、年功序列工资制、中小企业处于承包制的地位等。今后日本的风险企业可能有一定程度的增加，但和美国比，无论如何总免不了要远远落后。

赖宾的报告题目是《日本式经营的移植可能性》，他认为，日本式经营的最基本的特征主要是：终身雇佣制、年功序列工资制和企业别工会组织，所谓"三种神器"，其核心是日本所特有的"劳资关系体系"。但将来是美国走向日本式的经营呢？还是日本走向美国式的经营呢？他认为，后者的可能性较大。同时这所谓"三种神器"究竟有多少是属于日本所特有的，也有问题。过去人们对此过分夸张了，它的实际形态和内部劳动市场的结构，日、美之间是相当类似的。当然它有特殊的地方，例如妇女劳动者和高龄工人受到不平等的待遇，劳动市场的二重结构等，这些阴暗的侧面和光明的侧面有互为表里的关系。所以日本式经营不可能成为美国的"模式"。同时20世纪60年代在日本经济高度增长时期所形成的许多特征，由于70年代中期以后的低增长和产业结构的变化、高龄化、妇女劳动的雇佣以及社会变动等因素的出现，这许多特征都正在变化，开始进入转变的关头了。赖宾认为，美国可以从日本学习的不是日本式经营的特殊的一面，而是宏观的劳资关系的结构，对雇佣关系的各种调整和改革，也就是各级的劳资协议制度、争议调停制度以及政府的劳动政策，特别是收入分配和雇佣制度。

法希特的报告题为《日本的企业——泰国的经验》。他指出，日本式经营的各种特征，如"三种神器"、现场的技术开发、禀议制度、劳资协调关系、与地方社会的密切结合等，都没有跨出日本，进入泰国或东南亚其他国家。他严肃地指出，其原因可能由于各国的风土人情不同，但日本方面应该考虑对于技术的转让、对于经营管理由当地人负责、工人的参加经营、信息公开，以及对地区和各国家国民经济的要求等，应作出必要的反省。他引用了泰国在70年代末所作的一次社会调查的材料《泰国人眼中的日本》，指出，在知识界和领导层中，多数人认为在与日本的经济关系方面，日本有浓厚的"经济帝国主义"的倾向。首先是日本企业的投资偏重于资源密集型和资本密集型的产业，对泰国工人的就业率没有帮助；其次是设备和部件全由日本进口，而其产品则面向泰国的国内市场，无补于泰国的国际收支，反而起了消极的作用。整个70年代，日本向泰国投资的资本输出，远远低于由泰国流向日本的资本收入，这些资本收入，是泰国所支付的技术代价和日本资本的利润。法希特在大会上的发言语气强烈，引起了到会者的注意。

四

奥地利维也纳大学林哈尔特对日本式企业经营，既从光明的一面又从阴暗的一面进行了分析和评价。他报告的题目是《联邦德国和奥地利的经验》，他指出，80年代以来，在联邦德国和奥地利突然出现了议论日本式企业经营和日本劳动问题的热潮。其原因恐怕是由于日本顺利地渡过了两次石油危机，同时，它的汽车工业在欧洲获得了成功。近年来，欧洲派出的访日团体日渐增多，但他们当中对日本式经营的看法是不一致的。政府部门和经营管理阶层，他们一方面对日本的竞争进行攻击；但另一方面却对"日本的劳动"（勤勉）表示高度赞扬。甚至工会的负责人中也有人赞扬，这给欧洲工人以相当震动。

在欧洲的专门研究人员当中，对日本式经营的看法，则认为，有一些方面应该向日本学习。如联邦德国米海尔斯在研究了日本和联邦德国的汽车工业之后，提倡积极引进学习日本式的经营管理，其中如：（1）工厂工人在工地现场参加各种决策，事前对各种合理化建议进行研究协商；（2）扩大职工的职务和职责，下放权限；（3）企业内部的技术培训和专业教育；（4）集团主义的组织和运营等。还有联邦德国的恩格尔研究了日本和联邦德国的劳动生产率之后，主张学习日本式经营的"质量管理小组"的活动，还有日本工人的合理化建议的制度等。

但在，欧洲的工会方面以及在野党的评论员和理论家当中，他们更多地重视日本式经营中的劳动问题和经营管理中的阴暗方面。例如日本工人的劳动强度大、负担重、劳动速度快、流水作业自动化、不易缺勤。劳动时间比联邦德国长 15%—20%，法律规定每周劳动时间为 48 小时；带工资的休假时间比联邦德国少 30% ~ 50%，法律规定只有 20 天。工资水平低于联邦德国，据 1979 年波斯特的计算，工业劳动者的工资低于联邦德国大约 20%。福利也低，其间接工资低于联邦德国大约 60% ~ 70%。同时，工资待遇的差距正日益扩大，大企业与中小企业之间、长年工与临时工之间、男工与女工之间、日本工人与少数外国工人之间的工资差距日益扩大。工人的劳动生活过多地依赖于本企业，职业培训以及福利设施也主要靠企业本身，社会性很小，工会组织也主要从属于本企业，社会威信很低。工人参加本企业的经营也只限于工地现场活动，而对企业本身的活动则很少有权参加。社会保障的水平比之欧洲要低得多等。欧洲的评论界虽然也看到日本式经营的光明与阴暗的两个方面，但总的说来，偏重于阴暗面的宣传。自 20 世纪 80 年代以来，一般对日本式企业经营的移植可能性问题，赞成者少，反对者多，林哈尔特最后表示，对这个问题的真正研究还有待于今后的努力，他对日本式企业经营中由专家来经营管理，经营管理人员由内部推选的制度，在字里行间表示了赞赏的意见。

笔者是唯一来自社会主义国家的报告人，这次法政大学国际讨论会要笔者讲的题目是《中国对日本式经营管理的看法》。由于中国正在积极而热心地学习日本的经营管理的经验，国外有人认为，这是回到资本主义的道路，是利用资本主义手法来挽救社会主义的经济失败，因此，笔者首先说明了中国为什么要学习日本的经营管理的经验。中国虽然是社会主义国家，但国民经济的发展水平，整个农村基本上仍处在实物经济的阶段，即通常所谓"自然经济"阶段，商品生产极不发达。根据马克思主义在中国社会主义革命和经济建设中的具体运用，根据三十多年来的正反两方面的经验教训，中共十一届三中全会决定走中国式的社会主义道路，突破教条主义形而上学的框框，对外开放，对内搞活，大力发展社会主义性质的商品生产和市场机制，这样，就必须要学习与商品的生产和市场秩序有关的各种经营管理的技术和知识，目的是发展中国的社会主义商品生产，实现中国的社会主义现代化。日本虽属于资本主义国家，但它的经营管理制度具有两重性，一方面是它的生产关系的资本主义性质；另一方面是它的属于生产力性质的技术性的一面。如生产过程中的操作规程、质量管理等，这是物质生产的文明，是人类的共同财富，我们完全应该学习，当然，我们绝不能照搬，照搬不是学习，而且肯定会失败。

最后，谈一点感想。通过参加这次国际讨论会，笔者深深感到日本式经营之所以能够成功，有一条基本经验值得注意。这就是日本企业的经营管理人员采用和培养的一套制度。他们在进入企业之前，就受到良好的基础教育。大学毕业后，经过严格的考试择选，才能进入企业工作。进入企业之后又要经受一两年的企业内部的技术培训和职业教育。而后再分配到各个部门工作。这样，企业的工作人员对本企业的每个部门的工作都很熟悉，成为一专多能的好手。同时，企业的领导人员是本企业内部经过多年的考核之后，工作有成绩，由企业内部选举出来的。这条经验，在中国进行经济体制改革的今天，很值得我们国家的重视。

（本文曾载于《经济学动态》1985年第7期）

第四节　日、美大中型企业经验给我们的启示

日本的企业从规模上看有大型企业和广大的中小型企业，

在研究日本企业经营方面，对日本中小型企业的坚强的经营能力，绝对不能忽视，按日本《中小企业基本法》规定，凡从业人员在 300 人以下、资本额在 1 亿日元以下的企业属于中小型企业①这里，我们为了研究日本型企业经营的典型经验，所以，只限于分析日本的大型企业的经营管理的成功的经验。日本大型企业的概念，一般是指在法律形式上的股份有限公司，而且它们的股票都是要在证券交易所市场上市的股票，这种大型的企业估计有 2000 家，占总法人企业的 0.1%，但它们的销售额却占 40% 左右。其中大约有 1100 家能在东京和大阪两地交易所上市的大企业，基本上构成日本大企业的主体集团。但也有股票不上市的大型股份有限公司，像香得利洋酒公司、出光石油、吉田工业（YKK）、西武百货公司等。在上市的股份有限公司以外，日本还有好多种类的大型企业，我们不能一一列举。不过只有这些已经股票上市场的大型企业才是日本典型的大企业。

在日本大型企业中，除去日立金属、松下电工、山武ハネウュル、富士通、フアナシワ等，它们的股东所持有的股票，最大的比例在 5% 以下，中等的有限公司中也有占 10% 以下的，但股东占有 10% 以上股票的大公司几乎是没有的。这些大公司的股东大多是商业银行，如都市银行、长期信用银行、生命保险公司、信托银行。但也有大商社，主要交易的对方公司是外国的投资机关、财团等。在交易所上市场的大型企业中私人的股票持有率逐年下降，1955 年为 53.2%，1983 年下降到 26.8%，即使是大股东但他们对企业的经营管理却也无权干涉。现在日本私人资

---

① 从业人数 300 人以下的企业，按其从业人员比重为：1957 年，制造业为 73.5%、非第一次产业为 82.8%；1969 年，制造业为 69.0%、非第一次产业为 78.3%；1981 年，制造业为 74.3%、非第一次产业为 81.4%。

本家经营的公司在锐减，而一般持有股票者大多是为了储蓄。在日本的大企业中"所有与经营"是完全分离的，即使有些老牌大公司，用创业人的姓名作为公司名称的，像三菱、三井、住友旧财阀公司，经过财阀解体改组，性质完全改变了，改组成了与旧财阀完全无关的法人组织。还有像伊藤忠、野村证券、饭野海运、池贝铁工所、川崎制铁、古河电工等，都已经与当初的创业人没有关系，大公司的生命完全掌握在经营管理阶层的手中。所以，战后的日本大型企业，是属于一种新型的"经营者企业"[①]。股东是不能干预公司的经营的。例如，1980年日本最有代表性的110家大企业中，它们公司中的前五名的高级职员中，共550人，其中只有9人是私人股东，其余大多为银行、保险、信托等公司的代表人员。

日本大企业的董事会，是从属于经营执行者的集体内部，董事会的成员大多为本公司的高级职员，董事会不能任免总经理以下的职员，而总经理却有任免"董事"的权限，从这方面看也可以说这些大公司"所有与经营"也并没有分离，因为并非私人资本家，而大多是法人相互持有，由大公司的经理集团进行经营管理。日本企业的核心领导部门是具有优秀的专门经营能力的从业人员的战斗集体。

日本的这种经营者企业，它们经营的目的与其说眼前的最大利润，不如说是追求其最大的销售、最大的市场占有率、壮大企业本身的信誉和社会地位，形成一个强有力的"企业共同体"

[①] 日本二战后这种"经营者企业"的形成，也由于战后各大企业自有资金比例低，必须依赖于"主力银行"、信托、保险公司等金融机关，日本大企业的自有资金一度下降到仅占14%。20世纪80年代初期，也仍只有20%，其余80%，是各种法人相互持有，特别是来自银行的贷款。而战前的大企业，一般自有资金比例却在50%以上。

组织,它们的行动原理是市场竞争原理,市场需要什么,制造什么有利,就生产什么,不作万年不变的生产体系,日本企业的应变能力是世界公认的。根据国民经济的变动和世界经济的形势,进行不断的技术革新,开发新技术开拓新市场,扩充新设备,改进经营管理,是日本企业的行动准则。

日本的企业家看待自己的企业好比自己的"家业",更进一步说,他们大都和国家命运相连,把企业看成为"国家事业",是一种"国事"。他们本人作为企业家也就是以"国士"为己任,要求自己成为现代经济界的企业家,为了企业的生存,企业经营首先是为了获得利润,发展事业,为了不断增强竞争力,就必须不断地完善生产流程,提高品质管理,开拓新市场。作为一个企业经营家,他在本质上必须是一个创新者。例如:日立在当初只不过是一个小型的发动机的制造厂,后来成了重型电机厂、通信电机厂、车辆生产厂。战后,成为金属、电线、化工、家用电器、大型计算机等的制造厂。还有如东洋化纤公司,原来是人造丝工厂,战后它生产尼龙、化纤、精制化工塑料等,而化纤的比例下降到40%。

日本的企业家非常强调企业家的经营能力,强调人才主义。一般日本大企业的经理(Top manager)大多由大学毕业后,考入该公司,经过企业内部的严格训练和遴选,工作大约三四十年之后,才有可能被推选出来,作为一个企业的代表总经理或董事长,他的本质存在是企业和全部从业人员的总代表,在他的周围有相当一部分优秀的专门人才做他的助手,这个领导集团实际上是日本大企业的统帅部。企业的经营集团的活动,不受股东会或大股东的影响,大股东不能改变企业的经营方针,也不能更换经理人员,企业的从业人员可以改换经理人员。朝日新闻社的大股东村山家族,与朝日新闻社的主要负责人员发生了冲突,最后,还是从业人员获得胜利。还有三越百货公司解雇了它的总经理，也是该公司主要负责人员中多数派的决定，而不是股东会的决定。日本的大企业的股票是相互持有，有"主力银行"作后盾，它们的股票基本上控制在本集团系列的法人手中，日本企业不可能被人家用收回股票而兼并，夺取其经营权的。

由于日本大企业的性质和行为准则是经营者企业，它必须紧紧掌握竞争原理和市场的运动。为了在市场竞争中取胜，就必须时刻不断地提高劳动生产力，进行技术革新，设备更新，这样，对利润的分配就不可能不考虑为了这些目的而有更多的内部保留。日本企业对利润的概念是指扣除了工资、奖金、法人税、研究开发费用、折旧、股息等之后的纯收益。其中相当一部分分给企业的从业人员。每年各企业差不多有三四个月乃至半年工资的奖金，福利也高。但在企业内部，总经理与一般职工之间的差距不太大，比之美国小得多。一般是1：10或1：15，而美国是1：50或1：100，对于股东的红利大概是占纯利润中的15%~20%，其余留在企业内部。每当企业在竞争中独家开发了新产品，受到市场欢迎，而别家不能立即赶上，这时企业经营负责方面就不采取薄利多销，而是大赚其钱，把它叫做"赚钱的拳头商品"。从这里赚得的利润，用以充实研究开发，准备新的拳头商品，同时支付在开发创新事业过程中的费用。例如日立、富士通、日本电气等在进入电子计算机领域时，三菱重工在进入汽车生产时，都准备了5年乃至10年的亏本投资，所以，日本企业的价格战争是有弹性的，既有垄断性价格，也有市场竞争价格，不是千篇一律，一成不变的。

日本的大企业之间既有激烈的竞争，但为了国家民族的利益，也经常相互扶持，有时甚至作出牺牲来维持新的事业。例如日本的纺织业曾经为了扶助日本海运业的发展，不但银行为此发放巨款，支持其竞争，它们长期甘愿付出高价运费来支持日本海运事业的发展成长。在国际市场上它们相互之间既有竞争也有相互合作，相互扶持。

日本原是东方的不发达国家，日本企业的成长和发展，要靠政府的扶植帮助和指导，从明治维新以来，日本有一个强有力的优秀的官僚体系，政府运用它的政治、经济、外交、文化、教育等各方面的力量，指导国民经济的运行，对企业实行"行政指导"。往往企业的活动与政府的活动，难以分清界限。本来是企业的事情，政府也介入；本来是政府的事情，企业也介入。甚至许多立法、许多政策、投资计划等是在企业界的参加下制定的，美国的经营经济学家称日本的这种官、企联合经营战斗的组织，叫做"日本股份公司"，就是说整个日本国家就是一个有机组织的经营战斗的组织。

附一 《现代日本企业制度》中译本序

原著的书名本为《日本的企业》，由于我们几十年来在"苏联模式"的经济体制下，对所有工厂、商店都概称为"企业。"比如说一家国有工厂，它的生产、购销人事等，都听命于行政管理部门，厂长也是按行政级别，按"指令性计划"和行政命令办事，因此过去几十年来，我们所习惯称之为"企业"的工厂，只不过是"生产制造的场所"，它既没有市场的观念，更没有经营和竞争的意识，这类被习惯称之为"企业"的工厂，事实上，并不是经济学乃至经营管理学上的真正意义的"企业"。笔者记得本书的主编小宫隆太郎教授在1985年前后，访问中国时参观了一些工厂，经过他分析后指出，中国基本上并不存在真正的企业。对此，中国经济学界曾为之震动，因为谁也没有意识到对企业概念有如此不同的理解。现代企业是市场经济组成的基础单位，它本身作为独立法人是一种有机的组织体而在市场的海洋中竞争，追求利润，不断创新，从而推动国民经济的不断前进，所以它是市场经济体制的经营的主体承担者。它从市场上购入各种生产要素，从事生产活动，将制成品向市场销售，从金融市场获取资金，努力开发技术，在国内外市场竞争中，争取生存和发展。在现代市场经济中，企业的经营者是每个企业经营活动的最高决策者，一个企业的存亡兴衰，关键在于它自身内部的经营活动的不断创新。作为自然人其生命是有限的，而作为法人的企业，它可以永葆青春，长生不老。由于本书是分析日本的现代企业制度，战后日本经济之所以能获得如此迅速的经济发展，一跃而为世界第二经济大国，日本的企业制度，特别是它的制造业企业的技术创新和竞争活力，起到了关键性的作用。因此这本中译本的书名之所以译为《现代日本企业制度》，其目的是为了有助于我们避免重复过去对企业概念的习惯误解。

在现代国际市场经济条件下，竞争的日益激烈，只依靠一般行政官员的命令号召，已经完全不可能在竞争市场上制胜，甚至维持其生存也不可能。负责企业经营管理的阶层，他必须具备高度的技术知识、市场分析与经营管理的才能、企业组织的才能，只有具备高度科学技术知识和经营管理才能的从业人员中的佼佼者，才能胜任作为现代企业运行的经营决策者。过去以为股东和股东组成的董事会，甚至股东大会才是企业唯一的最高的支配者和决策者，这种情况早已成为过去。"所有与经营"的分离，是现代大企业制度的普遍现实，因此一个企业的存亡兴衰，关键已经不再掌握在"股东"的手中，而主要在于并不是股东的从业人员和经营管理人员的手中，决定于这些从业人员和经营管理人员的人品，以及他们的科技知识和经营管理的才能。这类企业制度的基本形态,可以称之为"经营者企业形态",或者是"从业人员自主管理的企业形态"。这看上去有点像前南斯拉夫式的"工人自主管理"的体制,但仔细分析一下现代日本的企业制度、它的行为原理、经营目的,我们就不难看出,在本质上却完全不同,前者是以"分配"为主要动机的"企业"形态,它们根本没有现代企业的经营思想,更没有把企业作为自己的"家业"、"国事",在国内外市场上克敌制胜的感情,所以它们在本质上还称不上是现代企业制度意义上的"企业"概念。日本的现代企业制度、日本的大企业的组织形态、运行机制,是建立在高度发达的资本主义市场的竞争基础上,结合日本的传统国情和历史条件,所形成的被人们称之为"日本式"的企业制度、日本式企业的经营管理。这种企业形态和运行机制,对于东方发展中国家在追赶西方、促进本国国民经济的现代化,是一种有效的合乎科学的经济形态。

这本《现代日本企业制度》是日本经济学界和经营管理学界的权威学者们,经过三年多的集体讨论后写成的。但是日本式的企业经营,乃至日本式的企业制度并不是日本独自孤立地形成的。我的一位日本企业家的朋友曾告诉我说,他经常受到美国经济学家的提问,要他回答日本的企业经营的活力是从何而来的,何以战后日本企业内的劳动生产率提高得这样快,他总是略带苦笑地说,日本企业的经营只不过是学习并认真地贯彻了从美国那里学来的方法,并不断加以改造以适合日本的国情而已,如果说有什么"秘诀"的话,那就是根据本国的社会、历史、文化和自然环境等条件,引进了外国的先进经验,发挥其促进产业发展和追赶先进的作用。日本企业家的这种学习和追赶的态度,对于我国国有企业的改革和培育中国特色的社会主义市场经济,我想是必须学习的。企业的体制改革,是绝不能只依靠政府的行政命令，就可以用"试点"而后加以"推广"的模式所能奏效的。因为企业的经营必须有赖于企业的全体从业人员，主要依靠企业家的不断创新，这种改革和创新才能有生命力。如果没有成千上万的现代型的企业家的努力，不依靠他们的力量，而是听从行政长官的命令，那么国有企业的改革就不能逐步走上现代化的轨道，现代市场经济也不能得以逐步成长。因为企业的成败其关键不决定于政府的行政管理，而主要决定于每家企业的全体从业人员、它的决策阶层和执行决策的经营管理人员的团结一致的战斗力。

现代日本企业的从业人员和经营管理人员，有许多不同于欧美大企业的经营管理阶层，他们被人们称为产业家或产业战士（industralist）。由于日本大企业是法人相互持股的组织，"所有与经营"、"资本与经营"分离，日本的企业基本上属于"经营者企业形态"，在企业内部经营管理人员也都是企业内工会的成员，而且多数还是企业内工会组织的领导人，他们经过多年的磨炼，成为该企业的出类拔萃的人才，然后被推举到经营管理阶层，他们既是企业经营方针的决策者，同时又是决策的执行者，在日本企业内，阶级关系的意识比较薄弱，同时在待遇上差距也不太大。战前日本企业的经理或董事的年收入和一般大专毕业的新职员的收入相比，相差约1万倍，而战后如在昭和55年，其差距只有7.5倍[1]，所以日本的企业家或经营管理阶层不同于美国企业的资本家，他们看待日本的企业是一种人格化了的祖传"家业"，又是一种共同体性质的存在。

日本企业与企业之间，为了各自的存亡兴替，相互都展开了激烈的竞争，竞争的主体是企业与企业，而不是个人与个人。特

---

[1] 参阅：日经连的工资白书《劳动问题研究委员会报告》，昭和55年1月。

别值得提出的是日本企业与企业之间的激烈竞争，是生产者与生产者之间产品市场的竞争，是亚当·斯密式的自由竞争。在企业内部的工作人员也就像一个球队与一个球队之间比赛一样，都是战斗的一员。这种竞争就形成了一家企业与另一家企业的"产品市场上的竞争"。而美国的企业一般正像 M. 弗里德曼所说的竞争概念那样，是个人与个人之间的竞争，例如公司内部副经理与副经理之间，课长与课长之间，甚至从业人员相互之间的竞争。"日本大公司的这种产品市场上的竞争"可以说是日本制造企业的劳动生产率不断提高的原因之一。美国麻省理工学院在 1986 年前后，由校长发起组织了三十多位权威专家，成立了"MIT 产业劳动生产率调查委员会"，对日美欧进行了产业比较研究，经过两年多的调查，提出了十分重要的研究报告《Made in America》（1989 年），肯定了日本式企业经营的优点。近两年来，美国制造业出现复苏，据朝日新闻报道（1994 年 2 月 16 日），克莱斯勒会长伊顿在招待日产久米丰会长时说，"过去我们太傲慢了"，"近二三年来我们从日本制造业学习了许多有益的经验"。日本经济新闻 1994 年 3 月 17 日报道，"美国制造业再度复苏"，"日本模式在美国发挥了重要作用。"麻省理工学院教授莱斯特·C. 索洛（Lester C. Thurow, 1938—?）在他的近著《大接战——日美欧谁家取胜》（1992 年）中，特别强调了日本市场经济和日本式企业的根本特征，特别指出，日本政府和企业所推行的是 A. 斯密式的"生产经济学"，而美、欧则忽视了商品生产过程中的集团意识和创新精神。

日本制造业企业在产品市场上的竞争，绝不只限于对产品质量的精益求精，不断技术革新，他们在市场竞争中，绝不墨守现代西方经济学的教条。例如在产品定价方面，在欧美几乎是垄断价格，由企业按照总成本加利润率定出售价，或按市场供求关系的均衡价格定价，他们在市场价格中是定价者（Price-maker），这就是现代西方经济学中的"总成本原理"。但日本的制造业和美国不同之处在于，它们制品的定价是在考虑按什么价格才能在市场上获胜来降低制品的成本，在市场上出售时，不是定价者（Pricemaker），而是以接受者的身份，努力做到接受市场价格，这样它们是市场价格的承受者（Price-taker）。这种竞争的做法和教科书中所说的"总成本价格原理"不相一致，它们用提高劳动生产率来克敌制胜。

日本的企业经营与发展，每家企业不但要考虑它自身的兴衰交替，同时要和政府一起在各方面"追赶"先进国家。日本政府主要以通产省为主，在一定时期要制定产业政策，用以指导辅助国民经济的发展。如在第一次石油危机时期以前，日本的产业政策是以扩大市场的占有和提高劳动生产率为基准，凡符合这两种要求的企业，会受到政府的保护和扶持，当时日本的钢铁工业由于优胜劣败竞争的结果，有些要被淘汰，这时政府运用行政指导，使一时落后的企业在竞争中不受胜者所吞并，拉它一把，给它有一个重新站起来竞争的机会。但在寡头垄断企业之间始终保持"寡头竞争"的体制，不像美国那样搞"寡头垄断"。这样就可以维持着"生产者之间的市场竞争"，促进日本企业要永远前进，丝毫不能松懈。因为现代大工业无论在设备方面、人才方面，以及这类产业所使用的资财，其流动性很小，而重新建立新的，既要大量资金，又要大量人才，更要花费很多时间，对于这类性质的企业，在开创初期，要有周密的计算，在它还处于弱小阶段就必须予以保护和扶持。所以日本式的市场经济并不是自由放任式的自生自灭的无政府状态的市场竞争。这一点应引起中国企业界的注意。但在国际市场上，日本政府千方百计扶持本国的制造业，例如机床工业，日本政府1951年制定了"机床国产化"的方针，国内企业大力攻关，20世纪60年代中期实现了这个目标，其质量达到了国际水平，同时也打入美国市场，站稳脚跟，70年代初，由于国际竞争激烈，日本不能保持其技术优势，又立即开发王牌产品——数控机床。日本数控机床从科研成果转化为工业产品，历时九年之久，费用均由政府与企业共同负担，到1981年，日本数控机床在世界市场上的占有率已高达50%。80年代以后，日本又开始了新的产品的研制开发，日本已成了机器人大国。工业机器人的开发原是由美国恩格尔伯格博士首创的，而川崎重工一获得专利后，便开始在日本制造、销售，从1980年到现在，日本拥有机器人14000台，而原发明者的美国只有4000台，英国也只有数百台[1]。

最后，谈一谈本书的翻译，1992年，笔者在东大经济学部学术交流期间，深感中国要发展社会主义市场经济，必须认真学习发达国家的有用经验，而日本市场经济发展的经验，对发展中国家更有其借鉴意义。因此，引进介绍战后日本企业制度的经验，对发展中国市场经济，无疑是十分必要而又有现实意义。在东京大学经济学部大学研究院攻读博士学位的中国青年学子，他们都是饱学有志之士，关心祖国，虽身在异国，但愿为祖国的现代化作出贡献。经过共同协商，乃决定翻译这本具有代表性的学术著作。今井贤一教授告诉我麻省理工学院R. P. 多尔（R. P. Dore，1925—）已将它译成了英文版。这本中文译本之所以得以实现，首先要感谢两位主编：今井贤一教授和小宫隆太郎教授的亲切指导和帮助。小宫隆太郎教授早就热情地为了帮助我们学习，写了《现代中国经济》（商务印书馆出版，1993年版），着重地介绍了日本企业的特征。要感谢东京大学出版会大

---

[1] 生野重夫：《现代日本经济征程》，朱绍文等译，金融出版社1993年版。

濑令子先生和日本国际交流基金,他们始终一贯地给我们以大力的支持和鼓励。笔者还要对参加本书翻译的各位留日的博士生同学们,表示衷心的感谢,感谢他们为祖国的现代化,为中日学术的交流,作出了真诚的贡献。由于引进现代企业制度的研究工作还刚开始,许多名词术语尚未统一,本书译文中难免有生硬欠妥甚至误译之处,敬请读者不吝指正。

(作于 1994 年 12 月)

附二 《中国经济——日中企业的比较分析》中译本序

1992 年 10 月,中共十四大明确宣布中国社会主义经济体制改革的目标,是建立有中国特色的社会主义市场经济体制。这是中国自 1978 年中共十一届三中全会决定改革、开放以来,经过 14 年的实践,并且研究分析了国内外的历史经验和教训,在邓小平建设有中国特色社会主义理论的指导下所作出的英明决定。毫无疑问,在相当长的时期内,发展市场经济,建立有中国特色社会主义市场经济体制,是中国解放生产力、发展生产力,走向繁荣富裕和文明进步的必由之路。

但是如何理解市场经济,又如何有步骤地建立有中国特色社会主义市场经济体制,对中国理论界来说还是生疏的,还有待我们努力学习,不断探索。现在可供我们学习借鉴的,有美英式古典的市场经济模式和它的历史过程,还有一直处于后进地位的日本式和德国式的市场经济模式和它的历史过程,每个国家的经济发展道路,都必然有它各自的历史的社会的特征。但值得注意的是,后者是在认真学习前者的基础上,加以修正改进,从而获得了高速发展的。不过,这里所谓的"模式"也并不是固定不变的僵化结构,它们都随着历史的发展而不断地改革变化。在建立市场经济体制的各国的历史过程和经验方面，战后日本所形成的日本式企业的组织形态和行为原理，对中国的国营大中型企业的改革，有许多值得参考借鉴的地方。

本书作者日本著名经济学家、东京大学名誉教授兼通产省经济研究所所长小宫隆太郎先生，自20世纪80年代以来，对中国的改革开放和社会主义经济体制改革，一直寄以热情的关注。他认为，中国的经济体制改革，不仅仅是11亿中国人民的事情，它对世界也具有很大的影响。他认为，中国正在进行人类历史上一次真正的深刻的社会改革的实验。他以一个友好的社会科学家的身份，热情地伸出了智力支援之手，运用现代西方经济学原理和分析方法，对中国的国营企业进行了剖析，并和战后日本典型的大企业进行比较考察。他觉得日本式大企业的组织形态和经营方法，与社会主义的"从业人员管理的企业形态"有许多类似之处，既然日本式大企业能够获得巨大的市场竞争力，那么，中国国营大型企业（包括中型企业）只要经过彻底的改革，掌握现代经济科学知识，也完全有可能具备强大的市场竞争力。他认为，战后日本经济发展成功的关键，不是由于"资本"或"资本家"的力量和作用，而是由于这些独立经营的日本式企业的组织形态和它们的行为原理，彻底运用了竞争的市场机制的原理。

本书是小宫先生在他东京大学经济学部任职期间的最后一部著作，他在赠送本书给朋友的附言中写道："请把它看做我近几年来对'中国热情'的佐证。"笔者作为小宫先生东京大学经济学部的同窗好友，对小宫先生这种作为社会科学家的高尚品德和友谊，表示衷心的感谢。本书由北京大学经济学院现代日本研究班的第一届学员译出，他们把翻译本书作为结业纪念，这是十分有意义的。在分担翻译的19位同学中，全惟幸、祁成林、王小平和张祖国四位同学付出了更多的辛劳。现代日本研究班是由中国国家教委、北京大学和日本国际交流基金于 1990 年联合创办的。同学们要笔者担任本书的校审，笔者衷心希望，本书中译本的出版对中国经济体制的改革，促进市场经济的健康成长，能提供有益的经济科学的新知识和建立市场经济的有用经验。译文如有疏误，敬希读者指正。

（作于 1992 年 11 月 30 日）

附三 "索尼"创始人的用心

"索尼"这个日本企业的名字，恐怕我国知道的人很多，但它为什么叫"索尼"，多数人可能以为这是模仿英美的名称，正像我国的"海尔"，一样是学习英、美国人所惯用的发音方便的"名称"。但"索尼"公司从 20 世纪 50 年代就开始使用，而且还是从原来用的名称"东京通信工业"公司的名称改过来的。对此知道的人恐怕就不多了，笔者从来也没有注意过这个"索尼"公司的商号是如何产生的。回忆在 1983 年笔者去东京大学进行学术交流时，有一次在东京学士会馆的午餐会上，听"索尼"公司董事长盛田昭夫的演讲，大概是在 9 月份，他介绍的为何在国际社会中活动的情况，盛田先生当时已是日本企业界在国际商场上最为活跃的一位知名人士，在他谈到"索尼"公司经营的苦心与努力时，他谈了为什么将原来的公司名称改为"索尼"的用心。他的这种经营者的"苦心"给笔者留下了深刻的印象，笔者就把它记在日记中，几十年过去了，笔者还是想把他的意图和苦心介绍给国内的工商界朋友，因为我们也面临着国际市场的激烈竞争。

盛田先生说，他们深切意识到日本国土小、资源少，而人口多。要养活这么多的人口，日本必须依靠进口，而进口必须先有出口，否则，拿什么来支付其代价。但要维持和扩大出口，就必须制造出国外市场有竞争力的畅销的优质廉价的商品。他说，我把这个任务当成是自己的使命。1952年东京通信工业社社长井深先生从美国引进技术，在日本最早引进立体声（sleveo）的制造。1953年，盛田先生他也是东京通信工业公司的创办人之一，为了在国际市场上打开局面，去欧美考察，当时深深感到难以与欧美竞争，心情十分沉重。但在他走到荷兰，当到世界著名的飞利浦灯泡厂时，他发现这个厂的所在地安特荷恩，只不过是一个偏僻的乡镇，人们多数还是在骑自行车，居然能有如此赫赫有名的飞利浦灯泡公司。这给了盛田昭夫先生以新的启示和勇气，他写信给日本国内的井深说，"当到了飞利浦，我有了勇气，咱们干吧！"

盛田先生说，他在欧美考察旅行时，人们对他个人的名字很容易记，也很容易说，但问到他的公司的名字，东京通信工业公司时，既不容易记，也不容易说，连发音也极为困难，他感到如果一家商号的名称连发音都困难，还谈得上做什么生意，他回到日本就和井深社长商量，必须改变名称，正好这时他们获得了美国的制造半导体收录机的专利权。准备制造半导体收录机，向世界市场销售，井深社长于是就想乘这个机会创一个新的牌子。于是他和盛田就每天翻字典，苦思冥想。他们公司过去制造过盒式录带，曾取名"sonic"（音波）的"soni"的名称，并定名为"soni"盒式录音带，于是就想到英语中的"sonny"（小宝宝）这个字，将其中的"n"省去一个，把公司的名称改为"SONY"（索尼）公司。不多久"sony"公司的名字在社会上就小有点名气了，一时间在日本就出现了好几家以"sony"命名的公司，像"sony"巧克力等，盛田和井深为了保护自家公司的牌号，就要求法院根据"防止不正当竞争法"，制止其他公司使用这个名称，但被告一方不服就多次跑到国会图书馆，查遍了世界上各种各类的字典，但都没有查到"sony"这个字，结果只好接受法院的判决。这在日本还是唯一的一次判例。

尽管在国际市场中它们遇到了许多困难，但"索尼"公司不到二十年的时间，就成了世界上半导体、收录机、录像机、彩电等电器公司的最大的公司之一，它的销售额大约 1/4 在日本，1/4 在美国，1/4 在欧洲，其余则在其他地区，从 1960 年开始，作为日本的一家企业，在美国发行股票，1970 年，它的股票在美国纽约证券交易所上市，美国纽约证券交易所是世界上最大的交易所之一，在那里上市的股票是最受欢迎的股票，当时占第一位是埃克逊股票，第二位是 IBM 电子计算机公司的股票，第三位就是"索尼"公司的股票了（1982 年是第五位）。"索尼"公司的董事长盛田昭夫被选为纽约证券交易所理事会的第十八位理事，是唯一的日本人理事。就笔者所知道的一点情况，大概还是十多年前的事情，"索尼"公司的买卖 70% 是在海外，并在英美设有工厂，在美国制造的"索尼"彩电多数是在美国销售，在英国每年出口的彩电中有 1/3 是"索尼"公司的产品，它还因此受到英国政府的表扬，它的产品可以在五年内贴上英国皇家皇冠的标签。

"索尼"公司从 20 世纪 50 年代初的"东京通信工业"的一个小公司，经过他们不断的努力创新，不到 20 年的时间，一跃而成为世界上最大的跨国公司之一，从这里我们可以感到战后日本经济的高速增长，至今仍保持着世界第二经济大国地位的原因之一。从这里我们也要学会放眼世界，与时俱进，不断进行科学的创新与刻苦努力。特别是要有一颗从国家命运出发的高度社会责任心，企业经营追求利润应该、也必须与社会责任和国家利益相统一。

(作于 2000 年 7 月)

第五编
思考中国现代化问题

第九章 21世纪中国经济的高速发展与改革

第一节 学习经典经济学的基础理论与中国的现代化

一 怎样理解"现代化"

实现中国社会主义现代化是中国全民族所共同奋斗的目标，但究竟什么才是"现代化"呢？人们总以为高楼大厦、汽车洋房、机械化等，实现"工业化"就是现代化了。从技术的观点来理解现代化。如果这样，对人民又有什么"现代化"的意义呢？历史上乃至现代不是有封建统治阶级利用"机械化"、"工业化"，来镇压劳动大众、人民大众，维护他们的封建统治吗？这又何能叫做"现代化"呢？

现代化本来是历史发展的概念，是指推翻中世纪的黑暗的封建社会的神权和君权的统治、枷锁，而过渡到"近代"的过程。因为中世纪的封建社会之后是"近代"或"近世"（modern age），是指产业革命和文艺复兴为起点的历史阶段。这个历史时代的主体承担者是一般的老百姓，也就是市民和工农大众，当他们从中世纪的黑暗封建社会的镇压下解放出来，有权有自由可以创造自己的"国民财富",这才是"现代化"的含义。没有一般市民和工农的解放,没有他们创造"国民财富"的自由和权利,没有他们当家做主的社会的"工业化",就不可能实现科学意义的真正的"现代化"。

二 目前中国社会主义现代化的障碍是什么

中共十一届三中全会提出的"拨乱反正",推行"改革开放",就是中国社会主义现代化的再一次起步,如果能彻底按照小平所指出的道路和步伐走下去,那就不可能出现像目前所出现的受阻碍和受歪曲的局面,以及上叫"改革"、下行"对策"的现象。本来小平曾经把"改革开放"也叫做"革命",人民公社的解体,是安徽农民从下而上的"革命",所以成功了。农民有了生产手段,土地的经营权,农业生产力就获得了解放,农产品就获得年年丰收,为中国社会经济体制的改革打下了牢靠的基础。但现在实行社会主义市场经济体制阶段,政府要减轻农民不合理的近百种的负担,叫了十多年,就是从未能真正做到减轻农民负担。因为一到基层,政府的影响力弱了,而农民又无权无力维护自身的利益,"基层组织"控制了农村上层建筑的"权力",结果从上而下的依靠一纸决议和命令,这怎么可能实现改革开放的目的?因为在那里继续真正推行改革的主体力量薄弱。阻碍中国改革开放,贯彻现代化运动的主要阻力是那些当权的既得利益阶层,是维护这种既得利益阶层的"官僚领导体制",这就叫真心实意拥护改革开放的人为难了。如何对待?这就是"挑战"。

三 我们应该学习什么样的模式

1997年7月,由泰国爆发的东南亚金融危机震撼了全世界,不到半年左右的时间里,波及马来西亚、印尼、韩国、菲律宾、使这些国家的财富忽然间丧失了 1/3 或近乎一半，二十多年所积累的繁荣，也在不到几个月的时间里化为泡影。至今仍在挣扎，力争恢复到起步阶段。我们中国由于 1993 年和 1994 年的金融整顿，资本市场没有自由化，短期外债不多，幸免于难。但东南亚金融危机的影响，在 1998 年和 1999 年就在中国开始发生反应。我们虽然避免了现代金融资本的尖兵——对冲基金的投机洗劫，但却不可避免受到了中国过去十多年来所选择的所谓"外向型"经济的发展模式的影响，我们把国民经济的发展基地建立在"外向型"的以出口贸易为主导的经济结构上。同时又把发展国民经济的资金来源建立在依赖引进外资上，一旦东南亚金融危机爆发，他们进口锐减，中国的以外销为主体的产业就要受到打击，外销为主的商品就要积压，市场就必然要缩小，于是国内就出现了所谓的"买方市场"，而要千方百计地运用宏观调控，来扩大内需了。目前，我们大家都能看到也会感到我们正在困境中挣扎而大声疾呼"扩大内需"，除去政府利用银行放松信贷，发行财政债券向一些基础设施和房屋投资以维持经济增长率外，内需并未扩大，人民仍无购买力，经济结构和市场情况依然如旧，并未出现新的生机。

当前的困境告诉我们一个大国要使 12 亿人民走向富裕，单靠"外向型"以出口贸易为主导的经济模式是行不通的，所幸我们陷得不深，东南亚金融危机给我们始料不及的当头一棒。我们努力发展"国内市场"，必须进一步解放农民，发展农村市场，让农民有权有自由去发展农村市场，发展农业生产力，只有在这个基础上，才能真正扩大内需。要使中国的国民经济建立在本国的产业革命的基础上去扩大海外市场，否则，就要像一个跛子了。今天的滞销商品并不是广大农民所需要的，那些机电、冰箱、电视机等，是为了外销的，并不是为了广大农民的，所以，我们不能用"买方市场"这样发达资本主义国家的现象和概念来理解和说明中国当前的困境。那种单纯以贸易立国而遭失败的国家，历史上是屡见不鲜的。17世纪赫赫不可一世的荷兰的繁荣，在以产业革命为基础的英国经济进攻的面前，很快就烟消云散，这就是教训。

四 21世纪，我们的挑战到底是什么

21世纪已经到来，我们莫不感到面前有一种巨大的压力和挑战。但大多只看到从外部来的挑战，比如说，加入WTO之后所面临的严重挑战，或者是信息革命所带来的压力，如不急起追赶，我们国家又必将落后于时代，受制于发达资本主义大国。这些担心都是对的，如何办？

如何迎战这些压力和挑战，深化国内改革和国内开放，解放各方面的生力，壮大自己，这些至关重大的问题，人们却很少议论；也很少有人再像小平那样，认真面对现实存在的旧体制、旧习惯和旧势力，大胆提出"改革开放"的对策。

笔者看当前和21世纪中国人民所面临的挑战，首先是国内残存的旧体制和旧势力，在农村是乡村一级的因循守旧的部分势力。他们根本寄生于贫苦农民的劳动果实，压制了农民的权益，使农民在农产品出售后，不可能有货币的剩余积累，限制了农村市场的发展。如果不能大力改变这种局面，我们进一步的扩大再生产，形成现代的国民经济体系就根本不可能，每年的"经济增长"，势必还要仰仗于财政投资和引进外资，广大的国内市场难以形成，还要走出口贸易主导型的老路，这样一来，就难以经受国际经济的大风大浪了。

其次是城市里的因循守旧的官僚行政体制，少数干部对所从事业务根本知之甚少，甚至一无所知。这在过去的年代是可以

的、有效的，因为只要按上面的命令办就可以了。而今是现代化的市场经济，分工愈来愈细，隔行如隔山，如仍以旧有"领导体制"，何以能提高生产力，更不用说解放生产力，应付外来的商人掮客五花八门的伎俩了。这就必然要误国误民，所谓"落后必然要挨打"。老百姓也必然要遭殃。

笔者认为，21世纪的挑战首先在我们的脚下，而且十分紧迫，如拖延不改，不但难以应付和追赶外来的挑战和压力，就连我们自己也势必要引起人民的消沉，国家大事不去关心，各自只关心自己小家庭的"舒适"，人人"唯钱是图"，社会道德沦丧。

五　国企改革问题

建立社会主义市场经济是非常高明的、正确的历史选择，既然选择了社会主义市场经济，那么，就必须遵守历史的客观规律和市场经济的客观规律。过去国营企业或国有企业是计划经济或命令经济的运行单位，它可以按政府的行政命令行事，而根本不必考虑市场原则。而今在市场经济条件下，不问国有也好、国营也好，私有也好、私营也好，甚至外国商品也好，消费者只问商品是否价廉物美，因为市场上商店里的所有商品根本不分什么所有形态，而只看它的标价和质量。因为商品生产和市场经济必须根据"平等"的原则为前提，否则，"等价交换"的市场经济的价值法则就无法起作用，市场经济也不可能形成。如果市场经济没有"平等"，没有"自由竞争"，那么，这种市场经济只能是一种"招牌"而已。

国有企业改造从1984年开始摸索，到现在已经16年了。但还是改不动，当然不能说没有进步，但和16年的时间相比，可以说进步不大。我们都亲眼看到"国企改革"的花样和文件，可以编成厚厚的一本书，但"国企改造"的实质问题始终没有解决。这个"实质问题"就是没有按照市场经济规律来认真改革。企业是市场经济的细胞,是竞争的主体,它能否存在发展完全在于各个企业单位自己如何经营作战去争取生存发展。而如何争取企业经营作战的胜利,其主体力量完全在于该企业本身的全体员工,上至经营管理阶层,下至每个勤杂人员,人人有份,甚至可以说缺一不可,它是一个上下一心形成一个有机体的作战主体。

国企改革要提高效率,迎接国内外的市场竞争,当然要依靠每个企业本身的全体员工,特别是技术熟练员工,包括经营阶层,实行"合理化"的现代企业制度,以追赶时代。但是我们16年来的"国企改革"几乎颠倒过来,一切由政府主要领导制定文件,向所有国有企业发号施令,于是市长、省长等行政官员成了国有企业改革的领导主体,而他们也并不知道现代企业制度和现代企业经营是怎么一回事,结果是"国企改革"叫了多年,结果还是纸上谈兵。如再不明确由谁来改革,谁是改革的主体,什么是应该改革的对象,这个根本问题不清楚,我们的国企改革结果只是消耗了原来所积累的物质财富和人力资源。现在的所谓改革,事实上还只是一种"处理",如一部分"出售",一部分"合资",或者是"抓大放小",等等,这仍然不能触及企业经营改革的"改革"主体。所有国有企业应该由谁来经营、谁来管理,谁是国有企业经营的主力军,这个问题在社会主义国家本来很容易解决,何以竟然模糊不清,甚至不去改革国企经营的体制和阻碍因素,而去模仿资本主义国家的企业以"裁员、下岗"等手法来减轻"财政"的负担。因为"国企"本来根本没有形成现代企业经营的成本核算的制度,结果这种裁员下岗减轻财政负担,仍然不可能真正解决国有企业的经营体制实现社会主义现代化和合理化的根本问题。笔者觉得国有企业改革之所以十五六年还没有能真正到位，没有能走上现代企业制度轨道上来的原因，就是主要在于始终停止在听命于上面的领导来改革，而不是依赖各个国有企业从事经营的主力军，由各个企业从它自己本身所存在的问题，按照市场原则去逐步改革。一句话，就是"不要由市长来领导国企改革，而要由市场来领导国企改革"。十多年前，笔者在政协曾说过企业家有困难"不要去找市长，而要去找市场"去寻求解决。

六　全球化中的资本流动问题

经济全球化，世界经济一体化，是一个经济学界的时髦话题，但它是美国发出的信号，也是它的最高明的战略。人们往往有一个错觉以为只要主张、赞成改革开放，就要拥护"全球化"或参加世界经济一体化。但它的内容是什么，未必有真正的了解，很明显，这是美国以强大的军事、经济实力为基础，要求世界市场按照"美国模式"去改革。要求各个国家的"国民经济"融化于"美国国民经济"世界战略的大框架中，可以使美国的对冲基金、金融资本、跨国公司控制世界，当然也包括美国式"爵士音乐"的文化。在经济学方面可以用新古典派、新自由主义来麻醉人们。

当然，我们绝不可以因为美国有这种世界战略而畏缩不前，胆小如鼠，闭关自守，放弃改革开放，裹足不前。问题在于我们不要"人云亦云"，照抄照搬"美国货"为时髦，用来吓唬"土包子"，误国误民。

当前的世界经济由于发达的资本主义国家早就不再是产业革命时代资本主义，它们成熟了，过去习惯使用的垄断资本主义或者国家垄断资本主义等概念，也已经不能完整地说明它们的实情。所谓"全球化"或"全球资本主义"等也已成为人们的常识。世界经济的结构，在"后产业社会"时代的今天开始"两极分化"了，这个"两极分化"不是指"贫富"的两极分化，而是指以证券市场、外汇市场等虚拟资本的交易，大大膨胀了，另外，实体经济和虚拟经济的运行，各自行事，已互不相结合。目前，美国经济中出现的"股市"和实体经济的关系可以说并没有有机的因果联系。香港《大公报》1999年3月5日报道，江泽民谈道：去年（1998年）看报纸，看到证券"缩水"，替大家担心。他说，我是学工程技术的，现在要研究一下世界上的虚拟经济和实体经济的问题，搞市场经济，没有证券交易不行，但全世界如果大家只有证券交易而没有实物经济，我们吃什么呢？这是一个大的问题。美国的 GDP 近 8 万亿美元，而虚拟经济却达到 13 万亿美元，世界游资 7 万多亿美元，这是一个很大的问题。

人民币经常项目可以兑换、办工厂、买材料、发工资可以兑换，但是资本市场，要求美元随便可以兑换人民币，"No way!（不行）。"[①]

现在的世界市场已经不是以商品和劳务交易为主的时代，而是以虚拟资本如对冲基金等金融投机资本占了主要的地位，每天在国际金融市场上流动的外汇交易额就超过了 1 万亿美元，而实际商品劳务的交易远远不到它的一半，在投机资本主义的时代它们所要求的"全球化"，所剥削的已经不只是工人阶级了，而是一个国家，一个民族。1997 年 7 月从泰国爆发的东南亚金融危机，其主凶就是美国对冲基金的投机，一下子一赚就是几十亿、几百亿美元，使经济不发达国家几十年积累的财富，一夜间化为乌有，倒退了十年甚至更多。在进入 21 世纪的今天，我们千万

---

① 见 1999 年 3 月 11 日《参考消息》。

要认真考虑世界虚拟经济和投机金融资本的洪水泛滥。中国有句古话,"君子务本,本立而道生"。在世界经济"两极分化",虚拟经济、投机资本与实体经济和实物经济分化的"全球化"时代,我们必须牢记祖国的实情和祖国的利益,坚持科学的立场、观点和方法,苦其心志,劳其筋骨,去迎接挑战!

(原载《改革》2000 年第 1 期)

第二节　发展商品生产与国民经济现代化

一　中国发展商品生产的历史必然性

任何国家的社会经济发展,都必须遵守一定的自然发展规律,人们只有去认识它、运用它来缩短或减轻分娩和过度的痛苦,却无法主观地跳越它,更不可能用法令来取消它。无视这一条马克思主义历史发展规律,以为一张白纸就可以画最新最美的图画,那只能走一种空想和徒劳。

中国自鸦片战争以来一直是在帝国主义、封建主义和官僚买办资产阶级的压迫剥削下,长期地处于落后的小农经济生产,高额地租的剥削,农村手工业又年年遭受洋货的入侵,纺纱、织布、养蚕等家庭副业以及手工业也都相继濒于破产,高利贷猖獗,农民世世代代处在半饥饿状态,整个农村基本上停留在自然经济的极为悲惨的不发达的状态。

新中国成立以后,消灭了地主阶级,取消了封建剥削,土地归还农民,农民获得了解放,农村生产力很快得到提高,农民开始喜庆得以温饱,农村经济生机勃勃,互助组、合作社等组织相继形成。但是 20 世纪 50 年代后半期开始,不考虑农村生产力的实际水平,就急于在地少人多小农生产的自然经济的基础上,提出了走向"天堂"的"一大二公"的人民公社。主观主义的极

"左"思潮占了指导地位。每户农家都被迫组织在人民公社里,成了集体劳动者的一员,强调向共产主义过渡。每户农家和农民除去在公社领导下参加集体农业劳动外,不得经营任何副业,把农民束缚在"以粮为纲"的自然经济的生产基础上,除去仅有的一小块自留地外,任何副业、手工业都说成是"资本主义","不务正业"。要割"资本主义的尾巴",结果造成农民连肚子都难以填饱。传统的农村经济是农工相辅、工农结合的经济结构,现在被限制在集体劳动的队伍里,从事"以粮为纲"的单一生产,年终分配,所得有限,不少还劳动之后竟然反而对公社负债,农民的劳动积极性严重受到挫折。他们既不能离开农村,又失去了从事农业副业和手工业的权利,许多农家靠养鸡、喂兔,用鸡蛋买回酱油、盐巴,实际上是物物交换,农村商品生产根本无法得以发展。养兔一律要交给"外贸",而外贸想要就要,外贸市场一不顺,就"一脚踢开",农村物物交换的场所是定期和不定期的集市,农民要走十多里路甚至更远,到集市赶集,交换农产品。这种中世纪式的自然经济物物交换的结构,何以能扩大生产,提高农民的文化,走现代化富裕起来的道路。形式上是以社会主义"一大二公"为原则的人民公社,但事实上,大部分还是停留在原始的自然经济农耕基础上,严重束缚了广大农民的生产积极性,三十多年来的正反两方面的经验和教训,这种用法令和政策来推行,没有现代生产力的发展为基础的人民公社的做法,是不符合社会发展的客观规律的,把全国80%左右的农民束缚在自然经济农业生产的土地上,中国的现代化何日才能起步。

中共十一届三中全会以后,在理论上进行了深刻的拨乱反正,纠正了"穷过渡"的错误思想,强调从中国社会的实际出发,反省苏联模式,克服教条主义,重新回到历史唯物主义的科学立场上来，重新考虑自己的问题，确定社会主义经济仍然必须是商品经济，是"有指导的"商品经济，而不应是实物经济或"产品经济"。中国经济的社会主义现代化，就其主体而言，实质上是占人口80%的农村经济的现代化，实现农村从传统的、以手工工具为基础的自然经济，向以现代机器生产方式为基础的商品生产的转变。

自从取消"一大二公"的人民公社，采取联产承包责任制以来，农业生产取得了举世瞩目的成就，农业生产力获得了解放。与此同时，农村中的非农产业也随之而迅速发展。自1979年到1985年这六年里，农村非农产业内部，工业的绝对额增长了2.8倍，建筑业增长了6.4倍，商业服务业增长了8.4倍，交通运输业增长了3.6倍。在农村生产关系和上层建筑改革以后，中国农村正像万马奔腾一样，迸发出无限的活力，农村商品经济得到迅猛发展，传统的古老的自然经济生产方式开始解体，一个新的农工结合的乡镇工业体系正在开始形成，整个国民经济结构体制的改革，在这股庞大的经济活力的推动下，正在加速前进。全国的政治、经济、文化正处于一个史无前例的改革前进的高潮中。人们往往把目前中国社会经济体制所出现的伟大改革，说成是从僵化的模式向灵活的模式的转变，这种说法往往缺乏对过去我们所遵循的理论上政策上的反省，忽视了目前中国所进行的社会、政治、经济、文化的伟大改革，正如小平所说的那样是一场深刻的革命。这场革命我们要在马克思主义理论上突破僵化的教条和束缚，真正回到马克思的科学发展的方法论的立场，用自己的头脑来思考建设我们的国家。教条主义统治着世界马克思主义者的头脑已经几十年了，现在仍然有它的习惯势力，中国的改革在马克思主义的理论史上是一场重大的突破，摆脱了陈旧的枷锁，创造性地建设中国的社会主义。正像资本主义兴起时期的那样,各国有各自的道路,各国有各自的结构和类型。社会主义的兴起,当然不能例外,也可以说这是事物的必然。目前,世界上的社会主义各国正在不同程度地大力进行改革。摆脱教条,建设符合各自实情的社会主义体制。这在社会主义发展史上可以说进入了一个新的阶段,也可以说这是马克思主义的前进和发展,而不是"过时"或失灵。

我们国家没有经过产业革命,也没有经过市民革命的洗礼,新中国成立以后,如果我们国家要现代化,就必须有意识地进行产业革命,改变传统的意识形态。发展商品生产,正是促进产业革命改变意识形态的前提,这种变革绝不是什么"模式"的转变,而是一场新的时代的前进,一场走向现代化的第二代革命。这就是中国发展商品生产的历史必然性。商品生产的社会也必然要有交换的市场经济。

二 农村工业的发展与区域市场圈的形成

自从农村经济结构体制改革以来商品经济获得迅速发展,农村消费的结构也逐步由自给自足的自然经济转变为商品性的消费。据国家统计局农村调查队的调查,农业人均生活消费中商品性消费的比重,1978年为39.7%,经过这七年时间,上升到1985年的60.2%,自给性消费比重下降为39.8%,除食品外,农民的穿衣、日用品、建材等90%以上都是从市场购买,虽然各地的具体情况有所不同,但足以说明中国农村正在由自给自足的自然经济生活转向商品经济社会的一般情况[①]。

中国幅员辽阔,东部、中部和西部,自然条件不同,经济发展也差距很大,要全国广大农村的工业都能迅速发展,这需要一

[①] 《人民日报》1986年8月28日第一版。

定的时间，但就在短短的五年中间，我们发现沿海几省非农产业的商品生产蓬勃发展，出现了许多各有特色的组织结构，中国农村工业化迈出了新的一步。其中较有代表性的有所谓苏南乡镇集体工业和温州家庭工业的成长。前者被称为"苏南模式"，后者被称为"温州模式"。从这些新兴的商品经济生产中，我们可以探索中国经济现代化的道路和存在的问题。不过这里所说的"模式"只不过意味不同区域或地区的不同结构的特征，并非是一种典型示范的含义，因为它们都是各地特殊条件下的产物，它们只不过是说明目前中国农村经济商品生产发展中，出现了许多不同区域性的或地区性的市场圈，这在欧洲的早期工业化阶段，也曾同样出现过。当然，今天中国整个国民经济的结构和情况，不同于当时的欧洲国家。任何发展中国家在统一的市场形成过程中，区域市场圈或地区市场圈的形成有它的必然性，是发展过程中必然的自然形态。

所谓苏南区域市场圈指南京市以及长江以南的苏州、无锡、常州、镇江、南通六市，总面积有 3.81 万平方公里，1983 年人口约有 2664.82 万人。温州地区市场圈包括鹿城、龙湾两个区和永嘉、乐清、洞头、瓯海、瑞安、平阳、苍南、泰顺、文成 9 县，总面积 1.17 多万平方公里，人口 620.5 万人。苏南乡镇工业的兴起，据费孝通教授说，起初在江青反革命集团猖狂时期农业生产"以粮为纲"，城里乱斗，一批下放干部和城里（如上海、无锡、苏州、常州）不愿打派仗的工人，回到乡下老家，就干起工业，以谋饭吃，乡下有土地、劳力，缺的就是机器和资金，在上海等大的城市工厂停产，机器没用了，弄到乡下利用起来，这就是江苏社队工业的开端，当时是偷偷摸摸的，牌子不能挂，因为当时干工业，被认为"不务正业"。但有空子可钻，利用农业要机械化的口号，各县又都有农机站、修配厂，于是很多地方就从修配厂发家。在修配厂的牌子下，生产各种各样的产品。这些产品很有市场，因此社队工业就扎下了根。即使这样，当时仍是不公开的，是偷偷摸摸生出的"私生子"。这种在农民中自发产生的工业，看来也是历史上常见的，甚至可以说这是一种新兴力量发展的一个客观必然。因为劳动力闲着，这闲散的劳力要吃饭，农村有广阔的市场，上边打派仗，不愿生产。当时各地讲究分灶吃饭——各级政府、各个机关自己想办法搞生产弄钱，这些条件构成了发展乡村工业的可能性和必然性，农村公社干部中的有心人就抓住了这个势头，走出了一条苏南乡镇工业发展的"模式"。现在江苏省的工业产值里大约有 1/4 到 1/3 是从乡镇工业来的。1984 年，中央肯定了发展乡镇工业是我们建设工业的一个重要的组成部分，1985 年的情况，全国乡镇工业的产值总数已达 1500 亿元。

江苏的乡镇工业发展是惊人的，1984 年年底无锡的堰桥乡，工业产值一年里翻了一番，无锡县工农业产值一年 26 亿元，江苏超过 20 亿元的有五个县。比较落后的吴江县也有 16 亿元。许多衣服牌子是上海的，实际上是江苏各县里生产的，甚至导弹中的几个零件，也是在江苏乡镇工业里做出来的。在中国历史上，江南被称为"鱼米之乡"，现在乡镇工业发展了，江南又成了"丝绸之乡"，中国出口的真丝绸，1/3 是江苏吴江县生产的。1982 年吴江的兔毛产量占全省第一，过去兔毛靠出口，受外贸的控制，现在和日本合作，引进了一套兔毛纺织设备，设立一个兔毛衫厂。人们说苏南的吴江成了"兔毛之乡"。这种情况使人仿佛联想到澳大利亚的毛纺工业的兴起，还有更早的英国产业革命早期毛纺织业的兴起的劲头。

由于苏南乡镇工业的发展，农村人口的结构也开始发生了很大变化。例如 1984 年江苏徐州地区的农村里，工农人口比例中农业是70％，工业是30％；连云港比例就不同，是六四开，盐城是55％∶45％，扬州北部是五五开、扬州南部工多于农。到了苏南太湖流域，工业是70％，农业是30％，到苏州附近的沙洲、常熟、太仓工业占80％，农业为20％。1985年江苏的产值超过1000万元的村子已经几十个，这些地方农业收入仅占10％，苏南地区的商品生产的发展的惊人速度，使农民的收入多了，钱怎样花？消费怎样满足、资金怎样积累、怎样投资、怎样扩大再生产等新的问题都出现了，这就促进了中国城市大中型企业的改造，促进中国工业现代化的步伐。

温州地区市场圈的农村工业比之苏南地区，更接近中国广大农村的生产力水平，和苏南地区不同，苏南乡镇工业的生产资料大部分为集体所有，乡村以集体办企业为主体。而温州的农村工业则以家庭手工业为主体，生产资料也大部分属于一家或几家所有，农民文化水平不高，教育落后，交通不便，但手工业有传统的基础。在中共十一届三中全会以前，由于"左"的错误干扰和束缚，一直得不到发展，广大农村长期贫困，1980年全市农村居民人均年收入仅165.2元。1979年以后，农村家庭手工业自发成长，1985年全市农村工业产值18.5亿元，比1984年增长37％，占农村工农业总产值的73％。1985年全市家庭手工业工厂有10.7万个，联户工厂2.5万个。两者从业人员40万人，产值11.4亿元，比1984年增长42％，占农村工业总产值的61.5％。温州地区的家庭手工业依托于专业化的市场，形成了规模大小不等的专业市场，温州农村中共有417个商品市场，成交额在亿元的有十个。分布在沿海几个县的十大商品产销基地，其1985年成交额达11.5亿元，占全市商品市场成交额的62％。这些市场的联系纽带，全靠10万名农民购销员，他们为家乡农村的商品生产从事采购原料、推销产品、传输信息，是温州地区商品生产的神经中枢。温州农村商品经济的发展，和苏南不同，基本上属于商业活动的主导型，依靠商业带动的生产类型。温州农民家庭工业借助这些流通网络的集散市场，同全国各地保持联系，这个流通网刺激和推动着农村工业的生产，并起着调节和组织的作用。在温州农村工业经济的迅速发展中，显示了农村群众中具有自我解放的巨大力量。中国经济的现代化、工业化最根本的道路还是要依靠农村生产力的彻底解放和现代化[1]。

温州地区的商品经济得到迅速发展，但因家庭手工业规模小、基础弱，依附于流通过程中的 10 万名购销员，从长期看来，难以稳定发展。因为购销员本身是独立的经营者，纯属商业性的中介商人，他们控制生产活动。即使能靠有竞争力的商品发展起来的地方，也由于技术、设备原因，不能和赢利增长与市场扩大同步发展，它们处于被动地位。如平阳县北湛一度十分兴隆的兔毛市场，现已衰落，这和苏南比较，没有工业力的基础，很难维持长期发展。闻名遐迩的桥头镇的纽扣市场，但它只是全国的集散市场，当地纽扣生产的设备和技术始终停留很低水平，而且产量不大，同时在温州地区市场经济中，由于受商业支配，资金的积累机制没有基础，人们赚了钱就想消费性地花出去，如盖新房比富等。作为农村工业的扩大再生产，进一步现代化就很难前进。许多家庭手工业不能在银行开户，自己也不建账，采取所谓"挂户经营"，挂在徒有空架子的原来的社、队企业的名义下，为它们办理对外往来业务，代交营业税等，所有这些问题说明温州地区的商品生产还正处在家庭工业、手工业的初级阶段，亟须加强农村工业的生产基础，增强它们的积累机制，巩固家庭手工

---

[1] 中国社会科学院经济研究所温州调查组：《温州农村商品经济考察与中国农村现代化道路探索》，载《经济研究》1986 年第 6 期。

业生产的领导权，要使购销员的活动逐步从属于工业生产的主体，温州地区的商品经济才能得有长期的巩固和发展。

在浙江省像温州地区这样的市场圈的发展，还有大小规模不等的地区市场圈，1985年来浙江的乡镇工业的发展，一年翻了一番；安徽也是如此；沿海的辽宁、山东、江苏、浙江、福建、广东，加上天津、上海、广州等，形成了中国东部地区的一条"黄金海岸"。这些地区商品经济发展了，过去以农业为主的经济，现在开始以工业为主了。但是这一条"黄金海岸"如果没有中部地区和西北部地区的相应发展，保证原材料和能源的供应，东部地区的进一步发展也没有保障，如果加速了东西部地区的交流，形成有机组合，那么，中国的国民经济就将成为东方的巨狮。否则，就只有依靠外资和外商形成不正常的国民经济。

随着城市经济的改革，大中型的企业正在逐步搞活，在苏南地区将和乡镇工业产品在同一起跑线上竞争，苏南地区苏州的昆山、常熟、吴县、吴江等县，出现了质次价廉的乡镇工业的产品越来越没有市场。原来乡镇工业的三大优势、廉价劳力、优惠税率，农副产品的吸引力正在逐步消失，而它们的劣势，资金、技术、人才、管理等方面日益突出，它们开始同名牌城市的大企业挂钩结合，昆山有303家参加联合的企业，常熟市有197家，产值利润均有增加，它们还引进上海的技术、人才和资金。1985年江阴、沙洲、常熟3个县（市）的乡镇企业产值均达20亿元以上。它们有为大城市服务的配套协作的工业，但它们不但是农村商品经济发展的支柱，而且在国民经济中已越来越占有重要地位。在苏南地区工人上千名、产值上千万元的乡镇企业大批涌现，最大的企业年产值可达1亿元。有些县、市（如沙州县、无锡县）产业结构轻重工业并举，产品配套成龙，同时将工农结合在一起。目前苏南乡镇工业生产倾向于大量生产小零部件，例如苏州郊区金湖村，1200名工人，产品全是和城市工业联合的零星小产品，有几分钱的鞋带、鞋套，到几角钱的接头、拉丝，最大的才2.1元一只的电容器，它的产值1250万元，利润210万元。沙州西张乡橡胶厂生产的橡皮脚蹬，年产量占全国1/3，由于商品生产的规模扩大，市场竞争激烈，这些乡镇企业将重点由原来的"产供销"的次序，逐步变成了"销供产"。即首先视市场销售情况而生产了。它们当中有的打入到上海，以名牌身价，建立了自己的专业商场、特色商场等。例如上海"人立"服装商店和常熟"王市"镇工艺服装厂的联合，"王市"生产的滑雪衫占"人立"销售量的80%，吴江皮鞋二厂，在上海开达胜商场，1986年7月份刚开张，营业额就达40万元。这些情况说明苏南地区市场圈的乡镇工业已经开始突破区域性的疆界，呼唤国民经济的统一市场。中国国民经济正由于全国农村乡镇工业商品生产的发展和城市经济的改革，开始走向现代化的统一市场的新型结构。

三　中国计划经济改革与所谓"计划与市场"

近几年来，中国广大农村商品经济获得蓬勃发展，从中国经济发展阶段的历史要求来看，从以现代的商品生产来代替落后的自然经济的历史来看，总的说来，只是刚刚起步，还远远是处在不发达的低级阶段。百年沉睡的庞大生产力能否得到真正彻底的解放，东方的睡狮能否成为名副其实的醒狮，关键就要看中国目前广大农村经济现代化的进程是否能得到保障、得到顺利发展。我们相信在"开放"和"搞活"的方针指导下，前途是光芒万丈，不可限量的。

从上面我们所简单介绍的农乡商品经济发展的事例中，苏南地区也好，温州地区也好，它们都是在自发的挣扎中成长起来的，在江青反革命集团垮台以后，"左"的教条主义受到批判，加上中共十一届三中全会的正确路线，蕴藏在劳动人民中的生产力，有的在夹缝中，有的冲破了种种束缚，发展乡镇工业、家庭工业和商品市场。它们都在不同程度冒着风险的，因为就在不久以前，还把它看成是不务正业、邪门歪道，看做"资本主义的尾巴"，随时准备动手去割掉的。直到 1983 年才正式肯定了下来，决定它是发展的方向。由于多年来的传统的观念，教条主义公式主义的影响势力，还是有人忧心忡忡，唯恐社会主义走了样，怕鸟儿飞出了笼子，于是计划与市场关系的议论，一直持续到现在。

我们国家是社会主义国家，而中国的经济基础却是长期地建立在传统的小农经济生产基础上的自然经济。广大农村闭塞、文化落后、教育水平也低。经过三十年来中国社会主义经济建设的经验和教训，终于认识到我们不能违反历史发展的规律和过程，必须吸取人类历史发展的经验和教训，发展中国广大农村的商品经济，解放沉睡着的受束缚的生产力。中国发展农村工业进行经济体制的改革，发展商品经济，走社会主义现代化的道路，与封建社会、资本主义社会发展商品生产的社会历史意义和作用，在本质上有所不同。封建社会的商业是从流通过程中剥削农民和小手工业者，以满足封建君主和地主阶级的奢侈和统治。资本主义的商品生产的发展，是牺牲农民、工人、广大市民甚至包括资本家在内的利益而成长的。本来商品也好，市场也好，价值规律也好，这些经济范畴和概念都不外是一定历史条件下社会生产关系的抽象形态，它绝不是任何时代任何国家都属于同一本质，都表现为同样的运动形态，起同样的社会历史作用，离开了一个国家具体的社会经济历史的现状分析，去讨论抽象的经济概念、规律和对策，肯定于事无补，要走弯路。

现在我们国家明确了中国社会主义经济是商品经济，为了区别于资本主义社会无政府状态的商品经济，中国理论界提出了"有计划的商品经济"的概念。事实上单单加上"有计划"并不足以说明中国商品经济的社会主义性质。因为发达的资本主义国家，像德国、日本等，由于科学技术的高度发展，在国家垄断资本的统治管理下，也都制定"有计划"。它们的商品经济已不是往日的无政府状态的自由市场经济，它们利用高度信息传递和统计技术的手段，对经济活动能够做出很快的计划预测和反应。但它仍然是资本主义商品经济，因为它所代表的生产关系和它的活动的最终目的，和社会主义国家不一样，不是为了提高广大人民的物质文明和精神文明的生活需要，而是为了剩余价值和超额剩余价值。计划只不过是一种方法和手段，它本身并不具有内在的任何社会属性。最近，美国的经济学家索罗教授也极力提案要设立"投资资金计划分配"的"投资审议会"，但他并不是主张要美国走向社会主义。

中国发展商品生产的历史任务、目的和方法，显然和资本主义国家不一样，在资本主义国家工业化的历史上，例如早期的英国、19世纪的美国和日本，它们的产业资本的原始积累是建立在农民和手工业者的破产的基础上的，让他们沦落为无产者流入城市，廉价出卖。以后更进一步牺牲、剥削殖民地，让他们提供廉价劳动力、原料和市场，中国社会主义商品生产的发展，现在分散全国各地区的广大农村集镇，在农村商品经济发展、繁荣的基础上，加强自身的积累机制，提高技术，扩大再生产和城市结合，走出一条现代化的经济体制。大多数农民可以不必离开家乡去大城市出卖劳动力，而是可以在乡镇工厂里做工，白天上班，晚上回家。自行车是主要交通工具。中国的广大的乡镇工业发展起来同大中城市联系结合，形成一个系统的国民经济统一市场的网、共同繁荣、共同富裕,这种经济结构的商品经济。其目的是为了人民物质文明和精神文明的不断提高,而不是为了剩余价值和超额剩余价值。我们提高效率获取利润、积累资金、扩大生产,但 C、V、M 中的 M,它的性质是商品生产中的"剩余",它的分配原则要遵守社会主义分配原则,因为我们的国家有社会主义宪法,中国的商品经济是国内社会生产关系的具体活动,必须从属于社会主义的基本经济规律,它的性质自然是中国型的社会主义商品经济,加不加"有计划"是无关紧要的。

本来商品经济本身并不具有固有的社会属性,它的性质决定于它所依附的生产方式。封建社会的商品经济、资本主义的商品经济、社会主义的商品经济,它们的性质完全是不同的。这是马克思主义经济学的常识。马克思对于各种类型的社会主义不可能作出任何设想,因为历史的条件所不可能。而马克思主义的灵魂在于具体问题具体分析,反对任何教条主义,要求运用历史唯物主义的科学方法,用自己的头脑和劳动来解决本国、本时代的问题。我们国家经过三十多年的摸索终于肯定了中国社会主义经济是商品经济,也当然就是中国式的市场经济,而不是其他。所以,笔者认为加"有计划"的字样,反倒是"画蛇添足",同时也并不说明事物的本质。

既然中国经济是商品生产的经济,那么,商品生产必然要有它的内在组成部分的市场机构,只要有商品生产的地方,它就必须要有市场,没有市场就不可能有商品生产。市场是商品价值、交换价值和使用价值的实现过程,只有顺利经过这个过程,商品生产才能做到再生产和扩大再生产,也就是说,国民经济才能够走向稳步繁荣。为了搞活国民经济的繁荣,要发展商品经济,必须同步地发展市场机制。市场和市场机制并不和计划相抵触,更不是对立的范畴。愈能发挥市场机制的正常作用,国民经济愈能繁荣，这里并不存在"计划为主"乎、"市场为主"乎的问题，更不能理解要用"计划"由政府去控制市场机制的作用问题。如果市场上出了问题我们可以用经济手段、法律手段、行政手段等去加强宏观的和微观的管理引导，而这些并不属于"计划为主"的范围，而是维护国民经济再生产良性循环的运行问题。

在当前全国农村各地刚开始商品生产的发展，区域性的市场圈也才初步形成的时候，我们再不能从概念和教条出发，立即又强调"计划为主"的行政控制了。在农村工业的发展中只能因势利导，而无法使它们按"计划为主"来生产。相反，国家必须尽量努力，认真承担起扶植、指导和帮助的责任，而切记发动没有微观基础的什么宏观调控。中国农村交通不便、信息不灵，各地区的农村工业生产，市场机制的调节，远远不能完全发挥作用，不可能会出现像 A. 斯密所说的那种"预定调和"。这就需要政府和有关部门加强为农村工业生产的服务，而不是官僚主义的行政管理和控制。现在有些地区的一些商品出现了销售难的现象，从中国目前农村的需求看，还不致供过于求，主要原因是生产部门没有市场信息，闭门造车违反了商品生产和市场机制的规律，这是由于市场机制还未发挥其作用的结果。同时，许多与商品生产有关的社会基础设施还远远落后的原因所造成的。

目前，农村乡镇以及城市，正在国家推动商品生产发展的高潮中，许多反现代化的封建性的商业活动，沉渣泛起，四处猖狂。剥削劳动人民的血汗，打击了现代工业和家庭手工业的发展。农村中的就地倒手，出卖空名义，城市中的许多皮包公司、特权公司、大批劳动力走向倒手买卖的所谓"第三产业"，它们所获取的利润并非真正的生产利润，而是从国民经济年年的生产的总剩余（总利润）中，瓜分一部分与生产过程无关的"过手利得"和"非法利得"。这种活动是反现代化的"商人行为"，反而妨碍了真正的工业生产和正常的商品流通，搞乱了市场，抬高了物价，其危害国民经济和市民生活是极为严重，必须取缔打击。任何时代的商品生产社会里，总不免会出现有这种现象，需要我们从各方面加以注意，同时也必须在理论上的进行宣传，以唤起民众。

在中国发展商品经济，在理论上、历史上都是一种创新和突破，我们已经迈出了第一步，取得了重大的成绩。我们坚信中国特色社会主义事业将为人类历史作出贡献，增加一份新的人类财富。

（作于 1986 年 9 月 1 日，其中主要部分内容发表在
《经济与社会发展》1991 年第 3 期）

第三节　流通体制改革要从现实出发

自改革开放以来，我们多次遇到"卖粮难"、"果子烂在地里"的怪现象，年年农药、化肥的供应，市场消费品乃至生产物资的供应，假冒伪劣，横行不绝。所有这些危害人民、破坏市场经济发展的问题，都提醒我们，在中国国民经济中，流通体制的改革，流通产业的建立，已经是刻不容缓。

人本是社会动物，为生存，人类的社会生产必须有各种分工。没有生产就不可能有消费，人类必须先有生产而后才有消费。一个国家每年消费的多少，决定于每年从事有用的生产劳动的人数、科技能力、劳动熟练程度，以及从事生产劳动的人们的诚实和勤奋状况。也就是说决定于所生产出来的国民财富的多少，决定于生产出来的生活必需品和享用品的数量与质量。一国的国民经济是一个有机的整体，从生产开始经过交换、分配而后达到消费，形成一个有机的循环运动。流通过程是生产和消费之间的纽带和桥梁，它可以使生产与消费之间的空间上的距离，时间上的差距，以及所有权关系上的、价值上的、效用上的，乃至认识上的等差距，获得解决，从而获得发展和前进。

中国是一个幅员辽阔、人口众多、人均土地有限，而交通、产业、信息、科技教育水平都还很不发达的大国，如果不认真考虑全国城乡之间、区域之间、工农产业之间的流通过程和秩序，势必影响中国社会主义市场经济的顺利发展。只有积极着手对现存不合理的流通体制中的障碍进行改革，中国国民经济中的城乡之间、工农产业之间的流通，才能得以改善。农产品的出路打开了，农民收入增加了，城市工业品的销路也就自然扩大了，中国国内统一的市场体系才能得以形成，中国广大的市场潜力，也才能从可能性转变为现实性。历史早已证明，如果一国的工农产业不发达，国内的统一市场没有形成，而一味片面追求"外向型"发展，依赖国外市场，一国的国民经济不可能获得健康发展，有时甚至连生存也很危险。当我们考虑中国流通体制改革的时候，我们必须从中国的国情出发，必须从广大的劳动人民的立场和利益出发，贪大求洋，必然招致"庸人自扰"的恶果。

这里，主要是介绍日本市场经济与流通产业的发展、经验和教训。日本虽然是一个发达的经济大国，但它的流通体制，却保留着传统的本国特色。在日本，我们可以看到许许多多的夫妻店、零售小商店，到处皆是，非常方便，给人以亲切之感。这在欧美是很少见的，例如，1988年，美国人口中每千人的零售商店数为6.1%，英国为6.1%，联邦德国为6.6%，而日本则为13.2%是欧美的2倍。日本的零售商多，批发商也多，流通环节当然也就多。1994年全日本的批发企业有42万多家。特别是在食品类方面，如鱼、肉、蔬菜、水果、面包等，居民依靠附近的零售商的程度最大，超过美国10倍。但从社会的流通费用和流通效率来看，并不像人们所说的那样，流通环节多，费用就高，效率就低。事实相反，从日本消费者来说，却是很合理的，也很有效率。因为日本劳动人民住房小，不可能有很大的库存量；美国家庭购物多数开车去，而日本劳动人民多数没有汽车，道路也不好，多数是徒步去购买，如果社会上零售商店少，就非常不便，负担费用也必然就高。如果大大小小的批发商及时而有效地运送各种生活必需品，并不断改善物流体系和配送制度，那么就既便民又有效。从生产者和贩卖者来说，可以和零售商店保持长期的稳定的交易伙伴关系，就可以不断改善产品，保证供应，杜绝一切假冒伪劣的破坏市场的行为。对整个国民经济来说，可以增加劳动人民的就业机会，减轻产业资本在销售方面的成本负担。动员社会上大量的商业资本，节约社会资本，提高资本收益率。所以，这种看上去并不洋气的流通体系，实际上是符合发展中国家的国情的，是十分合理而有效的，对广大的劳动人民是有利的。

笔者觉得在中国城镇商品流通体制中，不能把重点放在发展为少数富有者方便的"大商业中心"、"大商城"、"大超市"之类的"高级购物中心"上，因为那不符合社会主义市场经济的要求，也不体现国民经济的现代化，只不过是模仿西方发达国家大商场的奢侈豪华的贵族气氛，这与中国社会主义市场经济所应追求的目标，可以说是格格不入的。至于大搞什么"一条街"、"集贸市场"使商品交易过分集中的做法，事实已经证明，对人民并不方便，仍免不了过去旧体制的痕迹。流通过程是为人民生活消费和生产消费服务的，应该把流通过程的纷繁复杂的任务交给人民，交给市场，让劳动人民负责承担自己的生活，应避免过去官办、官营的非市场经济的旧习。

（作于 1996 年 10 月）

第十章　翻译与中国现代化

第一节　经典经济学的基础理论与中国现代化

笔者是研究经济学基础理论的，目的在于寻求一国如何走向"现代化"的人类历史经验。笔者认为，如果一个国家的领导人不了解人类如何走向"现代化"的具体的历史发展过程，不了解不同国家不同时代如何走向"现代化"的经济史和经济理论的经典著作，也就很难胸有成竹、有条不紊地制定健康的发展战略。经济发展不同于经济增长，经济发展必须考虑到本国的历史的社会文化的发展而稳步迈进。然而"自然是不能飞跃的"，一国的社会历史发展阶段也是不可能"飞跃"的。一声号令就可以进入"社会主义"的沉痛教训，我想人们必定记忆犹新。

我们日常所用的"现代化"用语，当然是源于"modernization"的翻译，但是人们的理解并不一致。本来"现代化"（modernization）是历史的发展概念，是指从中世纪走向近世纪的近代化（modernization），也就是从封建的黑暗中世纪社会走向近代的市民社会的历史发展。在这里，统治人们的"神权"

和"君权"被推翻,而"市民阶级"作为新兴势力,形成了"人民政权"。所以,从历史发展阶段来理解"现代化"的概念,应译为"近代化"更为合适。"近代化"概念最基本的特征是:近代的产业资本从中世纪的封建的商业资本的控制下摆脱出来,使商业资本纳入于产业资本的循环运动中为生产资本的发展服务,而不再是从流通过程中吸取其利润,它只能从平均利润中获得它应得的份额。这样就能促进生产,壮大社会的财富。这一经济发展过程人们称为"产业革命",也就是近代资本主义的兴起,市民阶级的抬头。

社会上往往将"现代化"的概念单纯地理解为"工业化",这样就忽略了它的最重要的特征,即一定社会历史的文化的性格和阶级内容。因为在封建统治社会里,也提倡"工业化",也能实现"工业化",这种"工业化"的力量反而会增强封建阶级的统治势力,巩固它们的地位,镇压下层庶民和工人、农民,这种"工业化"当然不是历史的科学意义的"近代化"。所以把"现代化"单纯理解为"工业化"是不全面的,也是不科学的。更何况这类所谓"工业化",却带来了生态的灾难,江河的污染,都市不见天,地上垃圾堆,生民涂炭,文化大倒退,这怎么不是"近代化"而是大后退呢?!

笔者毕生所追求的"经济学的基本理论与中国的现代化"的课题,是从中国的实情出发,寻求从半封建半殖民地的灾难深重的状态中解放出来,走上文明富强的现代化国家。经过漫长岁月的探索,笔者认为,"一张白纸可以画最新最美的图画"这种比喻是不适用于一个国家的历史的发展规律的,在现实中也是不可能的。我们只有立足于本国的现实的历史发展阶段,根据本国的实际国情,去吸取人类历史的精神财富。人类历史上走上"近代化"的最典型的先进国家,也即最早从封建统治势力中挣脱出来，走向自由的生产者阶级、工厂手工业者、工人和农民，推动"产业革命"的是英国。针对这个时代历史课题的经济学著作是"政治经济学的创始人"亚当·斯密的《国富论》（1776年）。《国富论》是反封建的，是发展新兴阶级生产力的"近代化"的理论武器。美国的加尔布雷思教授曾经赞扬《国富论》、《圣经》和《资本论》是人类的三大财宝。事实也是如此。《国富论》至今仍然是发展中国家寻求"现代化"的理论宝库。

但是19世纪中叶的德国和18世纪的英国一样，也面临发展本国产业资本走向"近代化"的历史课题。当时，在强大的英国产业资本势力的进攻下，加上本身追随英国产业的德国北方的自由贸易商业资本的泛滥，要发展德国的产业资本推翻本国的封建势力，为德国的近代化而奋斗的德国的经济学家，就不能只依靠于引进英国的经济学来帮助德国的"近代化"，解决德国产业资本发展的问题。针对祖国的现状和国情，为了祖国的利益和发展，伟大的爱国主义经济学家弗·李斯特（1789—1846）花了毕生的精力，写了《经济学的国民体系》，建立了从本国立场出发的"国民经济学"，特别强调发展本国创造财富的生产力。他认为，创造财富的生产力比财富本身还更为重要。他的著作成为影响当时处于发展中国家如美国和日本走向近代化的重要著作。李斯特也曾参加了当时美国发展国民经济和走向现代化的运动，写了《美国经济学大纲》。

处于发展中地位的落后国家，在要求走向"近代化"（现代化）的时候，必须冷静地认真学习那些经过人类历史实践检验并受人们公认的经济学的经典著作。在浩如烟海的经济学著作中，有各种各样的流派，笔者认为，亚当·斯密的《国富论》和弗·李斯特的《经济学的国民体系》是代表不同时代不同国家从封建社会向近代社会过渡的基本经济理论的武器。它们都是解放生产力、发展生产力的经济学，也是"过渡时期"的理论武器。

然而，在世界资本主义已经进入成熟，社会矛盾尖锐，新兴阶级的劳工大众的生产力受压的时代，我们就不能只满足于追求"产业革命"的"近代化"的理论指南，马克思的《资本论》作为解放工农大众的生产力的理论武器，也就必然要成为我们追求"现代化"的指南。由于中国处于生产力落后，产业资本还很不发达的初级阶段，我们既要学习亚当·斯密为英国和李斯特为德国的产业资本的发展所提出的基本理论，以追赶世界发达国家，但同时又必须避免走资本主义老路所招致的人们的苦难，所以，我们又必须以马克思的经典著作为基础，将斯密、李斯特和马克思这3位伟大的经济学家的基本理论，作为建立中国国民经济发展所应参照的理论依据。日本明治维新以来，一直以亚当·斯密和李斯特的基础理论为建立国民经济的指南，发展生产力，追赶西方发达国家。但由于19世纪的历史条件，日本不可能受到马克思《资本论》的教导，虽然它也曾学习德国采取了许多社会政策，缓和国内矛盾，但却把矛头引向海外，走上了侵略邻国的帝国主义道路，最终也仍然要受到历史规律的惩罚。所以，一个国家在走向"近现代化"的道路上，在经济学的基本理论方面，作为人类智慧结晶的亚当·斯密的《国富论》和弗·李斯特的《经济学的国民体系》以及马克思的《资本论》这3大经典，可以说是天赐的理论法宝。因为这3大经典都是不同历史社会发展阶段的理论结晶，而且经历了人类历史的实践检验。

人们可能还记得，英国产业革命前夜，为了英国的"近代化"向当时的封建贵族、地主阶级、行会等封建统治势力发动进攻的新兴势力，是英国当时的"中产阶层和下层人民"，也就是第三阶级和第四阶级的联合，经过艰苦斗争，才获得胜利。直到 1832 年英国选举法修改前为止，这两个新兴势力都是联合一致，向封建势力作斗争的，但选举以后，只对第三阶级有利，迫使第四阶级离开。即使到了 1846 年为撤销谷物条例而斗争时，工人阶级还是和第三阶级站在一起，进行联合斗争而获得胜利。在李嘉图的《政治经济学和赋税原理》中，直到增补"机械论"一篇以前，资本家的利润和工人的工资这两者还一直和地主阶级的地租相对立，以后才逐渐出现资本和劳动的对立。

在中国的抗日战争年代和解放战争时期，中国新兴的中产阶级、民族资本家也一直和中国的工农大众一起，争取了抗日战争的胜利，也推翻了三座大山，获得全国解放革命战争的胜利。回顾中外为争取"近代化"斗争的历史，笔者深信在中国走向"近现代化"的道路上，在建设祖国"国民经济"近现代化的道路上，认真学习亚当·斯密、弗·李斯特、卡尔·马克思的经济理论，加以消化，人们就会发现马克思的经济学与亚当·斯密和弗·李斯特的经济理论并非如想象的那样只有根本对立而无相辅相成的一面。

笔者曾在《经典经济学与现代经济学》的写作中，避免用"古典经济学"的用语出于以下考虑。虽然"古典"和"经典"都是英文"classics"的汉译，其意义是相同的。但"古典派经济学"的概念并不一致，通常除指亚当·斯密和李嘉图以外，在英国往往还将马尔萨斯、J. 穆勒、麦克库洛赫、J. S. 穆勒等也归入"古典派经济学"，凯恩斯甚至将 A. 马歇尔、艾奇威斯和庇古等也算作"古典"经济学派，而现代的西方新古典派的学者们，往往习惯直接简称他们为"古典派"。所以使用"古典经济学"的时候，往往会引起混乱。这里所使用的"经典经济学"是指成为人类财富的经济学的"古典"或"经典"的著作，而不是指"古典派经济学"的"古典"的汉译用语。弗·李斯特的《经济学的国民体系》是德国经济学中的最伟大的"古典"著作,马克思的《资本论》更是人类的财宝,经典中的经典。正是为避免与"古典派"用语的混淆,才使用了"经典经济学"。

至于不使用一般流行的"现代西方经济学"而直接用"现代经济学"理由也很简单。过去在中国之所以加上"西方"字样,是为了标明其资产阶级的特征以区别于马克思经济学。但现在中国已经实行社会主义市场经济体制,人们正努力地学习"现代西方经济学",已经不再认为它只是"西方"的而"东方"社会主义市场经济就不能用了,相反,学习"现代经济学"还是十分重要的学习经济知识和市场经济理论的手段。中国的报刊、政府文件,到处都在使用"现代经济学"的概念和范畴,根本已不再表现为"西方资产阶级"的特征。如仍坚持旧有用语,反而会使人们产生不必要的混乱和画蛇添足之感。

然而,在肯定现代经济学对中国社会主义市场经济有它存在的必然性和必要性的同时,也要注意到我们仍处于发展中国家的地位,特别是中国的市场经济还应认真考虑到中国的发展阶段和社会主义的特色,不可忘记经典经济学对中国走上近现代化所具有的重大现实意义。同时对现代新古典派经济学理论和新自由主义的经济思想是美国金融资本世界经济霸权主义的糖衣炮弹,不能不予以警戒和批判,过去,我们犯过生搬"马列主义"的教条主义;今天,我们应特别警惕避免犯现代经济学的教条主义。不加分析,不下苦功,不考虑本国实情,照抄照搬,必将危害国家的命运。

(原载《北京工业大学学报》2001年第1卷第2期)

第二节 《资本论》日本新译本的特色

日本马克思主义经济学家为了纪念马克思逝世一百周年，一九八二年岁末由新日本出版社发行《资本论》第一卷的新译本。在新日译本的说明中指出：《资本论》第一卷问世——五年的历史说明，它为工人阶级和劳动人民提供了强大无比的思想武器。现在西方资本主义正处在历史的危机深化过程之中，《资本论》对分析现代资本主义各种问题的本质以及其解决问题的基本正确方向，是最好的科学的经典文献。同时对建设年轻的社会主义经济、文化等各方面，也将会提供极为宝贵的重要的启示。

一九八二年《资本论》的新日译本，是几十名经济学家组成了翻译委员会，同时还邀请了哲学、历史学、技术史、法学、文学、自然科学、神学、古典语言学等方面的专家参加，参考了各国的《资本论》译本。这次新译本是根据狄茨版，注解较多，同时吸收了日本《资本论》研究的成果，增加了很多新的注解。例如在德文版以及各国译本中，一直是用"第一版序言"，这里的"第一版"当然是编者加的，马克思本人是不会使用"第一版"字样的，在这次新译本中改成了"序言"。又如"序言"中的"正像18世纪美国独立战争给欧洲中产阶级敲起了警钟一样，19世纪美国南北战争又给欧洲工人阶级敲起了警钟"。这里"警钟"的原文是"Sturmglocke"，意思是"狂飙将至"这次新译本中改译为"敲起了准备出发的警钟"。

在"序言"（即第一版）里，"我要在本书研究的是资本主义的生产方式以及和它相适应的生产（诸）关系和交易（诸）关系"，这里都按照原文的复数形写明了"诸关系"。一字之差，理解就大不一样。还有"序言"中有"除了现代的灾难而外，压迫着我们的还有许多遗留下来的灾难,这些灾难的产生,是由于古老的陈旧的生产方式以及伴随着它们的过时的社会关系和政治关系还在苟延残喘,不仅活人使我们受苦,而且死人也使我们受苦。死人抓住活人"。"死人抓住活人"这句话在狄茨版以及其他各国译本都没有加以注解和说明。但这次的新日译本中却注明了这句话的来历,说明是借用法国皮艾尔·德罗姆著的《法国法律谚语集》(一六一四年)中的一句话,意思是指死者可以不需要任何法律手续,使其继承人占有其遗产的法律格言。马克思是按照这句格言的本来意思使用的。

在第一章"商品"的标题部分,过去一般被译为"价值量"的,新日译本中改译为"价值的大小"用以区别于质、量关系的这种范畴。第一章第四节"商品的拜物教性质及其秘密""拜物教"在日本几种译本中,早就几乎全改译为"物神性"或"物神的性格",这样与原文《Fetischeharakter》以及与原意才相一致。在第二章的开头部分,"如果商品不听话,人们可以使用暴力"。在新日译本中注明这是出自歌德的著名史诗《魔王》中第廿六行的讽刺诗。这样对初学《资本论》的人,引导他们正确理解是非常有益的。这次新的《资本论》的日译本,译文明快、正确,同时尽可能做到了详细的注解和说明。在全世界进步的人类正在积极、认真、严肃地纪念马克思逝世一百周年的今天,看到日本《资本论》的新译本的问世,很受启发,很值得学习。

(作于 1983 年 3 月 14 日)

第三节 《现代日本社会科学名著译丛》总序

为了实现祖国的现代化,"科教兴国"已成为举国上下为之奋斗的目标。近百年来，中国人民为了实现这个目标，不知历经了多少艰苦卓绝的奋斗和牺牲，付出了多少代价。回顾人类近代化的历史，所有发达国家在走上近现代化的过程中，无不以"科教兴国"为其先行条件。英国是近代最早走上产业革命道路、实现市民革命的国家，在受压迫的英国中下层人民争取民主自由、推翻封建统治的时代，也是依靠划时代的科学革命，这种科学革命既包括自然科学，也包括社会科学。现在我们仍然可以在苏格兰的格拉斯哥大学的校园里看到英国启蒙运动时代的伟大科学家的足迹。在格拉斯哥大学的校园里，一边是一幢古老的以蒸汽机的发明家詹姆斯·瓦特的名字命名的大楼；另一边是一幢以近代伟大的社会科学家、政治经济学的创始人亚当·斯密命名的大楼，这正象征着一个国家要成功地走上近现代化的道路，实现国家的文明、民主和富强，必须以科学的发展为前提条件。自然科学和社会科学如人之双臂、鸟之双翼，缺一不可。这也是为历史发展所反复证明了的客观规律。

美国、德国和日本，在19世纪落后于英国，在它们追赶英国，为跻身于世界大国之林、免遭淘汰而斗争时，也是首先认真地向先进的英国学习，引进英国的自然科学和社会科学，以缩短其落后差距的。历史证明，没有一个发展中国家不是在引进发达国家的科学技术和社会科学的基础上去追赶发达国家的。然而在中国，往往侧重于引进属于自然科学的科学技术、机械设备，以谋求工业化，以为这样就可以实现现代化，轻视甚至忽视培养建立现代社会科学队伍。特别是在苏联模式的时代，教条主义和主观主义盛行，人文社会科学几乎完全失去了存在的位置，从而招致了灾难性的后果。

"社会科学"的名称是在19世纪以后才获得公认的地位的。在19世纪以前英国的大学讲坛上，一般都使用"道德哲学"这一名称。但随着资本主义的发展，市民社会的抬头，"道德哲学"已不能涵盖资本主义各方面的发展，"社会科学"就自然而然地成为通用的科学名称。社会科学在17—18世纪初得到了大发展。例如：霍布斯的《利维坦》问世于1651年；约翰·洛克的《政府论》，1690年；孟德斯鸠的《法的精神》，1748年；卢梭的《人类不平等起源论》，1755年；《社会契约论》，1762年。在经济学方面，魁奈的《经济表》，1758年；亚当·斯密的《国富论》，1776年；马尔萨斯的《人口论》，1798年；休谟的《大不列颠的历史》，1754—1757年；李嘉图的《政治经济学及赋税原理》，1817年；等等。所有这些都说明"社会科学"是促进市民社会发展的新兴科学。随着资本主义的发展，社会问题和劳资纠纷也日益显著，从而也就出现了表达不同阶级、不同利益集团的声音的著作，所以社会科学是历史的、社会的科学，因而必然也是具有阶级性的科学。

上面我们所列举的17—18世纪的几部经典名著，是受尽中世纪黑暗时代的皇权、神权和城市封建社会的压迫和剥削而奋起求解放的中下层人民进行斗争的理论武器，它们都是寻求"人的解放"的科学指南。任何时代的进步的、革命的社会科学，都不会因为时代的变迁而丧失其作为经典的价值。社会科学的进步也仍然需要对前人的研究成果进行扬弃和创新。

所有后进的包括19世纪的发展中国家，在它们向先进国家奋起直追的时代，无不大力引进、消化和应用英、法等先进国家的社会科学。最近，著名经济学家萨缪尔森教授对一位日本年轻的经济学家说，"日本人勤奋，教育水平高，吸取别国长处的能力很强，只要回顾一下明治维新以来就可以看到，日本在各个方面都很好地从国外学到了很多东西，这很像19世纪的美国"。(见1999年11月23日《经济学人》)事实上明治维新以来，明治政府的宣言中的"五条誓文"中就有一条"广求知识于世界，大振国基"。100多年来，日本被公认为世界"翻译大国"。直到今天，只要世界上有什么新的著作问世，不问其流派，不出一两个月日译本就出版了。特别是古典著作的翻译更是精益求精。例如，《资本论》的译本由权威专家翻译的先后就有五六种之多，其中的译者注释远远超过任何国家的译本。《国富论》的译本也是如此。古典文学、哲学等译本也是不断推陈出新，并以"文库版"的形式廉价出售，十分普及。经过100多年的努力，现代日本的社会科学已经屹立于世界之林。虽然日本的经济学家尚无人获诺贝尔奖，且是一个不足，但要知道日本原本是发展中国家，它要追赶发达国家，不得不全力以赴地吸取别人之长，使之本土化，以增强综合国力，当然就不可能像美国那样，有条件执国际经济理论研究之牛耳。

目前，中国正处于社会主义市场经济发展时期，人们无不痛感现代社会科学知识之不足，而来自21世纪的各方面的挑战，又亟须符合中国实际情况的社会科学知识。日本原为东方发展中国家，与中国有着更多的类似之处，经过100多年的努力，它的现代社会科学对中国有许多实际的参考价值。多年来，我们偏重于欧美，而疏于近邻。为了广求知识于世界，对近邻日本，我们更需要深入了解。

我们组织编译这套《现代日本社会科学名著译丛》，正是力求弥补这方面的不足。本译丛所选的名著并非一般意义上的经典著作，而是现代日本学者所撰写、得到社会公认并对中国现实有参考价值的科学著作。本译丛获得王洛林教授、堤清二博士和生野重夫教授的亲切指导和大力推动，中国人民大学出版社社长王霁博士给予了热情支持。由于现代日本社会科学的范围很广，我们的知识见闻实在有限，衷心希望国内外的朋友给予帮助和指正，共同为祖国的现代化而努力，为整个人类作贡献，则幸甚矣。特此为序。

第四节 《股份公司发展史论》译序

随着中国加入 WTO，国际资本和外国企业必将涌入中国市场。如何迎接这场挑战，成为中国各条战线的当务之急。企业制度的改革成为增强中国市场经济竞争力的首要条件，而股份公司的形态正是现代企业制度的基本的"法律形态"。为了向中国学者和政府决策部门提供有关股份公司制企业形态的历史发展以及近代民主型股份公司形态的形成的研究，我们组织翻译了这本已成为"古典"著作的《股份公司发展史论》。本书看似只是对"股份公司"这一专题的发展史的研究，实际上是在研究叙述17世纪以来"资本集中形态"形成、发展和演变的过程，在此基础上阐明了近代资本主义为何从中世纪经过漫长岁月而逐步走向近代化的历史过程。大塚先生是日本西方经济史学界的一代宗师，他的所有著作虽然主要以西洋经济发展史的研究为核心，但他的目的始终是为了他的祖国日本的近、现代化寻求历史的借鉴。从他的著作中我们可以体会到历史、理论和实践的统一。

19世纪以来，历史学研究往往将所谓客观的实证主义作为其唯一规范，历史学家们企望从史料批判和整理中去寻求历史科学的所谓客观性。殊不知历史资料多而复杂，如果不用科学的理论去把握和分析，历史学研究必定出现自我分裂，缺乏对现实的科学的历史关心。如果是这样，那么历史学家必然要忘记对现实社会生活的热情和历史任务的责任感。

大塚先生的同窗好友，东京大学经济学部已故著名西方经济史学家高桥幸八郎教授在1938年曾为本书写了一篇书评，提醒人们注意本书中的一些重要特点。

首先，作者对所研究的课题进行了理论的、历史的深入分析，在建立了自己的理论观点之后，才开始进入对具体问题的研究，而不是相反。当然历史研究需要搜集资料，并要以所搜集的资料为基础，从中进行理论的抽象。但如果作者对所要研究的课题缺乏扎实的理论基础，单纯地罗列史料，那就不可能对历史史实进行科学的节选和叙述。理论和历史的统一只有在历史科学中才能得以实现。

其次，作者对历史的叙述采取了批判的方法。19世纪七八十年代以来，关于股份公司形态的起源问题，已经有很多高水平的研究。作者对前人的劳动成果进行了认真的研究，在分析和批判的基础上作了独特的理论史的叙述。作者在股份公司的本质形态，即资本集中形态以及它的结合与支配关系的基础上进行其历史理论和历史分析的叙述。

再次，在本书下编第3章和第4章对股份公司发展史的研究中，作者明确指出什么是股份公司发展的"近代的形态"，什么是它的"封建的形态"。这一点对于东方发展中国家走向现代化具有特别重要的借鉴意义。作者指出，荷兰东印度公司缺乏出资人的民主权利，没有民主的"股东大会"，实行专制独裁的经营体制，所以它是"封建的形态"。在英国，1657年克伦威尔改革以后，英国的东印度公司开始有了民主的结构。1662年，查尔斯二世承认股东只承担有限责任，参加股东大会，实行民主经营决策，所以这是"近代形态"的股份公司制形态。现在看来，这种"近代的"股份公司形态已经成为"古典的形态"了。但对中国当前企业制度改革的研究仍然具有重大意义，不要一听到"股份制"三个字就将其理解为现代企业制度的代名词，而应当看看它的实体究竟是什么样的一种经济关系，以及什么样的资本结合与支配关系。

由于资本主义经济的高度发展,股份公司形态企业的规模日益扩大,股东人数不断增加,股票证券化,股东投资于证券化的股票市场,并不直接或间接与企业经营有任何关联,最初的股东大会的民主决策的古典形式已经无法实现,所有权与经营权分离,导致大企业的经营决策权完全掌握在经营者手中,形成了"经营者支配"的企业形态。在德国,第二次世界大战前就有工人参加董事会的经营决策,第二次世界大战后,1976年《新共同决议法》进一步规定劳资双方可对等地共同参与经营决策,这种趋势对社会主义国家的企业制度改革来说,具有研究和借鉴意义。外国有些经济学家面对当前垄断资本主义的企业形态,提出了"股份公司向何处去"的问题,所以我们不能不假思索地以为加入WTO后,照搬美国的企业模式就可以万事大吉。温故而知新,这本《股份公司发展史论》的研究可能有助于我们探索新的道路。

本书的中译本得以问世,首先要衷心感谢本书著作权继承人高柳佐和子和井手正子两位师妹的帮助,与大河内晓男博士的关心和热情帮助,感谢有斐阁社长江草先生和稼势政夫先生。我还要感谢俯允参加翻译工作的四位专家,没有他们的辛劳,这本中译本也无从传入中国。对一直关心本丛书进展并付出了辛勤劳动的中国人民大学出版社的周蔚华同志和陈莹同志,表示衷心感谢。

第五节 《过渡时期的经济思想——亚当·斯密与弗·李斯特》译序

在外国经济思想史和国际贸易理论的教科书中,大多将亚当·斯密和弗·李斯特看做是两大对立的经济思想体系的理论代表，斯密是经济自由主义、自由贸易政策的理论代表，而李斯特则是国家干预主义、保护关税政策的理论代表。人们几乎把这种理解视为毋庸置疑的，甚至认为没有必要多加分析。但是这种传统的教科书式的理解却完全忽视了这样一个事实，即任何一位伟大的理论家的理论，都不可能脱离他所处的时代、他所担负的时代的历史课题，以及他所处的社会地位和他想为那个社会阶级的利益而呼吁的努力。任何一种理论都必然是一定历史条件下的产物，其中所包含的政策也必然是为这一定历史条件下的一定阶级的利益服务的。如果我们从这样的观点出发来看待亚当·斯密和弗·李斯特的关系，就不一定会将两者的关系看做同一平面上的对立的关系。他们处于不同的时代，但代表的都是本国的新兴产业资本的利益，都是在不同时代各为其祖国新兴产业资本利益奋斗的具有共性的伟大的经济学家。

18世纪的英国，广大中、下层人民，在皇权、贵族、神权和城市行会等封建统治势力的压迫和束缚下，没有自由；新兴的工场手工业者、农民和工匠等生产阶级得不到自由发展的社会地位。为了当时英国中、下层人民的利益，为了英国新兴产业资本的发展，亚当·斯密大声疾呼，要求给他们以"自由之手"(free hand)，并提出了自由贸易的理论和政策。所以经济自由主义并不像宗教的教义，而是代表英国新兴生产力的中、下层人民利益的新兴产业资本的理论，不像自然科学中的自然规律那样普遍适用。而19世纪的德国比英国远远落后一个世纪，当时的德国封建势力领邦分割，领主跋扈，关卡林立，北方的城市商业资本与英国的产业资本建立了牢固的贸易联盟，斯密的自由主义经济思想深刻地影响了德国的政界和经济学界。而德国南部新兴的工场手工业者、工人和农民，当时正深陷于德国封建势力的控制和束缚，受到北方商业资本和英国进口商品的压迫，难以发展，更难以形成近代的国民经济和统一的国内市场。李斯特鉴于"德国当时的现状"，为了"祖国的利益"，对亚当·斯密的自由主义经济学进行了严厉的批判，提出保护国内幼稚的民族工业，反对封建统治，要求政治自由，强调对外要保护民族工业，对内要有市民自由，待德国的产业资本具备了国际竞争力时，再逐步开放，实行自由主义贸易，开拓国外市场。李斯特在晚年甚至提出与英国建立联盟，共谋在世界市场上各得其所，控制殖民地以保护国内产业资本的利益的主张。可见，李斯特和亚当·斯密虽然处于不同的时代、不同的国家，但都是为了各自国家新兴产业资本和它的主体代表产业资产阶级从受压迫、被束缚中解放出来而斗争的革命家，都是反封建的、革命的、伟大的经济学家，因为他们所处的时代赋予他们的历史任务是为新兴的中、下层市民阶级的自由和解放而斗争。作为发展中国家，亚当·斯密和弗·李斯特的经济理论正是我们应该重视和认真学习的经典著作。

中国作为发展中国家，目前正在从计划经济体制向社会主义市场经济体制过渡，这一时期的历史任务与当年亚当·斯密为英国，李斯特为德国所奋斗的历史课题正好相似，即要解放中、下层人民的生产力，开展产业革命，建立现代的国民经济和统一的国内市场，以追赶经济发达的国家。所以学习亚当·斯密和李斯特的经济理论，对中国经济体制改革和社会主义市场经济的建设具有十分积极的参考和借鉴价值。

本书由东京大学经济学部著名经济学家大河内一男教授在1940年前后写成，当时正值日本军国主义猖獗，与德国和意大利法西斯结盟，扩大第二次世界大战侵略的时期。日本国内军事法西斯专政，自由进步的知识界人士受到监视和镇压。东京大学经济学部的教授中，进步的马克思主义经济学家全部被镇压，被赶出大学讲坛，就连主张英国式自由主义的河合荣治郎教授也因写了一部《反法西斯》而受到文部省的迫害，被起诉而离开东京大学。大河内一男教授是日本著名的劳动经济理论的权威，社会政策科学理论的创新者，他的劳动和社会政策理论在日本被称为"大河内理论"。由于受到法西斯当局的监视，他不能在大学里讲授社会政策，只好改讲经济思想史。本书就是在这个时期作者分析斯密与李斯特的理论如何为中、下层人民争取自由，指出现代市民社会如何才能获得发展的历史经验的基础上而著成的。书中并未就亚当·斯密和李斯特的理论体系进行全面的分析和论述，但作者为我们提供了两位伟大经济学家理论的核心和科学的研究方法。希望读者在联系中国当前社会主义市场经济发展现状和问题的基础上，耐心地研读本书中关于亚当·斯密和弗·李斯特理论的有关内容，笔者相信定会大有裨益。为了突出其从封建社会向资本主义社会过渡时期的理论特征，故将本书中译本的书名由原著名《亚当·斯密与弗·李斯特》改为《过渡时期的经济思想》。

最后，笔者要衷心感谢我的师母大河内春枝夫人和师弟大河内晓男博士欣然允诺中译本的翻译，感谢他们帮助笔者向出版《大河内一男著作集》的青林书院新社说明中译本的意义；对青林书院新社的逸见俊吾先生和大塚和光先生欣然允诺中译本的出版，也表示衷心的感谢。同时笔者还要感谢中国人民大学出版社周蔚华和陈莹同志冒着酷暑，为本书做了大量的工作。中译本中略去了原著中小林昇教授的"解说"和"附论"中的最后一篇。中译本中如有疏误之处，敬请指正，不胜感激。

(作于 2000 年 7 月)

第六节 《微观规制经济学》译后记

本书著者植草益博士的情况，在前面马洪同志的中译本序中已有介绍。本书的原书名为《公共规制经济学》或《公的规制经济学》，在现代西方经济学中是20世纪70年代以后逐步发展起来的新兴学科。何谓"公的规制"或"公共规制"，按照广义的习惯理解，看做为"国家的干预"或"政府的干预"，但本书对"公共规制"的界定为对微观领域的广义的公共规制（中国通常所说的"宏观调控"是宏观经济学的研究领域，而"公共规制"经济学则不以宏观经济学为对象），包括"间接规制"和"直接规制"，而"直接规制"可以看做为"狭义的公共规制"。前者是为了防止不公正的竞争所制定"垄断禁止法"、"民法"、"商法"等中的对垄断行为、不公正竞争及不公正交易行为的规制。而后者直接规制又可以分为"经济性规制"与"社会性规制"。经济性规制是针对一些具有自然垄断性或存在信息偏在的产业，对其"参入"、"退出"、"价格"、"投资"等所进行的各种规制。所谓"社会性规制"主要是针对外部性和有害物品等所作的规制，如防止公害、保护环境、健康、确保安全、取缔麻药、火药等的规制。植草教授的这本《公共规制经济学》主要分析对微观领域的直接规制的部分，也就是狭义的公共规制的部分。特别是直接规制中的经济性规制的产业是本书分析的主要对象。这类受规制的产业在日本经济中占有很大的比重，据推算约占日本经济全部的三分之一左右。作者运用现代西方经济学手法，特别是微观经济学理论，对日本的电力、煤气、自来水等公用事业，以及电气、通信等产业的规制内容和规制中的问题，作出了科学的系统分析，是日本经济学界"公共规制经济学"的

第一部有体系的杰出著作。为了突出本书的内容，在作者的帮助和指导下，我们的中译本书名就采用了《微观规制经济学》，以有别于《宏观管理经济学》。

"规制"一词是来源于英文"Regulation"或"Regulatory Constraint"，是日本经济学家苦心创造的译名。在英文的《规制经济学》的用语中，如贝利《法规性制约的经济理论》（Bailey, E. E. [1973] Economic Theory of Regulatory Constraint），卡恩《规制经济学》（Kahn, A. E. [1970、1988再版] The Economies of Regulation.）等，Regulation 和 Regulatory Constrant 是通用的，其含义是有规定的管理，或有法规条例的制约。因此这里的"Regulation"如译成我们所惯用的"管制"、"管理"、"控制"、"制约"、"调整"、"调控"、"规定"等都不符合原意，为了表达科学的内容，经过半年多的考虑，我们仍决定引进日本学者所创造"规制经济学"的译名。回顾中国社会科学引进的历史，如经济学、会计学、簿记学、银行等也都是从日本引进的，现在已经成为我们日常惯用的学科名称。

由于我们刚刚引进《规制经济学》，人们对此非常陌生。为了能让读者容易接受书中所介绍的许多具体措施，我们有些地方在不妨害原意的基础上，原文用"规制"的地方、或其中用特别术语的时候，就用中文中习惯的表达，如原文中"规制产业"、"规制当局"，我们有时就用了"受管理的产业"、"主管当局"等来表达，还有如在日本的"规制"措施体系中，有"参入"到"规制产业"的行列，而"参入"一词对我们来说却不易理解，我们就用了"进入"、"参加"或"加入"的习惯用语，特别在第三、四、五章中，由于分析的是收费的理论与实务，对我们更有参考的实用之处，所以就没有拘泥于"规制"一词的直译。

本书作者对中国社会主义经济体制的改革，十分关注，衷心祝愿它的成功。特别是对公有制企业的改革，政企分工后，如何进行有指导的"规制"措施，对保证社会主义经济运行中既要有资源配置的效率性，又要保持其社会主义公正原则，是十分必要的。现代西方发达国家所兴起的《规制经济学》中的理论与实践，对我们无疑有很大的参考价值。植草教授亲自对我和胡欣欣同志指出，这门学问对中国经济体制改革的思路将会有许多启发和帮助。并在他的亲切帮助和指导下，我们组织翻译了这本名著。刘丕坤同志翻译了本书的第三、四、五章，张荣刚同志翻译了第一、六章，张奔流同志翻译了第二、七章、胡欣欣同志翻译了第八、九、十章和后记。笔者和胡欣欣同志合作校阅了全书译文，由笔者负责最后的校阅。由于这是门新兴学科，许多名词、概念、术语，对中国经济学界来说，都是新鲜的，没有现成的表达方法，书中许多名词、概念的翻译，必有许多欠妥之处，这要在今后的研究和运用中作出进一步的完善和修订。

1991年7月，作者应中国社会科学院经济研究所邀来华访问，马洪同志在国务院发展研究中心和作者亲切交谈时，得知我们要翻译植草教授的新著《公共规制经济学》，欣然提出要为中译本写序，特此谨表谢意。在目前出书难的时际，中国发展出版社朱兵同志欣然接受本书的出版；在翻译过程中，作者的亲切的指点和帮助；参加翻译的同志们不辞辛苦，努力赶译，使本书得以早日问世。在此谨表我们衷心的感谢之情。

（作于1992年4月28日）

第七节 《消费社会的批判》译后记

在现代西方发达的市场经济国家，有一个突出的社会现象，就是到处可以看到商品的泛滥和五花八门的营销、促销广告,竭力宣传大众规模的"消费"。这种"消费"实际上是"浪费",但它成了现代西方社会的风尚和潮流。这种现象在亚当·斯密的经济学中,乃至在马克思的资本论中都是不可想象的。在他们那里议论的是发展生产力,研究劳动和财富的根源。现代西方发达国家这种以营销、促销为手段推动大众规模的社会消费现象,是20世纪后期资本主义社会的特征。丹尼尔·贝尔虽称之为后产业社会,但有的学者直接称它为"消费社会",即资本主义的成熟阶段的"成熟社会"。

笔者对现代发达国家消费社会的感受始于1979年应邀到日本东京大学母校进行学术访问的时候。由于笔者是从所谓"短缺经济"的社会主义国家去的缘故,当时笔者强烈地感到日本在高度经济增长达到顶峰之后,社会各方面出现了人人寻求"享乐",追求"长生不老"之术的风气。马路上的路灯亮如白昼,通宵达旦,霓虹灯争奇斗艳,不知要浪费多少石油。尽管日本不产石油,但日本的工业生产、消费生活却大量使用石油能源,因此有人称之为"石油文化"。一旦石油短缺,我不知日本的社会运转将何以持续。战前的日本一直号召人民节约石油,提出"一滴石油一滴血"的口号,而今如此大量使用石油,浪费石油,完全可以看出日本已经进入了所谓"消费社会"的时代了。在旅馆里,每天供应一支牙刷,用一次就投入废物箱。每去日本都使我感到这完全是以"浪费"来维持销售,维持生产的运行。"促销"成了现代西方经济学和经营学的主要课题。这种现象实际上是反市场经济的原初目的,而今却在"市场经济"的名义下,如洪水泛滥。中国封建社会历来有"朱门酒肉臭"的现象;罗马帝国末期,封建贵族的骄奢淫逸,也很有名,但这并不构成社会经济结构有机运转的组成部分,而现代消费社会的浪费现象,是资本制市场经济社会赖以维持和扩大其再生产的有机构成。消费已经不是单纯为了人们的生存或劳动力的再生产乃至消费生活的享受,而是一切都服务于"资本的逻辑"——追求无止境的利润欲望,或者说为了所谓"景气回升"。这是现代消费社会之所以形成的原因。

堤清二先生的这本《消费社会的批判》,是根据他自己几十年从事流通产业的实践经验与冷静的考察,创造性地分析了现代消费社会的结构及其概念的结晶。他认为,现代资本主义已进入与前期产业社会完全不同原理基础的后产业社会,其基本特征是资本主义的"成熟社会",也就是所谓的"消费社会"。在消费社会里,人的一切行为,甚至包括人自身,已经不是作为单纯劳动力的存在,而是表现为各式各样的商品形态的存在。人们生活在这种社会环境中,经常要遭受自我解体的危机,具有明确的自我意识和个性的人,与社会之间经常处于一种紧张的关系之中,人们作为社会主体的存在正日益陷入一种危机的深渊。

所谓"后产业社会"的概念,原本是美国丹尼尔·贝尔教授在1973年所著的《后产业社会的到来》一书中提出来的,他的意图是以"产业社会"和"后产业社会"为基准来分析现代资本主义。他认为,"后产业社会"不管是资本主义还是社会主义都是共通的一般现象。关于"消费"的问题的意见,丹尼尔·贝尔教授在20世纪70年代的另一本著作《资本主义文化的矛盾》一书中指出,随着资本主义高度化发展,像马克斯·韦伯所说的在基督教徒的精神与现代享乐主义之间,出现了日益增大的矛盾。在理论上对"消费社会"进行科学分析的还有著名的包特里亚尔教授,他运用符号论、结构主义的分析方法,写过一本《消费社会的神话与结构》。

堤清二先生继承了包括马克思在内的前人的劳动结晶,运用了70年代以来的许多新兴科学的精华,如系统论、符号论,吸取了法国调整学派、后结构主义、包兰尼的经济人类学、巴塔尤教授的《消费的理论》(1933年)等思想,创造性地写了这本《消费社会批判》。作者绝不是单纯地对"消费社会"的批判和非难,而是热情地去探索社会变革的可行道路,全书字里行间充满了研讨和商榷的精神,饱含着对寻求社会变革的无限热情和信念。本书是一本学术性和现实性很强的科学著作。

对于人类社会来说,"消费"也好,"信息"也好,都不是产业社会所固有的从属概念,只有在商品生产、市场经济条件下,"消费"的概念才会从属于生产方式。由于现代资本主义高度化的发展,大批量的机械化生产,使得商品生产过剩,其目的不是直接为人的生活服务,而是为了实现"商品的飞跃",各种各样的营销、促销活动与方式,充满了社会的各个角落,其目的是为了追求利润最大化,资本的逻辑,淹没一切。作者把"消费社会"规定为后产业社会的概念,希望从这里出发去寻求"消费社会"的变革之路。

在本书的翻译过程中,许多70年代新兴学科和许多新的"消费社会"的术语,一时还难以找到合适的中文表达,所以中文译本中难免有欠妥和疏误之处,敬希读者指正。金熙德(译第1、2章)、林连德(译第3、4章)、黄晓勇(译第5、6章)、韩朝华同志(译第7、8章)任翻译,序言、注释、后记由笔者担任翻译。最后,由色文同志和笔者进行统一加工。经济科学出版社李宪魁、周秀霞同志为本书的出版付出了辛勤劳动。

最后,对作者长期的热情支持和帮助,对日本岩波书店无偿转让中文出版权,一并表示衷心谢意。

(作于1998年3月)

第八节 《经济全球化与市场战略——市场原理主义批判》译序

本书原书名为《反全球化主义——市场改革的战略思考》,但作者在全书中并不反对全球化,还特别强调在现代如想要以与国家主义和全球化主义相对立的立场和角度来思考问题,是毫无意义的。在中国很少有人使用"全球化主义"这个词,作者不反对"全球化"却大力反对"全球化主义",其含义究竟是什么呢？特别是日本早就作为经济大国融入了经济全球化的世界之中,作者提出"反全球化主义",而且这种呼声在日本经济界和经济学界还相当强烈,这对中国来说,就值得认真关注了。

日本自泡沫经济破裂以来十年有余,迄今还未能理出一个头绪,徒然呼唤"失去了的十年"。作者在剖析日本经济的困境和探讨走出困境的途径的过程中,认为,日本社会经济受到了美式"全球化主义"的控制和束缚,美国在"全球化"的名义下推行其"世界标准"、"国际惯例"等,制约了日本经济复苏的自主道路。

作者所反对的"全球化主义"与1994年开始的"反全球化"运动并不是一回事,当然也不是这个运动的组成部分。作者所反对的"全球化主义"主要是指来自美国在意识形态上的新自由主义。这种新自由主义当然不是亚当·斯密时代所强调的中、下层阶级追求解放的自由主义。美国式的新自由主义是借"市场经济"之名,推行其市场至上主义,也即人们所称的"市场原理主义"。美国又凭借其控制的国际货币基金组织、世界银行、国际清算银行、世界贸易组织、国际会计准则等一系列的组织和行业规则来控制世界各国,实行美国模式的世界经济一体化。

在第二次世界大战结束前夕，美国通过1944年7月在布雷顿森林召开的联合国货币金融会议确立了以美元作为国际结算的基准货币，从而形成了第二次世界大战以后的国际货币体系。美国凭借其美元作为国际结算基准货币的重要地位，使美元成为世界货币，美国进一步凭借其作为世界货币的美元的力量，控制了国际货币基金组织、世界银行、国际清算银行、关贸总协定（世贸组织前身）等一系列控制世界经济的机构，并在"世界标准"的名义下，逐步推行其美国模式。美国的跨国公司现已分布在世界各地。美国不仅要求制造业和贸易的全球化，而且随着其国内金融资本的膨胀和投机资本的泛滥，还要求世界各国开放资本市场，以推行其金融的全球化。

在投机资本泛滥的时代，资本主义世界的经济出现了实体经济与虚拟经济的两极分化。国际通货的流通与国际贸易和劳务的交易完全脱离了固有的联系。早在十多年前，国际外汇买卖交易额就超出世界市场进出口交易总额的60倍，每天的外汇交易额几乎达到2万亿美元，其中绝大多数与实际物质产品的生产与贸易毫无关联。法国经济学家莫尼斯·阿莱（Maunice Allais）曾指出："世界经济与金融体系的发展趋势，如同发疯一般难以控制，世界经济已成为'赌场'。每天的金融交易与实物产品交易有关的不超过2%"。1990年2月，国际清算银行就其加盟国21国进行了调查，在调查报告（Survey of Foreign Exchange Market Activity）中指出："在中东和远东中心（巴林、新加坡、中国香港）、瑞士、英国，一个月的外汇市场净成交额为月平均贸易额（商品和劳务的出口额）的70—140倍。美国和日本的外汇市场净成交额分别是其贸易额的25倍和37倍。"从上述情况中不难看出，在经济全球化时代，健康的实体交易和劳务交易，与全球的金融外汇交易几乎没有任何有机的联系。在这里，左右外汇市场兑换率的已经不是商品和劳务交易的结算关系，而是已经转移到外汇市场上的通货流动的方向。左右世界经济的力量在很大程度上转移到了金融领域的交易。金融经济取代了商品劳务经济，成了当前世界经济的主导因素，其根源是以美元为中心的国际结算体系中所盛行的虚拟资本的投机活动。这里隐含着发生国际金融危机和金融崩溃的基本条件。20世纪90年代以来，1992年的伦敦金融危机、1994年的墨西哥金融危机、1997年的东南亚金融危机、1998年的俄罗斯金融危机以及最近的阿根廷金融危机等莫不警告我们，对于当前世界经济的一体化和全球化，我们必须认真分析，并时刻做好准备，以加强防范。从事这类国际金融市场投机活动的是诸多各种名目的信用投资管理基金和对冲基金。在克林顿执政时期，美国的对冲基金就有四五千家，据说在美国申请成立一家对冲基金，其手续之简便犹如申请汽车驾驶执照一般。在中国申请加入世贸组织时，美国不是一再强烈要求中国彻底开放资本市场，要求实现资本的自由流动和买卖吗？

美国推动经济全球化和自由市场化的理论武器是向世界各国推销新自由主义经济学，也即新古典学派经济学。在美国的意识形态中，根本不考虑各个国家所处的社会历史发展阶段，也根本不考虑各个国家的人民的存在和他们生存的权利和目的，而一味强调一切要委之于市场，委之于自由竞争，并极力鼓吹弱肉强食的市场至上主义。在美国的观念中，好像不接受市场至上主义就必然是保守的计划经济模式。这种思维方式实际上是在误导人们无条件地接受美国的观念，促使极端个人主义和拜金主义泛滥。

改革开放以来，中国的廉价劳动力吸引了大量外国资本和现代技术，出现了一批出口主导型的三资企业，国民经济对出口贸易的依存度也有所提高。在中国加入世贸组织以后，这种趋势还将持续一段时间，对此，我们必须有所警惕。所谓经济全球化或世界经济一体化，绝不是什么世界乐园，在这里仍然是以国家为单位的国际经济利害关系的合纵连横式的战场。我们要特别警惕国际投机资本对中国资本市场的虎视眈眈，要认真吸取东南亚金融危机的沉痛教训。最近，发生的阿根廷金融危机给阿根廷人民带来了深重的灾难，其实质已经不是过去人们所反对的资本家对工人阶级的剩余价值的剥削，而是迫使一个国家乃至一个民族深深陷入经济崩溃的深渊。

最后，衷心感谢本书作者金子胜教授的友谊和帮助，还要感谢日本放送出版协会的大场旦先生允许笔者将作者的另一本著作《日本再生论》中的1—4章作为中译本的附录。此外，还要感谢胡欣欣女士和黄江明先生在译稿校订中提供的帮助；并感谢负责本书中译本出版的中国人民大学出版社的周蔚华同志和陈莹同志，感谢他们的理解、帮助和辛劳。书中如有疏误，应由笔者负责。敬请读者不吝指正。

（作于 2002 年 5 月）

第九节 《可持续经济发展的道路》译序

当前，我国政府正大力开展保护环境，治理公害和污染的重大工程，而且将作为长期的国策持续地深入坚持下去。许多经济发达的国家也早就开始重视自然生态环境的保护和治理，尽管如此，人类所面临的来自自然界的威胁不但并未减轻，还有日益严重化的倾向。

1998 年，中国发生了历史上罕见的重大洪水灾害，东北有嫩江的泛滥，黄河，长江也都出现了特大的洪涝灾害，这种历史罕见的特大的洪水灾害，据说既是天灾，也是由于"人祸"。因为多年来砍伐天然森林，嫩江、黄河、长江的源头都成了荒山秃顶，平时水土流失，暴雨必然要洪涝成灾，生灵涂炭。即使我们城市居民也莫不每天都在公害的威胁下生存，空气污染，饮水、食物污染，彼富有者可以购买绿色食品，去乡村别墅而广大市民只有坐以待毙。淮河沿岸的渔夫农民因饮了淮河污染了的水，不但他本人受害，生出来的后代小孩也都畸形残疾，失去了生存能力，其惨状目不忍睹。改革开放以来，特区经济和东南沿海各省都得到高度的发展，为国家创造了巨大财富，但创造这巨大财富的主要力量大多来自内地农村的二千多万名青年男女民工，而他们所处的劳动条件极差，许多因过劳、中毒和伤残而终身不愈，损害了最宝贵的人力资源。所有这些莫不损害中国经济的健康的持续发展。

再就当前全球情况来说，人口迅速增长而生活资源相对落后，石油资源均已开始出现紧张现象，地球温暖化，自然环境遭受破坏，而人类社会本身，贫富差距日益扩大，失业、饥饿和疾病，局部地区战争此起彼伏，兵荒、人祸等害也都严重威胁着人类的生存。

尽管从联合国到各国政府都已着手实施各种保护生态环境，强调维持可持续经济的发展，但从理论上深入研究为何建立与自然界发展规律相适应的民主的社会经济制度方面，认真地批判造成为此空前浩劫的人类自身的行为和这种行为的社会经济体制方面，则显得软弱能力，甚至有意回避而不愿深入触动的现象。

本书的作者大嶋茂雄博士自从1956年进入大学以来，就一直献身于符合人类生存、发展、幸福的社会经济制度的研究，并在实践上积极从事协同组合的进步运动，四十年如一日。本书是作者积四十年研究和实践的长期努力的结晶，作者从理论和实践方面强调人类在21世纪必须克服人类自身由于社会经济制度所造成的破坏自然生态环境和自身伤害自身的愚蠢行为，必须创造性地寻找一条对人类生存发展和幸福有利的可持续经济发展的道路，建立起与自然界生态环境相适应、相和谐的社会经济秩序，以保持经济可持续的高度发展与繁荣。为此，作者提倡建立一种新型的民主的社会市场经济秩序，由市民中的创业者来推动，形成一种新型的经济企业形态，以及多种多样的劳动人民联合体的"合作社"组织形式。

（中国农业出版社2000年版）

第十一章　韩国"出口主导型"工业化模式

　　1979年6月,经济合作与发展组织(OECD)在调查了25个成员国和"新兴工业国"(NICS)的基础上,发表了一份报告书:"新兴工业国对工业生产和贸易的影响。"积极肯定了新兴工业国家的工业发展,要求发达的资本主义国家为了稳定世界经济,使新兴工业国的产品出口有市场,必须积极调整其本国的产业结构,向更高级的结构发展,以协调发达国家与新兴工业国家间的经济关系。在这个报告中提出韩国在1964年、巴西在1968年都采取了《外向型经济增长》的政策(outwardlooking growth policies)。十多年来韩国国民经济年增长率都达到10%以上,其出口增长率年平均增加30%以上。1977年出口额为1004650万美元,1978年按人口平均的国民生产总值为1279美元。但自1979年以后,韩国的经济增长率开始猛降,只有7.1%,1980年上半年实际增长率出现了负数。这是16年来第一次出现的现象。

人们都知道，资本主义世界正面临着通货膨胀、失业率增加、国际收支恶化、经济停滞的滞胀危机，但在韩国它的深刻的政治危机和经济危机交织在一起，它面前有经济增长的不可下降的经济结构的矛盾，通货膨胀国际收支、收入分配，国内民主主义运动的高涨等深刻危机，血腥的光州镇压事件，朴正熙被刺、金大中被判死刑、全斗焕的军事法西斯专政等，都是其深刻经济危机的政治表现。所有这些与韩国工业化的《外向型经济增长》的结构是分不开的。这种经济结构必然是一种对外依存的、在本质上是一种殖民地型的经济发展。现在让我们看一下它的军事独裁的、对外依存型的经济结构。

第一节　依附于国家、出口和外资的工业化

第二次世界大战以后，韩国的经济复兴与发展过程，如果根据资本积累的方式来区分，可以分为三个阶段。第一阶段是从1945年8月15日日本投降起到1950年，这一阶段是将没收敌人的财产低价转让给民间的积累阶段。第二阶段是从1953年起到1960年，这一阶段是依附"美援"的积累阶段。第三阶段是1960年以后，依靠借外债和引进外资的积累阶段。从1960年开始，直到1979年10月朴正熙被暗杀，共实施了四个五年经济发展计划，开始了以出口为中心的发展重、化学工业的经济增长政策。第一个经济发展期间（1962—1966年）国民总生产年增长率为7.9%；第二个经济发展期间（1967—1971年）增长率为

9.4%；第三个经济发展期间（1972—1976年）为9.8%。1977年的增长率为10.3%，1978年为11.3%。资本主义世界把韩国的经济增长称为"汉江奇迹"。但自1979年以后，增长率开始下降，降到7.1%，1980年第一季度出现了20年来的第一次的负数为-1.7%，第二季度为-2.0%。整个1980年上半年的经济增长率是负数，韩国解释说是由于石油涨价，海外的土木建筑工程减少，韩国圆的贬值（1980年1月1日贬值8%），外债负担加重等原因。从1979年10月朴正熙被刺到1980年4月，劳资纠纷事件发生了809起，失业人数增加到82.9万人。由于出口环境不利，利率负担过重，企业倒闭，开工不足，在过去经济高度增长过程中所积累的矛盾一起迸发。韩国政府采取了镇压工人运动、降低利率、对一般会计预算解冻、提高通货供给率等措施，并改组重、化学工业，对经济恢复采取了综合对策。

　　分析一下韩国二战后经济增长的过程时，可以看出它的第一个经济开发计划期间，它的经济开发的主导力是放在国家的活动和引进外资，1965年缔结了"日韩条约"，向日本借款，建立出口工业，所以韩国的经济增长从一开始就是依附于外国的从属型结构。第二个经济开发计划，是依靠国内外的储蓄增加，从而扩大投资，但这个时期却出现了国际收支赤字，一部分依靠借款的大企业经营失败，扩大了工农的差距。第三个开发计划，主要依靠引进技术和国内实行低工资，从而支持了出口贸易，确保了它的"新兴工业国"的地位，1973—1974年的石油危机也由于它的出口猛增而得以渡过难关，这和日本有类似之处。1977年以后，它向中东出口劳力,承包各种土木工程建筑事业,承担跨国公司的承包生产,确立一种中东、日本和美国之间的"相互依存"的经济结构。

韩国经济增长的结构显然是出口主导型的结构,出口在国民经济中占很大的比重,例如1977年出口占国民总生产的35.1%,1978年占33.7%,1979年占30.1%。所以,韩国的出口增长率也一直是相当高的。第一个经济发展计划期间,其出口增长率为43.9%;第二个计划期间为34.9%;第三个计划期间为49.6%。1977年以后稍稍下降,1977年为28.6%,1978年为26.5%。但其进口的增长率也是很高,往往超过了出口增长率,所以1962年第一个开发计划以来,韩国的国际贸易收支一直是赤字。

二战后韩国的经济复兴,始终是依靠援助和借款。自1962年经济开发计划开始以后,它的引进外资大致有三种形式:一为公共借款;二为商业借款;三为外人投资。第一个开发计划期间引进了30787万美元,其中公共借款占37.5%、商业借款占57.1%、外人投资占5.4%。第二个计划期间引进外资216189万美元,其中商业借款占59.9%、公共借款占35.9%、外人投资占4.3%。第三个开发计划期间引进外资598882万美元,其中公共借款占39.8%、商业借款占42.9%、外人投资占9.4%。从1959—1978年的20年间引进外资总额达1338153万美元。其中公共借款占35.6%、商业借款占57.9%、外人投资占6.5%。从上述引进外资的情况看,韩国的经济结构也是一种"外资依存型"的经济结构(见表5-1)。

表 5-1　　　　韩国的主要经济指标

年份	国民总生产(经常)(100万美元)	人均国民总生产(美元)	国民总生产增长率(%)	产业结构(经常) 农林渔业(%)	矿工业(%)	社会间接资本其他(%)	储蓄率 国民(%)	海外(%)	外汇 出口(100万美元)	进口(100万美元)	收支(100万美元)	外国人投资借款 总计(1000美元)	借款 小计(1000美元)	公共借款(1000美元)	商业借款(1000美元)	外国人投资(1000美元)
1962	2315	87	2.2	37.0	16.4	46.6	3.2	10.7	54.8	421.8	-335.3	307870	291195	115595	175600	16675
1963	2718	100	9.1	43.4	16.3	40.3	8.7	10.4	86.8	560.3	-410.2					
1964	2876	103	9.6	46.8	17.4	35.8	8.7	6.9	119.1	404.4	-245.8					
1965	3006	105	5.8	38.0	20.0	42.0	7.4	6.4	175.1	463.4	-240.8					
1966	3671	125	12.7	34.8	20.5	44.7	11.8	8.5	250.3	716.4	-429.6					
第一次经济开发计划期间年平均增长率(7.9%)																
1967	4274	142	6.6	30.6	21.0	48.4	11.4	8.8	320.2	996.2	-574.2	2261890	2165536	810808	1354728	96354
1968	5226	169	11.3	28.7	21.6	49.7	15.1	11.2	455.4	1462.9	-835.0					
1969	6625	210	13.8	27.9	21.7	50.4	18.8	10.6	622.5	1823.6	-991.7					
1970	7809	242	7.4	26.7	22.4	50.9	17.4	9.3	835.2	1984.0	-992.0					
1971	9093	277	8.8	26.7	22.5	50.8	15.5	10.8	1067.6	2394.3	-1046.0					
第二次经济开发计划期间年平均增长率(9.6%)																
1972	10186	304	5.7	25.9	23.5	50.6	15.8	5.3	1624.1	2522.0	-574.5	799177	737945	431359	306586	61232
1973	13053	383	14.7	24.3	26.0	49.7	23.7	3.8	3225.0	4240.3	-566.5	1024301	865866	389865	476001	158435
1974	17996	519	7.5	24.1	27.3	48.6	20.7	2.5	4460.4	6851.8	-1936.8	1150889	988260	373604	614656	162629
1975	19926	565	7.0	23.6	27.9	48.5	18.9	10.6	5081.0	7274.4	-1671.4	1355707	1286537	481891	304646	69170
1976	26925	762	14.2	22.0	29.1	48.3	23.3	2.5	7715.3	8773.6	-590.5	1658749	1553175	712148	841027	105574
第三次经济开发计划期间年平均增长率(9.8%)																
1977	35168	965	10.3	23.0	28.5	48.6	25.1	0.6	[10046.5]	10810.5	-476.6	1970590	1868304	626209	1242095	102286
1978	47351	1279	11.3	21.9	28.4	49.7	26.4	3.3	12710.6	14971.9	-1780.8	2847972	2747615	817690	1929825	100457
1979	61062P	1624P	7.1P	20.6P	28.5P	50.9P	28.1P	6.5P	[15055.5]	20338.6	-4565.0	[1959—1978 13381531]	[1959—1978 12508719]	[1959—1978 4763555]	[1962—1978 7745164]	[1962—1978 872812]

资料来源，转引自日本《经济》1980年12月号，第171页。

第二节　韩国国家资本主义的发展

韩国的国家资本主义与社会主义过渡时期的国家资本主义有本质上的不同，不能混淆。问题在于它的政权性质，像韩国这样的发展中国家，是属于一种军事、官僚独裁政权，在政治、经济、外交以及军事方面全面依附于美国和日本的军事、官僚独裁政权。所以韩国的国家资本主义的性质，不是企图走向非资本主义的道路，而是利用国家权力以国家政权为主导的资本主义经济发展的结构。它的经济开发计划不是实现市民的平等，而是重点放在资本的积累方面，强调"先建设，后分配"。它利用超额利润为诱饵，引进外资，利用廉价劳动力在国外实行倾销政策，国家权力在国民经济中起了很大的作用。例如1973年在韩国的生产总额中，在消费支出中政府所占比重为4.8%，在固定资本形成中占2.2%，合计为7.4%。而在最终需求中，消费支出占7.4%，固定资本形成占3.2%，合计为10.2%。1975年在总生产额中占7.3%，在最终需要中占11.2%。而同年出口在总生产额中占13.5%，在最终需要中占20.7%，政府在这方面相当于出口的一半。同时要考虑到政府间接对出口、对民间消费支出、对民间固定资本形成等的作用（见表5-2）。

表5-2　　　　韩国产出额与最终需要构成　　　单位：100万韩国圆

	1973年			1975年		
	金额	总产出额构成	最终需要构成	金额	总产出额构成	最终需要构成
总产出额	10185206	100.0	—	20990400	100.0	—
中间需要	5019217	49.3	—	11268354	53.7	—

续表

	1973 年			1975 年		
	金额	总产出额构成	最终需要构成	金额	总产出额构成	最终需要构成
最终需要	6999477	68.7	100.0	13652385	65.0	100.0
民间消费支出	3566598	35.0	51.0	6920985	33.0	50.7
政府消费支出	491602	4.8	7.0	1057339	5.0	7.7
民间固定资本形成	958657	9.4	13.7	2036201	9.7	14.9
政府固定资本形成	227322	2.2	3.2	480358	2.3	3.5
库存增加	179252	1.8	2.6	330989	1.6	2.4
出口	1576044	15.5	22.5	2824513	13.5	20.7
进口等	-1833488	-18.0		-3930339	-18.7	

资料来源：韩国银行：《1973 年、1975 年投入产出表》。

韩国政府对经济发展的作用还表现在财政金融的投资方面，财政金融的投资在国民总生产中所占的比重，在1962—1978 年，年平均为6.1%，在中央财政中占27.1%，在国内总资本形成中占27.1%，在国内总固定资本中占29.1%。财政投资的产业主要为农林水产业、工矿业，1962 年分别占29.1%、21.6%，到了1978 年分别降为15.8%、10.5%。但在社会间接资本方面从49.3%增加到73.9%，特别是在交通运输、电信部门比重更大，1978 年前者占20.7%，后者占17.0%，都超过了当年度的农林水产业和工矿业的比重。

表5-3　　　　韩国财政预算支出（1977—1978 年）

单位：10 亿韩国圆

	1977		1978	
	决算	构成比	预算	构成比
一般会计	2739.9	100.0	3517.0	100.0
一般行政	301.5	11.0	367.0	10.4

续表

	1977年		1978年	
	决算	构成比	预算	构成比
防卫	949.6	34.7	1251.6	35.6
社会开发	580.6	21.2	786.4	22.4
经济开发	623.4	22.7	716.1	20.4
交付地方财政	183.4	6.7	246.9	7.0
偿还债务、其他	101.4	3.7	149.0	4.2
特别会计	977.8	100.0	1282.8	100.0
资金管理	181.8	18.6	214.8	16.7
国立大学附属病院	12.1	1.2	22.6	1.8
援助、救护	2.8	0.3	3.1	0.2
公务员年金	22.4	2.3	59.9	4.7
产灾保险	24.0	2.5	36.6	2.9
专卖事业	242.7	24.8	296.1	23.1
铁路事业	186.1	19.0	204.2	15.9
通信事业	279.6	28.6	139.8	30.5
其他	26.3	2.7	53.7	4.2
合计		3717.8	—	4799.8	—

资料来源：［韩国］全国经济人联合会：《韩国经济年鉴》，1979年版，第43页。

韩国在军事支出方面一般占国民总生产的6%，占政府财政预算支出30%余（见表5-4）。据伦敦国际战略研究所调查，1979年韩国总兵力为61.9万人（见表5-5），其中陆军52万人，有机械化一个师团、步兵十七个师团、战车860辆。国防费为321900万美元,人均为85美元,占政府支出34.4%,占国民总生产5.6%。韩国的军火进口,从1967—1976年的十年中间,共计为263000万美元(见表5-6)占韩国进口总额的6.9%。其中99.6%是从美国进口,其余的从法国等国家进口。1977年韩国的"防务费"支出为9496亿韩国圆,1978年防务预算支出为1兆2516亿韩国圆。各占其支出的34.7%,35.6%。韩国的工人、农民和劳动人民在军费的沉重负担压力下,不胜其苦。韩国的总租税负担率(中央政府和地方政府),在第一个经济开发期间为9.1%,第二个计划期间为14.1%,第三个计划期间为14.7%,1977年为17.8%,1978年为18.2%,不断上升。

表5-4　　　韩国军费支出比重(1967—1976年)　　单位:100万美元

年份	(1)军费支出 经常	(1)军费支出 临时	(2)国民总生产(GNP) 经常	(2)国民总生产(GNP) 临时	(3)中央政府支出	(4)公共卫生支出	(5)公共教育支出	(6)(1)/(2)%	(7)(1)/(3)%	(8)(4)/(2)%	(9)(5)/(2)%	(10)(4)+(5)/(1)%
1967	207	328	5315	8419	1430	11	197	3.9	22.9	0.1	2.3	63.5
1968	252	382	6252	9482	1670	14	334	4.0	22.9	0.1	3.5	91.1
1969	302	436	7544	10906	1940	19	409	4.0	22.5	0.2	3.8	98.3
1970	332	456	8559	11764	2000	20	511	3.9	22.8	0.2	4.3	116.4
1971	442	580	9804	12843	2260	21	577	4.5	25.7	0.2	4.5	103.2
1972	513	646	10901	13737	2720	24	642	4.7	23.8	0.2	4.7	103.0
1973	501	597	13372	15936	2440	22	679	3.7	24.5	0.1	4.3	117.4
1974	703	762	15986	17316	2690	20	690	4.4	28.3	0.1	4.0	93.1
1975	958	958	18761	18761	3330	21	808	5.1	28.8	0.1	4.3	86.5
1976	1380	1320	22690	21616	4060	47	1030	6.1	32.5	0.2	4.8	81.6

资料来源:U. S. Arms Control and Disarmament Agency, World military Expenditures and Arms Transfers 1967—1976,1978,p. 50。

表5-5　　　　韩国的军事力比重（1967—1976年）

年份	(1)全国人口(100万人)	(2)军事力(1000人)	(3)教师(1000人)	(4)医师(1000人)	(5)每千人中的军事力(人)	(6)每千人中的教师(人)	(7)每千人中的医师(人)	(8)$\frac{(3)}{(2)}$%	(9)$\frac{(4)}{(2)}$%	(10)人均的国民总生产(美元)	(11)人均的军事支出(美元)
1967	30.2	612	137	12	20.30	4.54	0.39	22.4	1.9	278.8	11
1968	30.9	620	135	13	20.10	4.37	0.41	21.8	2.1	306.9	12
1969	31.7	620	144	13	19.60	4.54	0.41	23.2	2.1	344.0	14
1970	32.4	645	151	14	19.90	4.66	0.44	23.4	2.2	363.1	14
1971	33.1	638	1741	6	19.27	5.26	0.47	27.3	2.4	388.0	18
1972	33.9	635	—	16	18.73	—	0.48	—	2.6	405.2	19
1973	34.7	634	182	16	18.27	5.24	0.47	28.7	2.6	459.2	17
1974	35.4	634	197	16	17.91	5.56	0.44	31.1	2.5	489.2	22
1975	36.2	630	207	17	17.40	5.72	0.46	32.9	2.7	518.3	26
1976	36.9	610	229	—	16.53	6.21	—	37.5	—	585.8	36

资料来源：U.S. Arms Control and Disarmament Agency, p.93.

表5-6　　　韩国军火进出口（1967—1976年）　　　单位：100万美元

年份	(1)军火进口 经常	(1)军火进口 临时	(2)军火出口 经常	(2)军火出口 临时	(3)进口总额 经常	(3)进口总额 临时	(4)出口总额 经常	(4)出口总额 临时	(5)$\frac{(1)}{(3)}$%	(6)$\frac{(2)}{(4)}$%
1967	217	344	0	0	996	1578	320	507	22	0
1968	323	490	0	0	1460	2215	455	697	22	0
1969	429	620	0	0	1820	2631	623	901	24	0
1970	150	206	1	1	1980	2721	835	1148	8	0

续表

年份	(1)军火进口 经常	(1)军火进口 临时	(2)军火出口 经常	(2)军火出口 临时	(3)进口总额 经常	(3)进口总额 临时	(4)出口总额 经常	(4)出口总额 临时	(5) $\frac{(1)}{(3)}$%	(6) $\frac{(2)}{(4)}$%
1971	223	2921	1	1	2390	3131	1070	1402	9	0
1972	510	643	2	3	2520	3176	1620	2041	20	0
1973	152	181	0	0	4240	5053	3230	3849	4	0
1974	114	123	0	0	6850	7420	4460	4831	2	0
1975	185	185	4	4	7270	7270	5080	5080	3	0
1976	327	312	5	5	8770	8355	7720	7355	4	0
1967—1976	2630	3395	13	14	38296	43550	25413	27811	7	0

资料来源：U. S. Arms Control and Disarmament Agency, p. 37.

第三节　韩国出口依存的再生产结构

韩国的经济发展战略，从20世纪60年代起，大致经过了二十年的时间，它以出口贸易和重、化学工业为基础，建立了发达的资本主义国类型的经济结构。在第一个经济开发计划时期，作为建立"经济体制的基础"，它的主要产业是电力、肥料、纤维、水泥；在第二个计划期间，实现其经济的"高度增长"，它的产业结构的重点就放在化纤、石油化学、电气机械；第三个计划期间，它的目标是"产业结构的高级化"，其产业重点就放在建立钢铁工业、运输用机械、家用电器、造船工业等机械工业方面。第四个计划期间，其主力除放在钢铁、造船之外，还着手发展机械工业、电子机器和部件等经济开发方面。从1982年开始的第五个计划，它的主要产业计划重点放到精密机械工业、电子工业、知识、信息产业等尖端的技术产业。从而正式进入了

"发达资本主义国类型的经济结构"。

从上述韩国的经济发展战略看来，在第一个以及第二个经济发展计划期间（1962—1971年）其目的是企图建立消费资料生产部门，即第二部类（Ⅱ）；在第三、第四个计划期间（1972—1981年），是想建立其生产资料生产部门，即第一部类（Ⅰ）。这样，可以建立起它的以重、化学工业为轴心的再生产结构。但是经过二十年的努力以后，它的再生产结构并不是一个独立的机体，而是依存于出口的比例很高，民间固定资本形成的比例却非常低。它的再生产过程中的第一部类与第二部类之间的社会分工缺乏有机联系的"外向型"的殖民地性的经济结构。例如1973年，制材、合板的出口约69.0%，杂货类以及其他制造工业品出口约64.3%，化纤制品的60.3%，电气机械的53.8%，橡胶制品的48.8%，木制品、家具类的47.8%，金属制品的39.4%，钢铁初级产品的33.8%。1975年在石油危机以后，它接受了跨国公司的承包委托生产，这时出口的电子、通信器材58.8%，杂品类58.3%，制革以及制品55.3%，橡胶制品54.4%，精密机械、光学仪器出口53.1%，纤维制品52.8%，金属制品29.7%，钢铁初级产品26.8%。其出口依存的结构内容是非常清楚的（见表5-7）。

表5-7　　　　　韩国纤维工业的出口比例　　　　单位：60kg

年份	(1)库存	(2)生产	(3)出口	(4) $\frac{(3)}{(2)}$%	(5) $\frac{(3)}{(1)+(2)}$%
1974	7470	82590	50350	61.0	55.9
1975	36730	91030	89400	98.2	70.0
1976	33370	91550	65040	71.0	52.1
1977	52380	93020	83600	89.9	57.5
1978	43390	70580	81295	115.2	71.3

棉纺纤维

年份	棉纱（单位：1000kg）			棉布（单位：1000m）		
	(1) 生产	(2) 出口	(3) $\frac{(2)}{(1)}$%	(1) 生产	(2) 出口	(3) $\frac{(2)}{(1)}$%
1973	139944	81293	58.1	265328	246208	92.8
1974	159015	95099	59.8	23114	201056	87.0
1975	184907	115907	62.7	345793	326288	94.4
1976	244276	175066	71.7	443476	416118	93.8
1977	278744	199790	71.7	479300	439782	91.8
1978	330165	229954	69.6	559705	491097	87.7

化纤（Ⅰ）

单位 M/T

1978年	(1) 生产	(2) 出口	(3) $\frac{(2)}{(1)}$%
尼龙 S	2077	125	6.0
聚酯 F	109365	3466	3.2
S	95988	5874	6.1
粘胶丝 F	10585	2181	20.6
S	9953	700	7.0
聚丙烯 F	1272	17	1.3
S	5893	1153	19.6

化纤（Ⅱ）

单位 M/T

年份	(1) 库存	(2) 生产	(3) 出口	(4) $\frac{(3)}{(2)}$%	(5) $\frac{(3)}{(1)+(2)}$%
1977	27897	382848	265639	69.4	64.7
1978	23738	467781	330789	70.7	67.3

麻纺纤维

单位：1000 美元

年 份	亚麻纺			苎麻纺		
	（1）生产	（2）出口	$\frac{(2)}{(1)}$%	（1）出产	（2）出口	$\frac{(2)}{(1)}$%
1974	2307	1502	65.1	4012	3461	91.3
1975	595	192	32.3	4385	3982	90.8
1976	1493	972	65.1	6527	5610	86.0
1977	1957	1332	68.1	6801	5865	86.2
1978	2225	1459	65.6	8292	7189	86.7

资料来源：[韩国]全国经济人联合会：《韩国经济年鉴》，1979年版。

另一方面，民间固定资本形成的比例，比较高的是1973年的运输用机器工业的50.0%，一般机械为45.2%，电气机械为6.8%；1975年一般机械的比例为54.4%，运输用机械为44.8%，电气机械为11.3%，但金额都不太大。

从韩国的十大出口商品的消长变化看，自1973年以后，纺织制品，衣类和电气机械这三大商品，争夺在出口中的第一位。这里所说的电气机械主要是指电视机、无线电、通信装备、显像管四种，但在十大出口商品中，纤维、机械、杂货是出口比例最高的商品。而这些出口商品的市场，主要是美国和日本，两国约占其出口总额的50%以上，此外就是联邦德国、英国和沙特阿拉伯，韩国的这种出口依存型的经济开发，由于其本国资源的缺乏，必然同时也是进口依存型的再生产结构（见表5-8、表5-9）。

表 5-8　韩国十大出口商品构成变化

单位：100 万美元百分比

	1973 年 商品/金额	1974 年 商品/金额	1975 年 商品/金额	1976 年 商品/金额	1977 年 商品/金额	1978 年 商品/金额	1979 年 商品/金额
1	纺织成衣类 3146(9.8)	电气机械 474.2(10.6)	纺织成衣类 484.2(9.5)	纺织成衣类 898.1(11.6)	纺织成衣类 992.2(9.9)	电气机械 1254.5(9.9)	纺织成衣类 1501.5(10.0)
2	电气机械 312.5(9.7)	纺织成衣类 314.6(7.1)	电气机械 441.6(8.7)	电气机械 805.9(10.4)	电气机械 925.2(9.2)	纺织成衣类 1249.0(9.8)	电气机械 1346.5(8.9)
3	胶合板 273.2(8.5)	纺织品 276.1(6.2)	纺织品 355.1(7.0)	纺织品 544.2(7.1)	运输机械 674.3(6.8)	运输机械 1124.0(8.8)	纺织成衣类 1018.1(6.8)
4	纺织品 261.8(8.1)	钢板 233.3(5.2)	活鲜鱼 242.4(4.8)	毛衣类 418.9(5.4)	纺织品 609.8(6.1)	纺织品 965.8(7.6)	运输机械 793.7(5.3)
5	钢板 129.5(4.0)	鞋类 179.5(4.0)	胶合板 206.4(4.1)	鞋类 398.5(5.2)	鞋类 487.6(4.9)	鞋类 686.2(5.4)	鞋类 728.9(4.8)
6	毛衣类 118.5(3.6)	胶合板 183.4(3.7)	棉纱 205.0(4.0)	运输机械 342.3(4.4)	活鲜鱼 482.6(4.8)	活鲜鱼 522.9(4.1)	活鲜鱼 548.7(3.6)
7	鞋类 106.4(3.3)	运输机械 121.1(2.7)	运输机械 191.2(3.8)	胶合板 333.1(4.3)	胶合板 445.8(4.4)	活鲜鱼 420.3(3.3)	毛衣类 451.5(3.0)
8	棉纱 85.4(2.7)	棉纱 117.9(2.6)	毛衣类 183.7(3.6)	棉纱 254.6(3.3)	毛衣类 319.1(3.2)	胶合板 346.1(2.7)	胶合板 447.1(3.0)
9	假发 81.5(2.5)	毛衣类 108.5(2.4)	毛衣类 106.9(2.1)	活鲜鱼 164.6(2.1)	棉纱 250.4(2.5)	棉纱 337.7(2.6)	棉纱 443.7(2.9)
10	生丝 72.8(2.3)	石油及制品 101.4(2.3)	石油及制品 95.4(1.9)	钢板 158.2(2.1)	钢板 165.8(1.7)	钢板 298.2(2.3)	胶合板 388.7(2.6)
合计	1756.6(54.5)	2090.0(46.9)	2511.9(49.4)	4319.0(56.0)	53528(53.3)	7204.7(56.7)	7668.4(50.9)
出口总额	3225.0(100.0)	4460.4(100.0)	5081.0(100.0)	7715.1(100.0)	10046.5(100.0)	12710.6(100.0)	15055.5(100.0)

资料来源：韩国银行"统计月报"。

注：括号内数据为百分比。

表 5-9　韩国十大出口贸易国家（地区）

单位：100 万美元

	1966 年 国家（地区）/金额	1974 年 国家（地区）/金额	1975 年 国家（地区）/金额	1976 年 国家（地区）/金额	1977 年 国家（地区）/金额	1978 年 国家（地区）/金额	1979 年 国家（地区）/金额
1	美国 95.8(38.3)	美国 1492.2(33.5)	美国 1536.3(30.2)	美国 2492.6(32.3)	美国 3118.6(31.0)	美国 4058.3(31.9)	美国 4373.9(29.1)
2	日本 67.5(27.0)	日本 1380.2(30.5)	日本 1292.9(25.5)	日本 1801.6(23.4)	日本 2148.3(21.4)	日本 2627.3(20.7)	日本 3353.0(22.3)
3	南越 13.8(5.6)	联邦德国 241.8(5.4)	联邦德国 312.2(6.2)	联邦德国 398.3(5.2)	沙特阿拉伯 671.4(6.7)	沙特阿拉伯 717.0(5.6)	沙特阿拉伯 845.3(5.6)
4	瑞典 9.8(3.9)	加拿大 166.2(3.7)	加拿大 197.3(3.9)	香港 324.8(4.2)	联邦德国 480.3(4.8)	联邦德国 662.9(5.2)	联邦德国 704.2(4.7)
5	中国香港 9.5(3.8)	中国香港 151.2(3.4)	中国香港 182.0(3.6)	加拿大 314.1(4.1)	中国香港 342.1(3.4)	英国 393.0(3.1)	中国香港 541.6(3.6)
6	联邦德国 7.0(2.8)	英国 106.7(2.4)	英国 161.6(3.2)	沙特阿拉伯 253.9(3.3)	加拿大 303.8(3.0)	中国香港 384.7(3.0)	加拿大 530.7(3.5)
7	加拿大 5.8(2.3)	荷兰 106.7(2.4)	荷兰 129.1(2.5)	沙特阿拉伯 234.8(3.0)	沙特阿拉伯 298.3(3.0)	加拿大 327.2(2.5)	荷兰 387.6(2.6)
8	英国 5.1(2.0)	澳大利亚 71.3(1.6)	伊朗 125.1(2.5)	荷兰 198.1(2.6)	荷兰 248.5(2.5)	荷兰 307.3(2.4)	英国 330.5(2.2)
9	泰国 5.1(1.9)	印度尼西亚 55.2(1.8)	沙特阿拉伯 91.4(1.8)	科威特 192.5(2.5)	科威特 227.4(2.3)	科威特 240.7(1.9)	科威特 249.5(1.7)
10	荷兰 4.3(1.7)	中国台湾 50.8(1.1)	澳大利亚 63.1(1.2)	伊朗 148.8(1.9)	瑞典 161.1(1.6)	法国 208.6(1.6)	科威特 228.2(1.5)
合计	223.2(89.2)	8822.6(85.7)	4091.4(80.6)	6359.5(82.4)	8000.7(79.7)	9926.9(77.9)	11544.7(76.8)
出口总额	250.3(100.0)	4460.4(100.0)	5081.0(100.0)	7715.3(100.0)	10046.5(100.0)	12710.6(100.0)	15055.5(100.0)

资料来源：韩国银行"统计月报"。

注：括号内数据为百分比。

第四节 韩国进口依存的再生产结构

韩国的工业用原材料,几乎全面地依存进口,如原油、原棉、原木、原毛、原皮等,韩国的再生产过程,是利用对外贸易,出口消费资料,进口生产资料,各工业用原料和生产设备(见表5-10)。在生产资料中,机械工业依存于进口的比例最高。1960年韩国的进口依存度为8.4%,1970年为9.3%,1973年为13.3%,金属工业和机械工业的进口依存度逐步上升,1960年分别为15.2%和13.5%,1973年猛增至约2.5倍,分别为37.5%,34.9%(见表5-11)。机械工具的进口依存度,1974年为43.0%,到1978年上升到68.6%,进口的是高质量的商品。同时,在其出口比例中也从10.2%上升到22.2%,这是由于出口低级产品的增加。纺织机械的自给度1974年为15.6%,1977年猛增至51.8%。1978年又下降为38.8%。这类纺织机械大部分来自日本,以后因对日贸易赤字,仍改由英国进口。缝纫机的自给度1975年以后由50%猛增至1978年的77.2%。

表5-10　　韩国产业进口依存率(1960—1973年)　　　　单位:%

年份	1960	1963	1966	1970	1973
农林水产业	5.6	3.8	3.2	11.1	1.2
矿业	1.9	3.2	2.0	1.6	4.8
饮食品	12.2	11.4	7.2	10.9	20.2
纤维	24.3	21.2	19.8	19.0	21.9
其他轻工业	15.0	21.0	21.2	22.9	28.9
化学	24.9	20.2	27.2	30.5	32.3
金属工业	15.2	28.1	27.5	32.0	37.5

续表

年份	1960	1963	1966	1970	1973
机械工业	13.5	16.2	17.4	24.2	34.9
建筑业	7.4	9.6	8.4	9.2	9.7
电力	18.1	9.4	0.9	1.5	1.5
商业	0.2	0.4	0.8	0.7	1.1
服务业	4.1	3.2	2.3	1.9	2.5
其他产业	3.2	0.7	2.7	3.8	4.6
平均	8.4	8.0	8.0	9.3	13.3

资料来源：[日本]：《经济》1980年12月。

表 5-11　　韩国机械部类、部件工业的自给率

(单位：100万韩国圆)

	金　属　铸　型					
年份		1974	1975	1976	1977	1978
供应	生产	2365	3150	4473	6773	9618
	进口	2170	2490	2719	3686	7054
合计		4535	5640	7192	10459	16672
需求	内需	3787	4493	5197	8237	14570
	出口	748	1147	1995	2222	2102
进口依存率（%）		47.8	44.1	37.8	35.2	42.3
出口比例（%）		31.6	36.4	44.6	32.8	21.8
自给率（%）		52.2	55.9	62.2	64.8	57.7

	螺　栓　螺　丝					
年份		1974	1975	1976	1977	1978
供应	生产	4762	7003	10105	14917	21823
	进口	1746	2047	2660	3466	6882
合计		6508	9050	12675	18383	28705
需求	内需	4202	6261	9576	14358	22194
	出口	2302	2789	3099	4025	6511
进口依存率（%）		26.7	22.6	20.9	18.9	23.9
出口比例（%）		48.3	39.1	30.9	27.0	29.8
自给率（%）		73.3	77.4	79.1	81.1	76.1

续表

<table>
<tr><th colspan="6">轴　　承</th></tr>
<tr><th colspan="2">年份</th><th>1974</th><th>1975</th><th>1976</th><th>1977</th><th>1978</th></tr>
<tr><td rowspan="3">供应</td><td>生产</td><td>3340</td><td>4294</td><td>6548</td><td>9403</td><td>20639</td></tr>
<tr><td>进口</td><td>3336</td><td>3621</td><td>5799</td><td>10022</td><td>16371</td></tr>
<tr><td>合计</td><td>6676</td><td>7915</td><td>12347</td><td>19425</td><td>37010</td></tr>
<tr><td rowspan="2">需求</td><td>内需</td><td>6572</td><td>7753</td><td>12090</td><td>18669</td><td>36202</td></tr>
<tr><td>出口</td><td>134</td><td>162</td><td>257</td><td>756</td><td>808</td></tr>
<tr><td colspan="2">进口依存率（%）
出口比例（%）
自给率（%）</td><td>50.2
4.0
49.8</td><td>45.7
3.8
54.3</td><td>46.9
3.9
53.1</td><td>51.6
8.0
48.4</td><td>44.2
3.9
45.8</td></tr>
</table>

<table>
<tr><th colspan="6">机　械　工　具</th></tr>
<tr><th colspan="2">年份</th><th>1974</th><th>1975</th><th>1976</th><th>1977</th><th>1978</th></tr>
<tr><td rowspan="3">供应</td><td>生产</td><td>946</td><td>1352</td><td>2745</td><td>3286</td><td>4939</td></tr>
<tr><td>进口</td><td>714</td><td>2740</td><td>7140</td><td>8375</td><td>10807</td></tr>
<tr><td>合计</td><td>1660</td><td>4092</td><td>9885</td><td>11661</td><td>15746</td></tr>
<tr><td rowspan="2">需求</td><td>内需</td><td>1558</td><td>3720</td><td>9260</td><td>11540</td><td>14649</td></tr>
<tr><td>出口</td><td>102</td><td>372</td><td>625</td><td>1021</td><td>1097</td></tr>
<tr><td colspan="2">进口依存率（%）
出口比例（%）
自给率（%）</td><td>43.0
10.8
57.0</td><td>66.9
27.5
33.1</td><td>72.2
22.6
27.8</td><td>66.7
31.1
33.3</td><td>68.6
22.2
31.4</td></tr>
</table>

资料来源：[韩国]全国经济人联合会：《韩国经济年鉴》1979年版。

韩国本身的资源有限，主要也只有煤炭和无烟煤。据统计，无烟煤的可采的埋藏量大约5亿吨，年产2000万吨，可采年数为25年，据1974年统计，其原油、原棉、原糖、原毛的全部要依靠进口，化学纤维的98.3%、小麦的92.1、原木的83.3%、废铁的81.6%要依靠海外进口（见表5-12）。原油的90.9%来自沙特阿拉伯和科威特，原棉的 97.3% 来自美国，原糖的 83.0% 来自中国台湾，原毛的 78.8% 来自澳大利亚，铁矿石来自印度和澳洲，原木来自印度尼西亚和马来西亚，天然橡胶来自马来西亚，原皮来自美国。在韩国的十大进口商品中，自 1974 年石油危机后，石油及其制品占第一位（见表 5-13），如以 1979 年的情况看，其顺序为石油、木材、有机化合物的原材料、动力机、电力机、金属工作机。其进口商品的国家主要为日本和美国。从日本进口的大多是资本，从美国进口的多为原材料。自 1974 年到 1979 年间，从沙特阿拉伯、科威特、西德、澳大利亚的进口也有所增加（见表 5-14）。

表 5-12　　　　韩国资源进口依存例（1974 年）

	单位	供 合计 (1)	给 生产 (2)	进口 (3)	4) (3)/(1)
原油	1000bl	112704	—	112704	100.0
无烟煤	1000M/T	15199	15199	—	0.0
原棉		721000	—	721000	100.0
废铁	1000M/T	1372	252	1120	81.6
水泥	1000M/T	9612	9612	—	0.0
化学纸浆	1000M/T	262	5	257	98.1
原糖	1000M/T	299	—	299	100.0
原木	1000m³	5799	969	4830	83.3
原毛	M/T	7539	—	7539	100.0
小麦	1000M/T	1727	136	1591	92.1
米	1000M/T	4651	4445	206	4.4

资料来源：转引自日本：《经济》1980 年 12 月。

表 5-13　韩国十大进口商品构成变化

单位：100万美元

	1973年 商品/金额	1974年 商品/金额	1975年 商品/金额	1976年 商品/金额	1977年 商品/金额	1978年 商品/金额	1979年 商品/金额
1	木材 311.6(7.3)	石油及制品 11020.3(14.9)	石油及制品 1339.2(18.4)	石油及制品 1657.6(18.9)	石油及制品 2064.8(19.1)	石油及制品 2312.1(15.4)	石油及制品 3415.6(16.8)
2	石油及制品 296.2(7.0)	船舶 392.2(5.7)	有机化合物 339.1(4.7)	有机化合物 424.1(4.8)	木材 533.6(4.9)	木材 658.8(4.4)	木材 975.1(4.8)
3	小麦 256.6(6.1)	木材 343.5(5.0)	小麦 293.7(4.0)	木材 418.2(4.8)	有机化合物 477.7(4.4)	有机化合物 559.4(3.7)	有机化合物 960.0(4.7)
4	钢铁块 197.0(4.6)	小麦 297.6(4.3)	木材 268.7(3.7)	船舶 396.6(4.5)	原棉 373.6(3.5)	原棉 447.5(3.0)	发动机 648.5(3.2)
5	光电管 162.0(3.8)	有机化合物 294.8(4.3)	原棉 249.0(3.4)	原棉 307.7(3.5)	光电管 373.6(3.5)	钢铁块 416.5(2.8)	钢铁块 503.2(2.5)
6	纺织品 152.3(3.6)	铁钢块 236.5(3.5)	船舶 245.6(3.4)	光电管 286.8(3.3)	小麦 294.6(2.7)	船舶 401.8(2.7)	电力管 492.7(2.4)
7	纤维机械 141.3(3.5)	光电管 218.5(3.2)	米 195.1(2.7)	钢铁块 276.0(3.1)	钢铁块 273.2(2.5)	金属工作母机 390.9(2.6)	光电管 468.0(2.3)
8	有机化合物 137.2(3.2)	原棉 189.5(2.8)	光电管 181.2(2.6)	发动机 189.2(2.2)	发动机 272.0(2.5)	光电管 385.7(2.5)	原棉 461.6(2.1)
9	原棉 112.4(2.7)	纤维机械 186.5(2.7)	航空机 169.7(2.3)	电力机 172.8(2.0)	金属工作母机 246.4(2.3)	发动机 373.7(2.5)	人造塑料 423.0(2.1)
10	纤维棉纱 108.1(2.5)	废钢铁 171.8(2.5)	纤维机械 167.1(2.3)	纺织品 164.2(1.9)	电力机 237.8(2.2)	电力机 357.0(2.4)	金属工作母机 418.9(2.1)
合计	1880.7(44.3)	3351.2(48.9)	3454.4(47.5)	4293.2(49.0)	4989.6(46.1)	6303.4(42.1)	8766.6(43.0)
进口总额	4240.3(100.0)	6851.8(100.0)	7274.4(100.0)	8773.6(100.0)	10810.5(100.0)	14971.9(100.0)	20338.6(100.0)

资料来源：韩国银行《统计月报》。

注：括号内数据为百分比。

表 5-14　韩国十大进口贸易国家（地区）

单位：100 万美元

	1966		1974		1975		1976		1977		1978		1979	
	国家（地区）/金额		国家（地区）/金额		国家（地区）/金额		国家（地区）/金额		国家（地区）/金额		国家（地区）/金额		国家（地区）/金额	
1	日本	293.9(41.0)	日本	2620.6(38.2)	日本	2433.6(33.5)	日本	3099.0(35.3)	日本	3926.6(36.3)	日本	5981.5(40.0)	日本	6656.7(32.7)
2	美国	253.0(35.3)	美国	1700.8(24.8)	美国	1881.1(25.9)	美国	1962.9(22.4)	美国	2447.4(22.6)	美国	3043.0(20.3)	美国	4602.6(22.6)
3	联邦德国	20.3(2.8)	沙特阿拉伯	670.5(9.8)	沙特阿拉伯	605.4(8.3)	沙特阿拉伯	714.6(8.1)	沙特阿拉伯	1123.1(10.4)	沙特阿拉伯	1280.7(8.6)	沙特阿拉伯	1585.4(7.8)
4	伊朗	17.1(2.4)	科威特	257.2(3.8)	科威特	553.5(7.6)	科威特	674.2(7.7)	科威特	573.6(5.3)	科威特	746.5(5.0)	科威特	1155.5(5.7)
5	意大利	16.1(2.2)	印度尼西亚	165.4(2.4)	澳大利亚	204.8(2.8)	印度尼西亚	238.6(2.7)	印度尼西亚	353.7(3.3)	联邦德国	490.9(3.3)	联邦德国	843.6(4.1)
6	法国	10.9(1.5)	马来西亚	160.5(2.3)	联邦德国	192.7(2.7)	联邦德国	238.2(2.7)	联邦德国	346.9(3.2)	澳大利亚	463.8(3.1)	澳大利亚	599.0(2.9)
7	中国台湾	10.8(1.5)	联邦德国	140.3(2.1)	中国台湾	162.0(2.2)	澳大利亚	215.9(2.5)	澳大利亚	280.7(2.6)	法国	442.4(3.0)	印度尼西亚	592.0(2.9)
8	马来西亚	10.1(1.4)	澳大利亚	129.3(1.9)	加拿大	150.2(2.1)	马来西亚	186.6(2.1)	伊朗	216.0(2.0)	印度尼西亚	407.8(2.7)	英国	499.4(2.5)
9	中国香港	7.7(1.1)	巴拿马	116.1(1.7)	印度尼西亚	146.8(2.0)	伊朗	172.4(2.0)	马来西亚	196.5(1.8)	马来西亚	227.9(1.5)	马来西亚	383.3(1.9)
10	澳大利亚	6.4(0.9)	加拿大	115.7(1.7)	法国	137.3(1.9)	英国	171.3(2.0)	法国	179.2(1.7)	法国	211.5(1.4)	法国	356.8(1.8)
合计		646.4(90.1)		6076.4(88.7)		6467.3(88.9)		7673.6(87.5)		9644.0(89.2)		13296.0(88.8)		17274.6(84.9)
进口总额		716.4(100.0)		6851.8(100.0)		7274.4(100.0)		8773.6(100.0)		10810.5(100.0)		14971.9(100.0)		20338.6(100.0)

资料来源：韩国银行《统计月报》。

注：括号内数据为百分比。

目前，韩国的经济问题，最关键的是建立其机械工业和确保能源和资源。韩国和日本建立了勘探开发石油的"日韩大陆架"的工程，和中东建立了出口建筑工程的劳动力、进口石油的相互依存关系，但这两方面都尚未见成效。1979年9月出口到中东的韩国的工人已达1331148人，韩国自1970年6月成为世界上第二十位的原子能发电站的国家。计划到2000年将依靠原子能发电供应整个电力需要量的70%，从而摆脱对石油的依存。美国的WH公司和法国的佛拉马登公司之间正在为韩国建立原子能发电站积极活动。由于它的军事独裁政权与它的对外依存型殖民地性质的经济结构，随着资本主义世界滞胀危机的深化，整个社会经济正深深陷入动摇的困境之中，韩国的外向型经济增长工业化的道路，是从属于资本主义世界经济结构的依附型的模式，是建立在对国内劳动人民镇压与剥削基础上的资本积累的旧的道路，虽然在一定程度上工业化了，但不是真正意义的现代化。问题已经暴露。

附

中国经济应"合理性"互补

表面上，中日、中美的贸易额出现了空前的增长，这似乎在相当程度上意味着中国经济出现了"奇迹"般的繁荣，但实际上这种进出口贸易增长和巨额顺差，对中国人民来说并没有多少实惠，只不过是为他人作嫁衣裳的"虚幻繁荣"

2002年11月1日，在笔者的母校——东京第一高等学校（法制）同学会举行纪念"鸣呼玉杯"寮歌一百周年大会的时候，笔者代表中国一高同学会寄去了祝词，向我们的日本同学发出呼吁，"现在进入了新的世纪，我们都面临着新的历史课题，希望我们的同学们为建立世界的正义和共荣的秩序，共同奋斗，携手前进。"第二天早上就有不少同学给笔者打来电话，赞成我的建议，并相约为之奋斗。因此，在笔者考虑当前和今后中日经济关系的时候，我特别提到这件事，同时提出我们应该探索建立"合理性"（Rational）的互利互补的中日经济关系。

进入新世纪以来，中日经济关系出现了历史上空前的发展。2000年，中日贸易额达到了1015.37亿美元，其中日本出口398.67亿美元，比1999年增长28.2%，进口616.7亿美元，同比增长6.1%。据日本统计，日本从中国进口所占的比重（18.3%）已首次超过日本从美国进口所占的比重（17.1%）。同年，日本与中国香港特别行政区的贸易额达到260亿美元，其中日本出口253.8亿美元。2003年头4个月，中日贸易额已达402.7亿美元，同比增长34.4%；其中，中国出口178.7亿美元、同比增长23.7%，进口223亿美元、同比增长48.6%，预计全年的贸易额将大大超过2002年。但是，在中日贸易的结构中，日本在华企业的对日返销出口，占到双边贸易总额的60%，例如，日本纺织品市场中约有70%的中低档商品，是由在华的日资企业完成加工后向日本出口的。日本的许多夕阳产业，即很可能要遭受淘汰的传统产业，如钢铁、水泥和电机业等，都因中国市场的开放，将生产据点转移到中国而获得了发展。据日中投资促进机构2002年底发表的调查结果，在中国投资的日本企业中，82.8%的企业是赢利的，比2001年增加了1.6个百分点。一个典型的例子是，"船井电机"公司在将生产据点移至中国后，规模和利润增加了几十倍，现已发展成为首屈一指的世界一流企业，傲视世界同行。日本对华出口的增加，也令日本国内的一部分企业得以生存和发展下去。

2003年，美国和日本低迷的经济都出现了复苏迹象，就美国而言，可能是由于减税政策和IT设备投资的恢复所致，但其中最重要的因素是对华出口的急剧增加。对日本来说更是如此，据日本、美国和欧盟的贸易统计，2003年9月，日本对华出口同比增长了42.4%，美国8月的对华出口同比增长了10.7%，欧盟1—7月对华出口同比增长了20.1%。日本权威经济周刊《经济学人》在同年11月25日的评论中，一针见血地指出，对华出口的增加对日美经济的复苏起到了很大作用。

人所共知，在中国的进出口贸易中，出口的55%以上来自外商投资企业，中国不过是西方跨国公司的生产基地而已，中国的进口也多半是日美等外资企业在华投资生产所需的原材料、零部件和半成品等。中国的改革开放政策，特别是加入WTO后所要履行的承诺，在欢迎外资，保护外资的氛围下，为外资企业提供了不断改进的投资环境，如大量优良廉价的工业用地，以及取之不尽的具有良好技能的年轻廉价劳动力。如果日本工人每月工资为20万日元的话，中国工人的月薪仅有其1/20。况且，两国的劳动条件有着天壤之别。这使我不由得回忆起60多年前我在东京大学读书时,我的老师对我讲的明治时代的纺织女工的悲惨生活。在今日中国,日本名著《女工哀史》中所描绘的情景,正在中国有的外企工厂中重新出现。

从中国的进出口贸易结构就可以看出,不少在日本国内几乎难以生存下去的夕阳产业,在所谓"中国造"的名义之下,这些日本企业不仅得以生存和发展,而且还从中国获取了巨大的利润。换句话说,这些企业获得了在日本国内根本不可能获得的继续生存和发展的诸多有利条件。表面上,中日、中美的贸易额出现了空前的增长,这似乎在相当程度上意味着中国经济出现了"奇迹"般的繁荣,但实际上,这种进出口贸易增长和巨额顺差,对中国人民来说并没有多少实惠,只不过是为他人作嫁衣裳的"虚幻繁荣",中国人民要为此而付出巨大的代价。我们要提供最好的土地,保障能源和动力的供应,牺牲空气的清洁度,增加江河的污染度,大量砍伐覆盖率不高的山林资源,等等。中国人民所获得的只不过是工人(打工仔)可以有工作,得到极少量的工资回报;国家积累一点外汇储备而已。当然,中国的政府和企业界可以从他们那里学到一点有关现代"市场经济"的知识,以及如何从"计划经济"向"市场经济"过渡的学问。但总起来说,中国人民做出了巨大的历史性牺牲。尽管如此,中日两国经济互补性有目共睹。我在10年前、尤其是近几年曾多次对日本的老朋友说,只有中国经济真正完成了产业革命,实现了工业化,日本才有可能再次像20世纪60年代那样,出现高速的经济增长。迄今,这一点似乎还未能获得日本友人们的真正理解。经济全球化是不可避免的新世纪的经济关系,日本不合时宜的传统旧思维也应该有所变革了。

中国作为"生产基地"以及巨大的消费市场,为日本企业

界提供了巨大的"特需",日本企业界表示"归根到底,感谢中国,最受益的是日本的企业"

从上述简单而又粗略的经济发展关系的分析中,可以很清楚地看出中日经济关系的互补性,这种关系对日本的经济不仅十分有利,而且也是非常重要的,从近20年的密切经济交往中,可以明显感受到中国人民对发展与日本经济交往的热情和诚意。

最近去日本的外国机构投资家们一致看好日本股市,认为,中国经济的兴旺将是日本经济持续景气的重要因素。中国作为"生产基地"以及巨大的消费市场为日本企业界提供了巨大的"特需",日本企业界表示"归根到底,感谢中国,最受益的是日本的企业"(参见日本《经济学人》2003年12月9日,第39页)。据《日景气观察调查》,日本关西(即大阪一带)、九州和东海地区的景气恢复特别显著,这得益于对中国出口的增长,如钢铁、电机、电子产品(包括半导体)及重型机械等,均保持了对中国出口的增长。

然而,日本的企业界、经济学家乃至政府却把这一现象仅仅看做是一种"机遇",也就是类似于"朝鲜战争"时期的经济"特需"(这一"特需"把日本从战败后的废墟挽救出来),而不是从新世纪世界经济、特别是中日经济关系格局出发,视之为一种新型的历史性的互补关系。相反,不少日本人还囿于传统的国际政治观,对中国的兴起抱有忌妒和遏制的不健康心态。例如,2003年是中日签订和平友好条约25周年纪念年,日本外务省却将过去一直用于对中国人民所做的道义补偿的官方低息援助贷款削减乃至停止,并将其转给了印度。还有,明明是日本的企业为了生存和发展,将其生产基地转移到中国,其对日本经济和日本企业有益之外早已是不争的事实,然而,日本政界以及部分经济学家却依然提出,造成日本"产业空洞化"的"敌人"就是中国的廉价劳动力,以及"中国造"的价廉物美的中低级商品的进口。其用意十分明显,那就是将日本经济社会自身的矛盾,如社会的不安和工人的失业,以及政府措施不当的责任转嫁到中国人身上。其手法在我看来并不高明,甚至可以说是一种愚策,就连小泉首相也不得不公开表示,日本经济的不振是日本自己的问题,中国经济的发展对日本经济是一个"机遇"。尽管小泉首相轻描淡写地说出了事情的真相,但并未能改变日本一部分人传统的对华旧观念。

就在2003年庆祝中日友好25周年纪念的时候,日本财相盐川正十郎先生在2月间的巴黎七国财长会议上,卖力地宣传所谓的"中国输出通缩"论,进而提出要迫使人民币升值。与此同时,他还鼓动美国一起对中国政府施压。但日本工商界对此并不一定赞同,东芝公司会长是盐川先生的老友,多次劝告盐川先生不要再提迫使人民币升值的要求,但盐川先生并没有改变其主张,自2002年底以来,他多次在国会提出要求人民币升值之类的主张,并在报纸上发表要中国对世界经济承担相应的责任之类的宣传文章。其实,日本的"通缩"问题早在泡沫经济破裂之后就已开始,日本学者所说的"失去了的10年",难道不就是指日本经济不振的事实吗?20世纪90年代,日本泡沫经济破裂,而美国同期发生的信息技术革命,使生产率和企业竞争力获得空前提高,在此情况下,日本的产业必须要转变经济结构,企业的合并、裁员势在必然。结构性失业导致国内购买力下降,而日本政府仍实行凯恩斯反危机的财政政策,大量增加公共资金,以挽救大银行和大企业,因而成为世界上国内债务最大的国家之一,于是日本政府削减社会福利,由此又造成社会生产的过剩和市场不振。由此可见,日本的通货紧缩完全是日本由于自身的结构性障碍所引起的,与人民币汇价没有关系。

其实在欧洲,早就有人把日本的"通缩"称为"日本的幽灵",日本的"通缩幽灵"已经徘徊了10年有余,这是日本自制的"特产品"。美国总统布什为了竞选连任，派财政部部长斯诺亲赴远东，却首先要求日银（日本的中央银行）的"介入政策"要有所约束，允许日元的升值。2003年，日本政府为了阻止日元升值，投入了空前数量的2万亿日元来介入市场，但是否能维持日元汇价的稳定，却在未定之天。看来在布什政府新通货战略的进攻下，日元升值的压力今后还是在所难免。

为了探索21世纪中日在经济以及其他各方面建立一种新型的合乎理性的互补关系，我列举了上述一些不合乎理性的情况，其目的在于提醒我们中日两国的人民相互反思，共同探索既符合当前的世界经济形势，又有利于建立两国互利互补的合理性经济关系的途径。

笔者这里所强调的"合理性"，并不是像新古典派经济学家所说的"利益最大化"的合理性，而是相互立足于追求"正义和共荣"的新世纪的两国关系。如果单纯从"利润至上主义"出发，必难以形成一种更高层次的两国友好互助互补的新秩序。中国现在的"市场经济"尚处在初级小学程度，要真正由苏联模式的"计划经济"转轨到现代型的市场经济还需要很长的时间。毋庸讳言，从中国的领导者到一般的企业经营者和市场活动的负责人，对市场经济的理解还远远落后。加入WTO以后，中国才真正开始认真对待、学习现代市场经济的知识，建立新的法律和规章制度。中国的经济体制改革尚在进行，我们希望能从日本那里学习到有用的经验和教训。因为我相信日本发展市场经济的知识和教训，比之欧美对我们有更多的帮助。

最近，笔者看到前外务省高级官员、现为国际交流基金会理事长的小仓和夫先生所著的《吉田茂的自问》。书中提到日本对侵略战争的反思，他认为，战前日本的领导曾缺乏长远眼光，不理解亚洲兴起的民族主义，他更深入地提到日本的战败是由于明治维新以来所走的"近代化"道路的悲剧。日本的战败根源很深，恐怕要追溯到明治时代单纯的"脱亚入欧"的指导思想。从这里我感到日本的有识之士也正在反思，探索新世纪的邻国关系，这也是我所要强调的"合理性"的关键所在。

新世纪的航船已经开航，亚洲的情势也已经出现了空前的变化，一切腐朽的旧思维、旧经验也难以再行得逞，但世界形势却处于狂风巨浪之中，为了中日两国人民的安康幸福，笔者不揣浅陋，衷心祝愿中日两国人民携手共进，建立新的"合理性"的互助互补的新关系。

（作于 2004 年 1 月）

附录

日本军国主义"九一八"后对中国东北的经济掠夺(1931—1945年)

一 日本帝国主义发动"九一八"事变,非法掠夺中国东北四官银号和大量金银

(一)日本关东军发动"九一八"事变,非法抢劫中国东北四官银号,大量掠夺中国金银财物

日本帝国主义自19世纪末中日甲午战争以来就一直垂涎中国东北,蓄谋鲸吞。日俄战争以后,日本对中国东北的政治、军事、经济的侵略,得寸进尺,一步紧一步。在经济方面,从初期的商业性掠夺,很快地发展到大规模的资本输出,中国东北的经济命脉,几乎绝大部分操在日本人手中。到"九一八"事变前一年,1930年1月,日本通过借款对中国东北的投资就有238062千日元,它设在中国东北的"公司法人企业"投资达1135352千日元,还有为数众多的私人企业投资,有94991千日元,总计达到14.68亿余日元,这个数目相当于日俄战争前夕整个日本全国的国富,占各国对东北投资总额的73%。并且其所投资的事业,大部分是生产部门的投资,其中运输业占56%、

农林矿产占8.4%、工业占9.6%。

在日本的进出口贸易中，中国东北也占有重要的地位，比重很大，在"九一八"事变发生的前一年，1930年日本输往中国东北的砂糖，占日本出口砂糖总额的14%，纸张占其出口总额的12%，棉织品占12%，机械器具占其出口总额的37%。日本从中国东北掠夺进口的原料，在日本进口总额中的比重也很大。东北的大豆占其大豆进口总额的76%，煤占其进口总额的64%，铣铁占其进口总额的46%，豆饼占其进口总额的86%。

上述情况说明日本帝国主义自入侵中国东北30多年以来，何其深入地控制了整个东北的经济命脉，事实上，已把中国东北编入日本资本主义的资本循环的再生产过程。随着日本资本主义1930年经济危机的深刻化，日本帝国主义向中国东北伸出了野蛮血腥的侵略魔手。

另一方面，第一次世界大战以后，中国民族资本有了一定的发展，民族复兴的意识蓬勃高涨。正如臭名远扬的田中义内阁的奏折中所供认："东三省当局亦日益觉醒，起而步我后尘，谋建设其产业之隆盛，有得寸进尺之势，进展之迅速，实令人惊异。""最可恐怕者则支那人民日益醒觉，虽内乱正大之时，其支那人民尚能劳碌竞争，模仿日货以自代，因此，颇阻我国贸易之进展。""考我国之现势及将来，为欲造成昭和新政，必须以积极的对满蒙强取权利为主义，以权利而保护贸易，此不但可制止支那工业之发达，亦可逐欧势东渐，策之优，计之善，莫过于此。"还说："我对满蒙之权利如可真实的到我手，则以满蒙为根据……而攫取全支那之利源，以支那之富源而作征服印度、南洋各岛、中小亚细亚及欧罗巴之用。"

"九一八"事变正是日本帝国主义为挽救其资本主义的经济危机，变中国为它所独霸的殖民地的有计划的侵略战争。

由于国民党政府的不抵抗主义,使中国丧失了东北。丧失东北,意味着丧失了中国 1/10 的领土,失掉了 30% 的煤产量、71% 的铁产量、9% 的石油产量、23% 的发电量、37% 的森林面积、41% 的铁路长度、1/3 的对外贸易,当时东北还是中国唯一出超的地区。东北之丧失给中国人民带来了莫大的损害和灾难,而给日本帝国主义则提供了无尽止的掠夺的源泉。

1931 年 9 月 18 日深夜,关东军野蛮无理出兵包围中国北大营后,19 日清晨即强占中国沈阳,占领了中国东三省官银号和边业银行,封存了一切金、银财物。另一方面在 21 日深夜,日本侵略军第二师团主力进占中国吉林,当即派遣其经理部长,宣称要"接管"中国吉林的东三省官银号和边业银行分行,"接管"中国吉林永衡官银号。11 月 19 日,日军进军齐齐哈尔,中国黑龙江省官银号又落入日军之手。日军夺取中国四行号后,即阴谋利用原有机构以"安定人心,维持治安"。据日本驻奉天总领事密电日外相币原,报告占领后之金融措施情况中所说,满铁理事首藤正寿于 9 月 30 日会见了关东军司令官,又复与国民党反动政府的代表张公权商谈,与日总领事商量之后,访问了关东军三宅参谋长,计议如何策划占领后的金融掠夺的措施。讨论结果,具体决定在奉天由"中日"双方银行代表、满铁、"市长"、商会等组成金融研究会,一方面策划拟定东三省官银号及吉林永衡官银号复业管理办法;一方面对边业银行、四行准备库、公济银号以及其他官银号之附属事业,进行清理没收。到了 1932 年 3 月日本帝国主义一手制造了伪满傀儡政权,于是各行号又在伪满政府和关东军统治部联合管理的名义下,继续营业,3 月 15 日乃宣布侵吞中国四官银号,合并组成伪满中央银行。

根据伪满中央银行所编制的合并四行号后的总借贷对照表,其中被日军抢劫去的金、银和财产项目中,计有价证券 1600 万元、生金、银410万元，财产项目2000余万元，现金3000余万元，合计约为7000余万元现金。这个数字是日军侵占半年以后即1932年7月1日的数字，其实际掠夺的数目远远超过这个数额。单就中国东北各官银号及四行准备库及中交两行的纸币发行的现金准备来说，总数就有4500万银元[1]。伪满中央银行副总裁山成乔六和伪满央行理事五十岚谈到伪满央行的财产状态时说："合并到伪满中央银行的四大银行，过去发行的巨额纸币换算伪币约一亿四千万元。但伪满中央银行之准备金有八千万银元（在去年［1931年］事变发生时，军部立即'没收'了五千六百万元银元。如这笔五千六百万银元为学良处理了，则此番设立中央银行将发生非常的困难。这点伪满洲国对军部要表示莫大感恩），此外还有森林及其他有价证券六千万元，基础牢固。"[2]

根据上面伪满央行副总裁山成乔六的自供，伪满央行准备金有8000万银元，而在四行号合并后的总借贷对照表中，只有现

---

[1] 据关东军统治部财务课在1932年1月14日所拟之《货币及金融制度改革案》中，对中国东北各种纸币的发行额及其准备金做了调查统计，其中各发行银行所保有的准备金内容如下：

东三省官银号	正金钞票	15649000日元
	美元	1500000美元
	朝鲜金票	1987000日元
	上海规元	3513000两
	现大洋	1121000元
四行准备库	现大洋	3675000元
中国银行	同 上	774000元
交通银行	同 上	300000元
东三省官银号	银 块	1220000盎司（合1545000元）
边业银行	换算现大洋	3000000元
永衡官银钱号	正金钞票	6000000元
合 计	换算现大洋	约45000000元

[2] 见北京图书馆藏《外务省档案》S274号胶卷（关东厅警务局致拓务省、外务省次官密电，1932年8月24日）。

金3000万银元一项，所以日军所掠夺的5600万银元，根本是不在账内的，但在合并后的总借贷对照表中，还有生金、银413.9万余元和财产项目2000余万元，没有计算在内。因此日本从中国东北四行号所掠夺的金、银财物和现大洋，是一个非常巨大的数字。而这些庞大的金、银块和现大洋又都是封建军阀长期以来从劳动人民身上所搜刮去的血汗结晶。

(二) 日本侵略者霸占中国东北后的经济掠夺方针

日本强盗霸占中国东北以后，为了便于欺骗、统制和奴役，制造了伪满傀儡政权。1931年11月28日，日本外务省清水嘱托（官名）在其致外务省的报告中说："这里所谓满洲政权者，乃将满洲地区从中国分离开来，树立作为我国（日本，下同）傀儡的政权之意。军事方面听从我国，警察也以我国人为首脑，财政及其他各种行政权亦在我指挥之下，事实上成为我国保护领土的性质，这样我国可根据需要，逐步采取经济措施，调整与国内和朝鲜之间的经济关系，把满洲作为经济圈内的一部分，而对我国经济有相当的贡献。"①

日本帝国主义究竟想要从中国东北获得什么样的"贡献"呢？在1932年8月5日，日本关东军特务部所制定的《关于满洲经济统制的根本方案》中，以及满铁经济调查会所拟订的《关于满洲经济统制策》中，我们可以看到它的真正的面目。在关东军特务部所制定的对满经济统制方案中，它的方针是："(1) 将日满经济融合而为一体化；(2) 在平时和战时保障日满两国的安全和国民的生活；(3) 扩大对外经济作战的能力。"②

---

① 日本《外务省档案》S206胶卷。
② 见满铁经济调查会编：《满洲经济统制方案》（极秘），第13页及59页。

在满铁经济调查会所拟的《统制策》中，其内容几乎完全一致。"（1）将日满经济汇合而为统一体；（2）确立国防经济体制；（3）在满洲扶植牢不可动的日本经济势力；（4）以国民全体的利益为基础。"[1]

综上观之，日本帝国主义对中国东北经济掠夺的方针，不外是霸占中国东北成为日本永久的殖民地，一方面为日本资本主义的扩大再生产提供廉价的劳力、原料和市场；一方面为日本帝国主义的侵略战争提供军事基地，其所谓"一体化"和"国防经济体制"者，就是这个意思。

在后来的日本侵略者具体在中国东北建立军事工业的所谓《第一次产业开发五年计划纲要》中，它的军事侵略的野心就暴露得非常清楚。在该纲要中首先规定要发展军火工厂和战略资源，一切都要为侵略战争服务。在该纲要中规定：

（一）工矿业部门：

第一，要建立兵器、飞机、汽车、车辆等与军需有关的工业。

第二，开发铁、液体燃料、煤、电力等基本重要产业，重点特别放在国防必需的铁与液体燃料方面。

（二）农畜产业部门：

第一，力谋增产军需农产物资，如小麦、大麦、燕麦、麻、棉花。

第二，大米的增产计划，决定于日本人移民；要考察日本国内大米的供求关系，作一般性的调整。

第三，增产马、绵羊，重点放在改良品种方面。

---

[1] 见满铁经济调查会编：《满洲经济统制方案》（极秘），第13页及59页。

（三）交通部门重点放在国防及开发、铁道和港湾设备方面①。

像上面这样一个产业开发五年计划的内容，充分告诉我们，日本帝国主义是要把中国东北建立成为一座侵略战争的军火工厂，是要把中国东北的富源和人力，用来全部"贡献"于日本帝国主义的侵略战争。它所标榜的所谓什么"皇道乐土"呀、什么"民族协和"呀，安全是殖民主义者的欺世奇谈，是奴役中国人民的蒙汗毒药。

撇开上述军事的产业开发计划，让我们再看一看日本政府对一般生产事业的掠夺方针，它的狰狞面目，依然是一样险恶。日本农林省在它的"关于日满经济统制意见"方案中，对掠夺中国东北的农业和畜产业，规定了这样的方针：

"第一，农业方面：

（1）棉花要奖励生产。

（2）大米不奖励生产。下列作物，凡以向我国（日本）输出为目的的盖不奖励增产：即小麦、燕麦、大豆、小豆、落花生，以及其他豆类、玉蜀黍、高粱、粟、荞麦、胡麻、果实（苹果、葡萄等）。

第二，畜产业方面：

应增产绵羊。牛猪，以输出我国（日本）为目的者不予奖励；养蚕不予奖励。"②

从日本帝国主义对伪满农、畜产品生产的统制规定中，不难看出，凡是日本国内所需要的，如棉花、羊毛等，就要增产；凡是不为日本国内所需要的农、畜产品，就不许增产，甚至连水果

---

① 日本《外务省档案》S206号胶卷。
② 同上。

类都加以限制，可见帝国主义者的用心，真是无所不用其极。在日本商工省在其提出的《关于日满经济统制方针》中，首先要求的是确保原料的来源，它规定："特别要确保的资源是棉花、羊毛、木材、盐、纸浆、原油和铅矿；急要发展的工业是：化学工业、石油工业、壳牌石油工业、煤炭液体化工业、煤炭低馏工业、汽车工业、兵器工业、羊毛、棉花、铁钢、盐、轻金属、铝矿、亚铝矿和锌矿等工业。"①

二 建立为军事掠夺服务的货币金融体系（1932—1936年）

（一）建立以"伪满中央银行"为中心的金融掠夺体系

日寇夺取了中国东北四大官银号，劫去了中国庞大的金、银财富之后，乃积极筹备实现扩军备战的货币金融制度的掠夺体系。

日寇关东军统治部在1932年2月5日提出了伪满傀儡政权《货币及金融制度的方针案》，拟定了具体的货币金融掠夺措施。根据《日满经济统制方针纲要》中规定，伪满货币金融制度建立的原则，首先在于确立为日本军事掠夺服务的全面集中控制的货币金融制度的基础。在该纲要中规定："关于货币金融方面，保持两'国'货币制度与金融组织之顺利协调，使我国（日本）资本与满洲资源之间实现有效而密切的结合，为达到这一目的，进行必要的统制。"于是在伪满的货币金融政策中就规定：（1）关于货币制度在将来适当时机，采用与中国（日本）同样的制度，要努力促使这种局面的到来。（2）关于金融机关，促使伪满中央银行与在满洲的日"满"已有的金融机关加强进一

---

① 日本《外务省档》S206号胶卷。

步的结合，发挥各自机能，整顿并利用储蓄机构，以便积累资本，防止资金外流。同时，整顿充实地方长期金融机关，以促进农工业金融通畅。（3）为便于我国（日本）投资，我国（日本）金融有关方面组织对满投资团，与满洲之日"满"金融机关保持联系，以沟通两国金融。（4）为引进外国投资，研究适当方法①。

在如何具体进行上述货币掠夺的措施方面，日寇内部有两种不同的意见，同时也是日本金融资本集团内部利害矛盾的斗争。历来日本在中国东北的金融资本的势力，有两种不同货币单位的对立体系：一是以金为货币本位内容的朝鲜银行发行的金票（印老头票）；二是以银为货币本位内容的正金银行发行的正金钞票。早在1921年就已发生过所谓"金建问题"，展开了激烈的权利争夺的斗争。这次在确立伪满货币制度本位的时候，双方的权利斗争又重新出现。以正金银行为代表的金融资本集团，主张伪满采用银本位制，因为在东北中国人民一向习惯用银，利用以银元为单位的货币，更容易进行掠夺。例如在收买土特产品、大豆粮食之类，利用以银元为单位的正金银行纸币，更便于掠夺和欺骗。另外，日本帝国主义的野心，绝不满足于对中国东北进行农产品的掠夺，日本军部以及发行以金为货币本位内容的朝鲜银行，则极力要在伪满实现与日本货币制度一体化的掠夺政策，主张采用金本位，其理由是："（1）日'满'两国货币制度不同，对两国贸易有不少的妨碍；（2）'满洲国'的银本位制以及由此所发生的基础不稳定，将使日本国内的资本家对满投资产生困难。"②

---

① 日本《外务省档案》S206号胶卷。
② 日本《外务省档案》S204号胶卷（"满洲国"货币本位制度变更问题）。

虽然，军部以及日本国内的金融资本集团主张在伪满实现与日元一体化的金本位制，但垄断资本的首要目的在于如何才能更快更多地进行掠夺，这样，就不得不先从现实的条件出发。当时日本侵略者为实现其金融侵略的野心，首先必须消灭中国原有的通货，建立其统一的货币金融制度的掠夺体系，而当时中国东北的币制是以银为本位的，如用以金为内容的纸币来统一原有的货币，必然要引起很大混乱，也必然不为人民所接受；而且在掠夺农产品方面，用金本位的纸币，还不如用一向为人民所习惯用的以银元为本位的纸币更有利于掠夺。因此，为了实现其掠夺的目的，为了实现其统一币制的阴谋，关东军就定出一个过渡时期的办法，利用中国现大洋票为法定货币，规定各种旧有纸币与现大洋票的比价，一面保持当时货币流通的稳定局面；另一面可以借以来统一币制，全面控制。

在关东军的货币金融制度的掠夺方针中，对伪满货币制度问题，首先就规定：满洲新国家的币制，须采取果断措施，确立金本位制的原则。但它又举出立即施行有困难，理由是：第一，还没有建立伪政权，财政尚待整顿。第二，国际收支没有把握。第三，伪满黄金产量不明。第四，当时世界各国争夺资金，当时日本从中国东北所掠夺的金银折成黄金约有4000万元，而它要维持12000万元的纸币发行，要有7000万元的黄金准备，相差3000万元，结果只有依赖日本，而日本黄金的情况也十分不佳，日本无此实力。第五，从中国东北官银号掠夺了大量的白银，又将无法处理，如果实行金本位制，要引起银价下跌，对日本侵略者不利。第六，为立即在伪满实施金本位制，伪满既为"独立政权"，朝鲜银行的金券反而要取消流通，朝鲜银行的生存会发生问题，如果朝鲜银行从伪满退出，其放出的货币如一旦要收回也要引起问题。第七，如实行金本位，日元的外汇不稳定，而美国的外汇市价稳定，则美国对伪满的投资反而更为有利了。第八，如果采取以日本金元为单位的制度，即以日本银行券为准备发行纸币的话，则伪满货币发生的准备金的负担，要落到日本银行身上，对日本不利①。

上述这些情况说明日本对于伪满货币金融制度的基本方针，是要建立"日满一体化"的货币本位制度，使伪满货币成为日元的延长或替身，这样可以便于日本垄断资本的剥削。但因条件尚不成熟，乃决定利用原来的现大洋票为货币单位，规定货币单位"元"的含银量为23.91格兰姆，但不铸造银元硬币，而以申汇为其兑换的基础，事实上是一种不兑换纸币。日寇的目的，除了我们在上面说过的，为了掠夺农产品，利用原有货币单位，便于欺骗、便于其全面控制，统一币制的阴谋以外，它还图谋利用申汇的渠道，将它所掠夺的数千万元的白银集中到上海，加以处理，充实其黄金储备，"将来还储备去援助日本的黄金储备"②。

关东军根据上述货币掠夺的阴谋，拟定了伪满中央银行的组织条例，伪满货币法，将货币发行权集中在伪满中央银行，形成了以伪满中央银行为中心，以其所发行的伪满币为基础的伪满货币金融制度的掠夺体系。

（二）伪满中央银行强迫收兑中国东北地方通货，建立伪满金融掠夺体系的过程

自伪满政权建立直到日本投降的14年间，日本帝国主义对

---

① 见关东军统治部：《货币及金融制度方针案》说明书，《满洲通货金融方策》（极秘）第167页。

② 见关东军统治部：《货币及金融制度方针案》。

东北沦陷区的金融掠夺,自始至终都是与它的侵略战争相结合的。因此,日本对中国东北的金融掠夺过程,与它所发动的侵略战争的过程也是一致的。自1932年伪满成立傀儡政权至1936年,从货币金融体制来说,是建立伪满货币金融掠夺体系基础的阶段。在这一时期里,日本侵略者夺取了中国东北四官银号,成立了伪满中央银行,发行伪币,强迫收兑中国原有的通货,建立了伪满全面控制的金融掠夺体系,并成立了以伪满中央银行为中心的伪满金融机构网。自1937年到1941年,是日本帝国主义全面发动对中国侵略,在中国东北沦陷区全面进行军火工业建设的时期,在这一时期里加强了全面金融控制,实行了军事通货膨胀政策,进行大规模的掠夺战略资源。自1941年太平洋战争爆发直至1945年8月日本帝国主义投降,是日本帝国主义进入垂死挣扎,进行疯狂掠夺的阶段。

这里我们首先考察一下建立以伪满货币为中心的统一的金融掠夺体系的过程。以伪满币为掠夺中心的体制的建立,基本上有两个阶段:第一个阶段是1932年开始,伪满币以银为本位,利用"申汇"与上海规元银两联系的银本位币的掠夺体制;第二个阶段是从1935年以后,放弃与上海规元银两的联系,而直接与日元联系,完全转变为日元的延长和替身,实现了以金为本位的掠夺体制。

1932年6月,随着伪满中央银行宣布成立,即在同月11日,公布了伪满的货币法。在货币法中规定:"伪币之制造及发行权,属于政府而使满洲中央银行执行之。"货币本位规定"以纯银重量23.91克为价格单位,定名曰圆。"

虽然伪币规定为银本位,也规定了它的含银量,但并不规定要铸造银元,也不规定银币"圆"的金属成色,而只是在形式上规定可以兑换上海规元,这无非是一种骗局,伪币事实上是不兑现纸币，由于这样一规定，就可以使人产生一种错觉，可以欺骗长期来用惯银元的中国东北人民，还以为货币是与银元完全一致的。在初期因伪满央行的纸币印刷需要时间，即利用中国现大洋票加盖伪满中央银行的图章，作为法定货币，一面严禁其他各种纸币的增发，规定其他各种纸币与现大洋票之间的兑换比价，借以谋求稳定币价，进行强迫收兑中国东北当地原有之各种通货。

在同年6月27日，伪满当局公布了"旧货币整理办法"，规定15种原有通货，可以按一定比例继续流通，兑换伪币，期限为两年，期满后即作废。对中国、交通两行发行的哈大洋票，则准许其已发行的部分在五年内可以继续流通使用，但每年应收回总额1/5，五年之内，全部收回。

由伪满央行强迫收兑的，计有东三省官银号所发行的东三省现大洋票、哈大洋票、汇兑券、铜圆票和辽宁四行号联合发行准备库发行的兑换券；有边业银行发行的边业现大洋票和哈大洋票；有吉林永衡官银钱号的吉林官票、吉大洋票、吉小洋票、哈大洋票；还有黑龙江省官银号的哈大洋票、江省官票、江省大洋票和江省四厘债券。共15种通货，总额折合伪满币为142234881元。其券别种类不下136种。接着又强制将中国东北各地流通的地方性特殊通货，如马大洋票160万元，热河票1000万元，还有多种私贴约1600万元，亦在1934年6月全部加以驱逐。对营口之过炉银在1933年11月加以吞并，在营口设立了营口商业银行以代替过去残存之四家炉银。对安东之镇平银亦于1934年12月强迫禁止使用，以伪币100元换镇平银70.2两的比价，强制"收买"，计"收买"了500万两的白银。此外对现小洋及小洋票、十进铜圆和旧铜圆，亦全部收回。据伪满央行记载，计强制收兑了中国现小洋约500万元，双枚铜圆（相当制钱20文）计994747枚，单枚铜圆（相当制钱10文）计859222枚。

截至1935年8月底，伪满央行强制收兑的我东北地方通货，达138214120元，其收回率为97.2%。

伪满央行收兑中国原有通货之如此雷厉风行，如此彻底，说明了日本帝国主义吞并中国东北之狼子野心是何其残暴。上述伪满央行对中国原有通货之收兑比例之高，即说明伪满币已经全面控制了中国整个东北的城市与乡村的货币流通，为日本垄断资本掠夺中国东北3000万同胞的血汗，布置了杀人不见血的货币掠夺体系。这样日本帝国主义就完成了它建立伪满货币金融掠夺体制的任务，建立了以银为本位的统一的伪币制度。这是伪币统一币制的第一个阶段。

在这一段时间，伪满央行利用操纵现大洋的买卖以掠夺中国现银，并用以稳定伪币的价值。当时伪满央行可以用以来维持伪币之流动资金，计有下列几种款项：（1）规元银计700万元；（2）正金银行钞票计2000万日元；（3）现大洋有700万元。而这些款项，多属伪币发行额之储备金。伪满央行鉴于过去东北各发钞银行，皆悉利用"申汇"以维持其币价，而皆以失败告终的经验，于是改变手法，采取先卖出现大洋，而后再出卖上海规元。一时因伪币信用不佳，要求兑现大洋者人数很多，情况颇为不妙。伪满央行之沈阳分行及长春总行乃限制每人兑换30元，但对要求大量兑换之钱庄，则不加限制，结果700万元现大洋中兑现了500万元，但在现大洋市价低时，伪满央行则大量扒进，收回大批现大洋，竟超出了原来的700万元，以后现大洋需要渐减，伪满央行又继续收进，并将各地之现小洋亦陆续收回，结果其现大洋的存额一时竟达到了2000万元以上。对于要求上海申汇者，则是利用大连之申汇市场，以正金钞票换取上海规元银，以充汇兑资金之需。其获取正金钞票的方法，则利用伪币向农村掠购土特产品，再在大连土特产交易所售出，每年至少可取得正金钞票 2000 万元。及至其土特产买卖遭军部及日商反对后，其获取正金钞票的来源就被断绝，改向大连正金银行借款 300 万日元，加上其原有之正金钞票，其有 2000 余万元，于是其对外价值仍能保持基本稳定。

如上所述，伪满央行完全是靠军事掠夺，建立在欺骗和强迫的基础上的。在 1935 年 5 月 30 日，伪满财政部复宣布禁止现大洋之计价交易，过去凡以现大洋为计价单位的借贷及存款等契约，其偿还支付一律按现大洋一元折合伪币一元之兑换率偿还支付，严禁债权者要求以现大洋之偿还或支付，并禁止现大洋出口，控制其进口，使之完全停止流通。在市场上伪满央行为了收进现大洋，就规定现大洋 100 元，合伪币 166 元左右，这时人们才明白伪满央行所规定的伪币的白银含量，完全是一种骗人把戏。

虽然伪满央行用伪满币统一了中国东北原有的货币，但在伪满却有大量的日本银行券和朝鲜银行的金券（老头票）在流通，而朝鲜银行的金券流通额还超出了伪满币的数额，同时伪满币是以银为基础的，对于以用金为基础的日本资本家来说，就存在金银比价变动的危险，对日本产品输出和垄断资本的投资和剥削很不利，因此伪满币就需要进行第二次改革。

适逢 1934 年 7 月以后，美国采取了极端自私的提高白银价格的政策，世界银价暴涨，破坏了银与物价的正常关系，伪满币价值随之昂腾，农产品价格，则相反地随之下落，伪满物价发生了动摇，伪满傀儡政权采取了稳定物价政策，使伪满币的上涨速度缓和，如按行市在伪满币 100 元可兑日金 120 元的时候，则加以操纵，使之稳定在日金 110 元左右，极力避免物价之剧烈波动。由于美国继续采取提高白银价格政策，国民党政府于 1935

年进行了"法币改革"，采取了与英镑联系的政策，伪满币本来通过正金钞票与上海规元联系的，这时也失去了联系的基础，于是就有意识地操纵伪满币的市价逐渐与日元接近，在1935年4月切断了与银的联系，使伪满币与日元保持稳定的状态，并逐步使伪满币下落到与日元等价的比例。在同年8月双方似乎接近等价水平的时候，就在同年9月宣布伪满币与日元的等价的汇兑比例。1935年11月4日，日本内阁乃宣布了《关于满洲国货币价值稳定及币制统一之件》的决定。规定伪满币与日元的比价固定在等价的联系上，这样就使伪满币完全转变成与金联系的货币制度了。

日本帝国主义之所以要使伪满币采取与金联系的制度，其理由我们已经在上面说过了，但为什么要固定双方的比价是等价的联系呢？因为这样做，一方面可以实现伪满币与日元的一体化，成为日元在伪满的代替的货币符号；另一方面，由于伪满境内有大量的日元券和朝鲜银行金券的流通，自从日寇霸占中国东北以来，一切军事开支和对资源的掠夺，都利用朝鲜银行发行金券，所以朝鲜银行的老头票一时流通额猛增，为了避免伪满币与鲜银金券之间的矛盾，就必须改变伪满币与白银的联系，而采取与日元等价的联系，这样对日人的经济活动和日常生活，就不会发生影响，同时也便于使伪满币进一步吸收朝鲜银行的金券，可以更顺利地实现用伪满币统一币制的目的。

所以，在1935年11月4日日本内阁的决议中指出："在这样形势下，确定满币之本位制度，对满财政经济上以及对日满两国紧密的经济关系上，都是最适当的时机，正是应该付诸实行的阶段了。"① 同时宣布朝鲜银行和正金银行的银行券，一律要统

---

① 日本《外务省档案》SP156号胶卷。

一于伪满币。首先规定:"朝鲜银行在伪满之营业,须加以适当控制,除在满铁附属地以外,该银行券之发行须及早停止。"①

伪满中央银行根据日本内阁的决议,在同年12月6日与朝鲜银行签订了《业务协定》,其内容大致为:(1)伪满央行与朝鲜银行之间得相互等价兑换发行券;(2)朝鲜银行可以从伪满央行获得必要的伪满币资金;(3)伪满央行的日元资金要存入朝鲜银行;(4)伪满对日本之汇兑业务要集中由朝鲜银行办理;(5)在一般商业金融业务方面,双方保持合作。在伪满央行与朝鲜银行签订了《业务协定》以后,日本大藏省即在12月11日,对朝鲜银行发出了收回在伪满的朝鲜银行老头票的命令,同时对在伪满的日籍银行的正隆银行及满洲银行,亦发出了类似的命令,规定在伪满的一切存放业务,除满铁附属地区及间岛地方外,要一律使用伪满币,对土特产品的放款,则全部使用伪满币。

日本侵略者为了使伪满币与日元的汇价比价保持固定的等价联系,在同年12月10日宣布实行外汇管理办法,以防止资金外流。实施后雷厉风行,严禁变卖现大洋、现小洋,撤销钱钞交易所及钱庄,限制购买外国通货及外国汇兑,制止输入外国通货及输出金银。至此,伪满币转化为金元体系的过程就告完成,日本帝国主义多年来一直追求的"日满货币一体化"的侵略阴谋,如愿以偿了。

关于正金银行的钞票,由于国民党政府已在1935年11月实行了法币改革,由于伪满币与日元之间已实现了固定的等价联系,同时伪满当局又宣布了施行外汇管理办法,在"关东州租借地"对外汇管理办法进行修改,从而加强了伪满币的对外地

---

① 日本《外务省档案》SP156号胶卷。

位，伪满币可以通过与日元等价联系完成其外汇结算任务，因此过去一直担任外汇货币机能的正金钞票，就失去了它存在的意义。1936年9月22日，日本政府命令关东州、旧满铁附属地以及伪满属下的地区，在同年10月1日以后，禁止正金钞票的发行、计价和流通。至此，曾经掠夺中国北东达35年之久的正金钞票，从历史舞台消失而由更加直接服务于日本帝国主义军事侵略的伪满币来代替。

日本强盗侵占中国东北以后，正金银行的钞票曾一度猛增，1930年即在事变以前，正金钞票发行额为597.1万日元，事变爆发的那一年（1931），竟一跃而至1437.2万日元，增至近3倍；到了1932年4月，曾达到了1600万日元，这说明了日本财阀如何疯狂地利用纸币发行对中国进行掠夺了。表1系"九一八"事变后正金银行的钞票发行额。

表1　　　　"九一八"事变后正金银行发行额

年份	发行额
1930年	5917千日元
1931年	14372千日元
1932/4月	16085千日元
1932/12月	5617千日元
1933年	3037千日元
1934年	3061千日元
1935年	3405千日元
1936/6月	2500千日元

资料来源：1930—1935年，采自满铁经济调查会：《满洲经济统计月报》；1936年6月采自东亚同文会：《支那及满洲之通货及币制改革》。

＊：表中1932年12月较4月份发行额锐减原因，系钞票转为该行存款，回到正金银行手中之故。

表2　"九一八"事变后朝鲜银行金券发行额

年份	发行额
1930年（事变前）	90615千日元
1931年（事变后）	100909千日元
1932年	124622千日元
1933年	114559千日元
1934年	192457千日元
1935年	220777千日元
1936年	211252千日元

资料来源：(1) 1930年、1931年采自朝鲜总督府：《朝鲜金融事项参考书》（昭和八年）；(2) 1932年、1933年采自满铁经济调查会：《满洲各种纸币流通额统计表》；(3) 1934年、1935年采自《朝鲜银行统计月表》；(4) 1936年采自《银行年鉴》。

虽然在1933年以后，正金银行的钞票发行额日渐缩小而朝鲜银行的金券发行额则日渐扩大（见表2），但正金银行利用钞票对中国东北人民的剥削，并未丝毫减小。它利用钞票信用货币的放款，在1932年下半年平均每月贷出7160千日元，1934年则增加到8750千日元，1935年全年平均每月贷出数增加到1110万日元。1935年比1932年平均增加55%。它还利用朝鲜银行金券的信用放款，进行剥削，在1932年下半年平均每月贷出金票放款118385千日元，以后逐年都有增加，1935年增至146224千日元，1935年平均每月贷放金票放款，比1932年增加了24.3%[①]。

如上所述，自1932年伪满中央银行颁布"货币法"着手统

---

① 伪满中央银行调查课：《调查资料·B. 第六号》，第8页。

一币制以来，经历了第一阶段的与银联系的过程，于1936年完全实现了作为与日元等价联系的金元货币的存在，在这一段时期中，伪币的发行额如表3。

表3　　　　　　　　伪满币发行额　　　　　单位：千元伪满币

年份	发行额	准备率
1932	151865	51.3%
1933	129223	52.3%
1934	168332	44.4%
1935	178655	51.6%
1936	254243	69.17%

资料来源：采自《伪满央行十年史》。

虽然伪满中央银行前后经过两个阶段，统一了伪满币的掠夺体系，但朝鲜银行的金券在满铁附属地区和间岛地区，仍继续流通，这对伪满币统一和控制货币流通，仍然是一个障碍。对于日本帝国主义在伪满实现经济军事化，建立战时经济体制，仍然不利。日寇在初步实现了伪满币的统一局面之后，对伪满的金融机构，也进行了淘汰和强化。为从1937年开始其军事工业的全面建设，就必须建立对军事工业进行投放资金的专门机关，而朝鲜银行，以及日籍的正隆银行和满洲银行之继续存在，在资金吸收和投放方面，对日本的军事工业的计划要求，步调不能一致，对伪满央行的控制也发生消极作用。日本帝国主义者为了加速军事工业的发展，乃在1936年12月，颁布《伪满兴业银行法》，成立伪满兴业银行，作为伪满的法人组织，专门担任长期的工矿企业金融的投资任务。将在伪满的朝鲜银行的20个分支机构、正隆银行总分行19处、满洲银行总分行20处，加以合并，统一组成伪满兴业银行。并继承了它们的存款18800万元、放款16600万元。伪满兴业银行第一次资本额为3000万元，半数由伪满政府出资，在伪满兴业银行的股东中，有日本皇族宫内府梨本亲王的投资，计1500股、75000日元。在太平洋战争发生以后，又增资至1亿日元，实收为9000万日元。

由于朝鲜银行的所有分支机构，已经不复存在，至此，朝鲜银行的老头票的流通，也就完全从伪满退出了，以后只有旅客路过时所携带的小量金券。日寇为建立其军事工业的统一的货币金融掠夺体系，至此乃告完成。

伪满币和日本帝国主义以后在全面侵略中国本土时所发行的一系列的伪币：如蒙疆币、联银券、中储券、华兴券，军用票以及在南洋一带所发行的南方开发券等，它们的性质、任务和职能，完全是一样的，它们都是为日本军国主义侵略战争服务的掠夺工具，都是一种军票的性质。它们根本没有经济基础，而是专门为了军事侵略掠夺的目的服务的；它们的流通力是建立在军队武力的基础之上，它们要靠日本军队的刺刀，消灭原有当地的通货，才能获得流通的地盘，它们从一开始就是军事通货膨胀的掠夺工具。

人们可能要问从1932年至1937年，伪满币的外汇行市是稳定的，1932年它的申汇是98.48，日汇90.93，英汇1先令2便士84，美汇21.07；1936年则申汇为98.03，日汇100.00，英汇1先令1便士，美汇为28.99；其物价指数也是稳定的，如以1932年平均为100，1936年平均数则为106.1。这又怎样说它是从一开始就是通货膨胀的工具呢？要知道这完全是一种假象，一种骗局，而不是它的本质。首先因为这一时期日寇在伪满的一切军事开支和产业开发都是利用朝鲜银行发行金券来进行的；其次对于初期城市计划事业的各项支出，又都是一律利用发行地方债来完成的，加之日本强盗从中国东北掠夺的大量金、银、有价证券等，都还未消耗罄尽，因而伪满币的发行额，就没有过多发行的必要，正好利用这一手法，来确立伪币的信用，借以欺骗蒙蔽人民。

表4　1936年底伪满统制下的各银行别存放余额表　　单位：千元伪满币

银行名	存款	放款
伪满央行	225582	197359
东北普通商业银行	13042	36586
日籍系统银行	444249	368012
鲜银	268900	131600
正金	39700	61800
满洲银行	130422	164595
正隆银行		
其他普通银行	5227	10017
中国关内系统银行	25919	23540
欧美系统银行	12400	24400

资料来源：根据《最近满洲经济事情》作成。其中日籍银行合计数系根据《伪满中央银行十年史》，满洲银行及正隆银行数字系倒推算出。

伪满在统一伪币制度、全面控制货币流通的同时，在这个时期对伪满控制下的金融机构，也进行了淘汰和排挤。伪满中央银行吞并了中国原有官银号后，将中央银行业务、普通商业银行业务和农工商金融业务，都完全控制在自己手中。1933年11月，伪满对原有普通商业银行进行了管理和淘汰，公布了银行法，实行情理合并，结果在1934年6月前申请换领营业执照的银行，总数达169家，而准许换领者只有65家；这时中国关内系统在东北的分行，计有中国银行、交通银行、金城银行、大中银行、国货银行及河北省银行等6家银行，伪满迫使沈阳之国货银行分行及河北省银行分行两家停业，只准许中国银行13处、交通银行8处，大中及金城各一家，总共各23家营业，而原来申请的各行分支机构却共有48家,减少了一半以上。这些分行的营业则受到极端严格的限制,除经营对关内汇款业务外,毫无活动余地。各行在东北之负债额(如存款等)超过其资产额时,勒令将其负债之超过额全部集中存于伪满中央银行。还勒令中国、交通两行在长春设立管辖行,以便伪满央行对中国、交通各分支机构的控制。1936年2月伪满为了进一步限制中国、交通两行的业务,迫令它将存款利率降低,以减少其资金活动的来源。1935年10月对一般普通商业银行又进行了第二次淘汰工作,结果将私人经营的银行合并成40家;到了1936年,又减少成37家。其中资本额超过200万元者仅有奉天商工银行和东边实业银行两家。但日籍银行却利用治外法权,获得各种特权,垄断了一般商业银行的业务。表4系1936年底伪满统制下的各银行的存、放款余额,从中我们可以看到日籍系统银行占绝对的优势,而中国关内系统的银行和东北普通商业银行的存放款余额总数加起来,还抵不上正金银行一家的余额,如与朝鲜银行相比,则相差更多,只有它的1/8左右。从1932年以来,经过四年多的时间,日寇不仅建立了伪满货币金融的掠夺体系,而且全面地控制了所有的金融机关,为它下一步推行侵略战争准备的第一次五年产业开发计划,创设了资金投放和通货膨胀的金融掠夺体系。

(三)第一次产业开发五年计划与通货膨胀的掠夺(1937—1941年)

(一)建立军事工业的庞大资金计划

从1932年建立伪满傀儡政权起,到1936年底止,日本帝国主义为了霸占中国东北作为它永久的殖民地,为了在中国东北建立其军事侵略的兵站基地,进行了一系列的基本建设工作。在货币金融制度方面,如上所述,掠夺了中国东北四官银号,成立了伪满中央银行;又强迫折价收兑了中国东北的通货,废除了朝鲜银行金券和正金银行的钞票,建立了以伪满币为统一货币的体系,这为日本帝国主义进一步进行货币掠夺,开发战略资源打下了流通过程的基础。

在各个产业部门,也采取了特殊的统制形态,即所谓"特殊公司"和"准特殊公司"的垄断组织的企业形态。在这一时期,主要是以满铁系统的资本为中心,初期着重于交通运输业,而后逐渐向钢铁和煤炭方面转移。南满铁道公司除去它本身大大扩充了铁路建设事业以外,还先后建立了满洲电信电话公司、满洲炭矿股份公司、满洲石油股份公司、满洲矿业开发公司,满洲采金公司。接着又成立了一系列的新的特殊公司,如满洲林业、满洲盐业、奉天造兵厂、满洲拓植、弘根协会、满洲生命、满洲计器、满洲轻金属、还有伪满兴业银行。在准特殊公司方面,有满洲航空、大安汽船、满洲电业、本溪湖煤铁、满洲曹达、日满商事等。

所谓"特殊公司"者是日本垄断资本与日本军部相勾结的一种垄断经营形态,它垄断了属于国防方面和公益性的重要产业,大都是根据个别的特定的公司法设立的,或者是根据日"满"间的条约规定而设立的。至于所谓"准特殊公司"其所经营的事业之重要性,决不下于特殊公司之事业,只是它的设立不像特殊公司要根据特定的公司法,而是根据《重要产业统制法》请求政府批准而设立的,其机能与特殊公司相同,所以叫做"准特殊公司"。事实上,都是一种垄断资本的垄断经营形态。

1936年,在日本国内出现了"二二六"事件,日本帝国主义疯狂地走上了军事法西斯化的道路。在同年11月缔结了日德防共协定。在帝国主义列强之间,在区域集团经济之间的矛盾尖锐化起来,在伦敦召开的军缩会议破裂后,各国竞相走上了扩军备战的体制,在这时期日本关东军向苏联边防军进行了挑衅,制造紧张局势。同年12月25日,签订了日、德、意三国共同防共协定,准备对中国发动更大规模的侵略战争。所以伪满从1937年起,就开始了大规模的扩军备战的第一次产业开发五年计划,围绕这个计划同时也开始利用伪满币的通货膨胀进行大规模掠夺。

这个开发计划的主要内容是:

"一、工矿业部门:

a. 建立兵器、飞机、汽车、车辆等军需工业;

b. 开发铁、液体燃料、煤、电力等基础重工业;重点特别放在铁和液体燃料的开发方面;

二、农畜产部门:

a. 采取一切办法力图增产大米、小麦、大麦、燕麦、大豆、麻、棉花等有关军需物资及出口之农产品资源。

b. 增产马匹及绵羊等,重点放在改良品种;

三、交通运输部门:

有关铁道港湾等,除在国防上必要的既定计划之外,对开发产业所特别需要的亦要加以整备。"

在开始执行这个计划的第一年中,1937年7月日本帝国主义发动了全面侵华的"七七"事变,妄想吞并全中国成为它独占的殖民地,中国人民在中国共产党的领导下,开始了长期抗战,掀起了伟大的抗日民族解放战争。日本帝国主义在国内从准战时经济体制转到战时经济体制,制定了《扩充生产力四年计划》,对其在伪满所实行的第一次产业开发五年计划(见表5),接连进行了二次修改扩充。其主要内容是扩充军需工业和增产战略原料。原先的计划,所需资金的总额为251000万元伪满币,经过二度修改扩充以后,竟一跃而为606000余万元伪满币。其中:工矿业部门为499000余万元伪满币;交通、通信部门为

64000余万元伪满币；农、畜产品及移民部门计43000余万元伪满币。而当时整个伪满的财政预算只不过二三亿元伪满币，可见其投入军事工业部门的资金，规模庞大，其武力侵占我国的野心也由此可以想见。

表5　伪满第一次五年产业并发计划资金计划　　单位：百万元伪满币

区分		原案	修改计划		二次修改计划	
投资部门	工矿业	1224	49%	3880　78%	4990	82%
	交通通信	720	29%	640　13%	640	10%
	农畜产	130	5%	430　9%	430	17%
	开拓	274	11%			
预定资金来源	满洲国内	—	—	1910　40%	1690	28%
	日本	—	—	2310　46%	3040	50%
	第三国	—	—	740　14%	1330	22%
	合计	2500	100%	4960　100%	6060	100%

资料来源：东京银行集会所：《满洲·财政·金融·物价》。

为了能够更具体地了解日本侵略者在伪满所施行的第一次产业开发五年计划的目的与内容，让我们看一下它在1938年5月第一次对工矿业生产部门的修改计划，这个计划所需资金为388000万元伪满币，较之最后的修改数499000万元伪满币，要少11亿元。它的重点是放在钢铁、煤炭和液体燃料的增产方面，其目的是要求供应日本侵略战争的需要。这个计划是与日本国内战时经济体制下的扩充生产力四年计划相呼应的，也是它的组成部分。我们可以从这个计划中，看出在这几年中日本从中国东北所掠夺去的重要战略资源的概貌。

1. 钢铁部门生产目标

（1）生铁4850千吨；

（2）钢铁3550千吨；

（3）普通钢材 1700 千吨；

（4）特殊钢材 100 千吨；

（5）需要铁矿石：

富矿 2990 千吨；

贫矿 13000 千吨。

对日供应数目：

（1）生铁 1500 千吨；

（2）钢片 1125 千吨。

2. 煤炭生产目标为：3500 万吨

对日供应数目：

1938 年 4100 千吨；

1939 年 4700 千吨；

1940 年 5500 千吨；

1941 年 6000 千吨。

3. 液体燃料生产目标为 170 万吨

内挥发油 161 千吨；

重油 25 千吨。

此外，要求增产铝、锰，投入 8700 万元；增产铅、铜、亚铅，投入 2930 万元伪满币；增产盐和苏打，投入 2350 万元伪满币，化肥、木材、纸浆投入 19400 万元伪满币；采金目标五年内生产 80 吨，投入 12000 万元伪满币；增产工作母机每年 5000 台，投入 69500 万元伪满币；电力增产第五年达 257 万 kW，投入 49500 万元伪满币[1]。

在日寇推行第一次五年计划的过程中，1937 年下半年日本帝国主义发动了对中国全面侵略的"七七"事变，日本侵略者

---

[1] 日本《日本外务省档案》WT. 58 号胶卷。

又将其工矿业部门的计划加以扩大,进行了两次修改,将工矿业部门的规模从原定计划的1224百万日元增加到3880百万日元,最后又增加到4990百万日元。占总计划投资60600万日元的82%。但1939年第二次世界大战爆发,原来日本利用掠夺中国东北大豆向德国换取机器的路线被中断了,所以从计划进行的第四年起,只有采取"重点主义",将资金和资财集中地分配给重点工业,同时加强了对中国华北和华中的掠夺,以扩充其军事工业的基本建设。据伪满公布的数字,在五年计划最后一年即1941年伪满的生产力比1936年有了很大的提高。下面是伪满第一次五年计划的结果。

1. 工矿业部门五年计划生产的增产结果（1936年为100）：

生铁	219	电力	241	钢块	154
硫安	104	钢材	264	盐	150
煤	178	苏达	545	铝	1223
铝	1666	亚铝	398	纸浆	790
钢	517	液体燃料	160	石棉	4826

2. 交通、通信部门五年计划增产的结果（1936年为100）：

园道	215	铁道	208	公路	281

3. 农业部门五年计划增产结果（1936年为100）：

高粱	116	大豆	85	粟	115	棉花	158
玉蜀黍	148	洋麻	1522	水稻	330	亚麻	546
陆稻	88	烟草	1083	小麦	100	甜菜	456
大麦	53						

4. 畜产部门五年计划增产结果（1936年为100）：

马　105　绵羊　125　羊毛　130　猪　109　牛　　120

表6　　　　　　　　　　　　　　　　　　　　　　单位：百万日元

部门别	再修正案预定	实际投资
工矿业	4900	4126
交通通信	640	1700
农业开拓	430	1069
合计	6060	6895

资料来源：李崇年：《沦陷区经济概述之一》，第35页。

上述五年计划推行的结果，其实际投资额远超过了原来的606000万日元，总数达到689500万日元。其实际投入的资金情况如表6所示。这笔庞大的投资，如果依照五年计划期中每年投资额按高粱米每500克市价折算成高粱米的话，差不多达到了4775.8万公吨高粱米。从上面所列举的第一次五年计划的具体目标，与五年计划所达到的成绩比例，以及从上述其实际投资总数折成高粱米数额的情况来分析，我们不难估算日本帝国主义通过第一次五年计划，从中国东北所掠夺去的战略资源。现在我们要进一步分析的就是这庞大的军事掠夺的资金是用什么方法来筹措的。

（二）五年产业开发投资与通货膨胀的掠夺

这笔庞大的五年产业开发计划的资金，究竟从何处去筹措呢？在计划中原来预定由日本国内投资50%，由伪满投资28%，向第三国吸收投资22%。其所谓第三国者是指从美国吸收资金，但自从日本发动了"七七"事变以后，美国资本就完全裹足不前，计划落空。因此，就只有依靠通货膨胀，加强对中国东北人民剥削的这条路了。

中国东三省原是长期处于半殖民地半封建的状态，基本上是一个农业社会，广大的农民受着高额地租（相当于农作物的65%以上）和各种苛捐杂税（约占其农作物的25%）的沉重负担，长年来一直在帝国主义、官僚买办、地主和商业高利贷资本的压榨下，过着牛马般的生活；农业的生产力是很低的，农作物亦被局限在单一耕种的大豆生产，完全是日本帝国主义压榨下的殖民地型的农业生产。这种单一的殖民地型的农业生产，既要承受国际市场的价格变动的风险，又要承受国内军阀和日本商业高利贷资本的原始掠夺，农民生活极端贫困。在工业生产方面，自日俄战后，一切主要经济动脉，像铁路、煤矿、制铁、榨油等几乎完全操纵在日人手中，只剩下些家庭手工业像烧锅、油房、磨坊、制粉、柞蚕丝等小规模的农产品加工工业。这样一个属于前资本主义形态的经济基础，当然不可能有供日本帝国主义利用的产业资本，也不可能有供日本帝国主义用来掠夺的资本市场的存在。

而日本帝国主义本身原来就是一个先天不足的半封建军事性的资本主义国家，资本积累极其贫乏，它的发展和膨胀主要是依靠武力来掠夺的。要由它自己供应这样庞大的开发资金是困难的，所以早在第一次产业开发五年计划制定的初期，这个问题就暴露了。在1936年11月14日《东京帝国大学新闻》上，有这样一段评论，指出伪满开发产业资金的来源，要依靠发行赤字公债。文章中说："赤字公债消化问题，由伪满中央银行承受，作为其保证准备，发行纸币，以助公债之消化，这是筹集满洲开发资金之一举两得之措施。"以后伪满兴业银行搞的一套正是这样。

在这里我们一方面可以看到日本帝国主义在推行其第一次产业开发五年计划本身所遭遇到的内在困难和它的矛盾，从而可以看出日本帝国主义在长期侵略中必然要遭受失败的后果；另一方面，我们也可以看到这庞大的军事资源掠夺所需要的资金，必然要走上发行伪满中央银行的不兑换纸币，实行军事通货膨胀和信用膨胀的掠夺政策。这样，中国东北同胞本已处在水深火热之中，必然要遭受更加深重的灾难了。

日本侵略者为了其疯狂的侵略战争目的，强力推行对伪满的第一次产业开发五年计划，采取了一系列的措施。在伪满建立日本垄断资本与军部相勾结的军事性的国家垄断资本主义的战时经济掠夺体系。1937年5月，在计划实施的第一年，就首先颁布了《重要产业统制法》，把在伪满的企业经营形态，划分三类：一类是根据《特殊公司法》而设立的部门；二类是根据《重要产业统制法》所规定而设立的部门；三类是在所谓"道义上"受约束而不受任何法律上的约束的自由企业部门。其中被指定重要产业的计有21种，实际上它的目的是便于日本垄断资本的投资和日本国内一般资本的输入，从而有利于第一次五年计划的推行。在货币金融体制方面，除了我们在前面已经说过的，还进一步消除了朝鲜银行金票和正金银行钞票的计价和流通，使伪满币成了伪满统一的唯一的流通手段，直接与日元等价联系，成了日元体系的组成部分。

为了专门承担工矿业长期资金的供应，在1936年12月3日颁布了伪满兴业银行法，1937年1月伪满兴业银行正式开业。此外，关东军为了全面控制一切资金，将其集中用于军事产业部门，在1937年10月颁布了外汇管理法的临时措施，接着在1938年3月将全伪满境内的金融机关，控制在伪满中央银行的下面，成立了"满洲银行协会"，借以控制其资金的运用和投放。在同年12月颁布了《新银行法》，规定银行最低资本额为50万元伪满币（但长春、奉天、哈尔滨三大都市内设有总行或分行者为100万元伪满币），必须采取股份公司的组织形式，并对原有银行和金融机关进行了淘汰和集中的工作。

在农村金融和城市中小工商业的金融机构方面，为了推行五年计划中所规定的对农畜产品的掠夺，实现其粮食、原料的自足自给和增加出口的目的，也进行了合并和整顿，加强伪满中央银行对它们的控制力。在农业金融方面，将用土地为担保进行放款的金融合作社与以信用放款为基础的农业合作社加以合并。在1940年3月成立了兴农合作社，形成了统一的农业金融的掠夺体制，即兴农合作社总社，下面是各省总社，再下面是以各县、旗、市为单位的公社。日本帝国主义对伪满农产品的增产措施，主要限于对流通过程的控制，对原有的封建土地所有制关系，则原封未动。在城市一般中小工商企业金融方面，原来有：以中国人为对象的城市金融合作社和以朝鲜人为对象的金融会，还有以日本人为对象的金融组合三个系统。随着农业金融部门的集中和统一，在1940年4月，统一组成了商工金融合作社，加强了伪满中央银行对城市中小工商业金融的控制。

在集中资金投入军事工业的掠夺方面，同时也采取了一系列的措施。在伪满兴业银行成立的同时，1937年的财政预算设立了"投资特别会计"，专门供应产业开发五年计划实施所需要的资金。同年10月对外汇资金加强了管理。原先在1935年的外汇管理法中，其目的只在于防止资金外流和维持日"满"之间的外汇比价，确保伪满币与日元的等价联系。但这次的目的却在于对外贸易的管理，一方面集中一切外汇资金供应军事产业的需要；另一方面控制进出口贸易，为军事产业部门的机器进口而服务。过去日本与伪满之间的资金渠道，原来有大连正金银行。伪满兴业银行和伪满中央银行这三条渠道，担任日本与伪满之间的资金流动。为了使这一切资金集中控制，统一于伪满中央银行，乃取消了大连正金银行与伪满兴业银行处理对日外汇资金的机能，由伪满中央银行在日本东京设立分行，直接由日本银行供应资金。这样一来，伪满中央银行也就直接成了日本银行的组成部分，成了日本银行在伪满的分支机构。

日本国内的新兴财阀积极与军部勾结，以鲇川义介的日产公司为中心组织了"满洲重工业开发股份公司"，又以它为中心设立了一系列的投资于伪满的特殊公司。通过"满洲重工业股份公司"，形成了与满铁并驾齐驱的由日本国内投资伪满而进行大肆掠夺的另一条巨流。1938年12月，日本帝国主义在伪满颁布了《临时资金统制法》，1939年又进行修改加强，以防止资金流入非急需的产业部门，从而集中所有资金为它的侵略战争的军需产业服务。

日本财阀和垄断资本家与军部勾结，纷纷向伪满投资，利用特权，榨取军事产业的巨大利润。仅日本新兴财阀鲇川义介所组织的"满洲重工业开发公司"投资到伪满的数额，在1938年11月为2500万日元，到了1941年4月，积累增加到149800万日元。表7是伪满成立后，日本垄断资本通过满铁系统和满洲重工业公司的各种特殊公司对伪满的投资数额。

表7

单位：百万元伪满币

年份	1932	1933	1934	1935	1936	1937	1938	1939	1940	1941	1942	1943	累计
通过满铁系统	65	81	166	246	133	161	77	290	343	377	300	315	2491
通过特殊公司组织	12	40	95	60	91	111	261	728	459	816	804	560	4029
通过伪满政权	20	30	10	71	38	75	101	85	207	240	95	15	968
合计	97	151	271	378	262	348	439	1103	1016	1433	1199	890	7488

资料来源：日银调查局：《金融资料要录》（大东亚省调查）。表中数据计算误差系原资料如此。

根据表7所列，在伪满推行第一次产业开发五年计划期间，即自1937年至1941年间，通过满铁系统和"满洲重工"的各特殊公司，投入伪满重工业的资金共有362300万元伪满币，其中满铁约占124800余万元伪满币，通过"满洲重工"的系统占237500万元伪满币左右。在这几年间，日本对伪满的贸易大大出超。说明日本垄断资本家通过输出商品，可以获得输出商品的利益。同时又可以在伪满投资军事产业，获取军事产业的高额利润。

以下让我们看一下日本帝国主义利用伪满的财政金融机构所进行的军事通货膨胀和信用膨胀的掠夺罪行。伪满中央银行利用它货币法中早就定下的一套骗人勾当，大肆发行不兑现纸币。在伪满货币法第十条中规定："伪满中央银行之纸币发行额，应保有相当于三成以上之银块或金块，稳定的外国货币，和国外银行的金融存款。"又在第十一条中规定："对于扣除前条所载准备额所余之发行额，应保有公债证书，政府所发行或保证之票据及其他可靠之证券或商业票据。"这种所谓"国外银行的金银存款"，以及用"公债证书、证券及票据"作为其发行准备之规定，就为伪满央行无限制膨胀货币，准备好了法律上的骗人手续。只要伪满能借到多少日元，或保有多少票据和公债，就可以随意发行，而借入日元资金的数额，只要日本有多少对伪满的投资存入日本银行的伪满中央银行户头内，这就成了它的法定准备金。至于公债和票据当更没有限制了。所以自1937年第一次产业开发五年计划强力推行以后，伪满币的发行额就一路膨胀，物价也就自然随着上涨。

表8是从1936年到1945年日本投降时止，伪满央行的纸币发行额。

表8　　　　　　　　　　　　　　　　　　单位：百万元伪满币

年份	发行额	年月	发行额
1936	275	1941 年	1317
1937	329	1942 年	1728
1938	452	1943 年	3079
1939	657	1944 年	5876
1940	991	1945 年 8 月	8800

资料：日银统计局《战时中金融统计要览》。

从表8中我们可以看出自1937年后发行额一路膨胀的速度是惊人的，在五年计划的最后一年1941年，其发行额竟超过了1937年十亿余元伪满币。太平洋战争爆发后，情况更加疯狂（后文我们再来说明）。

表9　　　　伪满币发行现金准备率的变化　　　　单位：%

期间	年月	金	英美货币	银与银元	日本元	借入日本公债	伪满公债	伪政府债券	合计
九一八事变期	1932年12月末	1.2	4.8	13.2	37.4	—	—	—	56.6
	1933年	3.9	4.8	19.0	23.6	—	—	—	51.3
	12月末	6.0	4.1	19.4	22.8	—	—	—	52.3
	1934年	7.7	3.0	11.6	21.9	—	—	—	44.2
	12月末	15.9	3.3	8.9	23.5	—	—	—	51.6
	1935年12月末	16	5.6	1.3	46.8	—	—	—	69.7
七七事变期	1937年	17.6	2.1	1.2	30.0	13.6	—	—	64.5
	1938年	5.5	—	—	1.6	25.4	18.3	—	50.8
	1939年	0.4	1.8	—	0.6	17.1	32.0	—	51.9
	1940年	0.1	—	—	1.1	11.3	26.4	—	38.9
太平洋战争期	1941年	0.2	—	—	3.1	8.4	23.2	—	34.9
	1942年	0.6	—	—	0.5	26.8	8.4	—	36.3
	1943年	0.3	—	—	—	52.3	—	—	52.6
	1944年	0.3	—	—	—	28.3	—	3.9	32.5
	1945年	—	—	—	—	29.3	—	2.8	31.1

资料来源：吴冈国编：《旧中国通货膨胀史料》。

在这个期间伪满币的发行准备的情况是怎样呢？从表9伪满币发行现金准备率（百分比）的变化中，我们看到日本帝国主义原先从中国掠夺去的大量金、银、外币，在这四五年间都用得一干二净，充当了日本军国主义侵略战争的外汇资金，1938年以前，日本帝国主义就将从中国东北掠夺去的金银，分送伦敦和纽约，将金块送往伦敦和纽约前后共十次，为数达22.9吨，计换得1351万余美元、2584000余英镑。在1936年和1937年间，将银块和银元，陆续运往伦敦出售，计达1600万余盎司，获取了132万余英镑，借以抵充其产业开发所需器材的货款。

因此，其发行准备金就只剩下少数的日元资金和借入的日本公债和伪满自己的公债了。自1938年以后伪满币的发行准备几乎全部只有借入的日本公债和伪满自己所发行的公债，在这里人们可以更清楚地看出伪满币的本质完全是日本帝国主义为掠夺殖民地用的一种军用票的性质了。

由于日本帝国主义对伪满的庞大军事产业开发计划，伪满币的发行每年成好几倍的膨胀，伪满的物价虽然在军事压力之下，还是节节上涨。1939年伪满颁布了"物价停止令"，严禁物价上涨，同时对一切消费品都规定"公定价格"，尽管这样，在计划的最后年份里较之最初开始的一年（1937年）的市场物价，还是上涨了5.3倍。表10是1942年8月奉天生活必需品零售公定物价指数与黑市市场物价指数的对照表（见表10）。

表10

类别	与1937年平均对比	与1942年8月公定价格对比
谷类	591.9	125.6
蔬菜类	268.7	146.3
鱼肉类	649.3	147.8

续表

类别	与 1937 年平均对比	与 1942 年 8 月公定价格对比
其他食品	277.8	103.5
调味品	422.2	203.9
衣鞋类	948.9	220.1
燃料类	459.8	162.4
(总平均)	(525.3)	(163.7)

资料来源：东亚研究所编：《日满支物价，比较研究》，昭和 19 年 10 月。

(三) 加强财政搜刮和信用膨胀的掠夺

自从 1937 年开始实施军事资源掠夺的第一次产业开发五年计划以来，在短短的四五年当中，伪满币的发行额膨胀了四五倍，超过了计划开始年度的发行额达十亿余元伪满币，但与日本帝国主义的预定资金计划相比，远不能适应它的掠夺野心。何况它所发行的不兑换纸币一般多用于对农产品的掠夺，以及用于支付军事产业部门所增加的工人的工资方面，它的第一次产业开发五年计划所需要的庞大资金，还是主要依靠伪政权的财政机构，进行无情的攫刮，还须利用伪满中央银行和兴业银行等金融机关，实行信用膨胀，才能够达到它掠夺的要求。

表 11 是自 1937 年至 1941 年五年计划期间，伪满财政预算支出的增长情况。

表 11　　　　　　　　　　　　　　　　　　单位：千元伪满币

	一般会计	特别会计	总额	与 1932 年比较增长百分比（%）
1937 年	283148	653223	939371	470
1938 年	399975	1336452	1676427	811
1939 年	482708	1550162	2032870	918

续表

	一般会计	特别会计	总额	与1932年比较增长百分比（%）
1940年	711759	2389074	3100833	1536
1941年	649220	1758175	2407395	1248

资料来源：采自《满洲经济十年史》。

从表11中可以看到，自实施其军事资源掠夺的五年计划以来，伪满的财政预算支出飞速地膨胀了，1937年较1932年膨胀了470%，1938年又一跃而为811%，到了计划的最后一年，竟增加到1248%。由此可以清楚地看到日本侵略者是如何残酷地通过其财政机构所进行掠夺了。

那么这庞大的财政预算支出，从什么地方攫刮来的呢？下表是五年计划期间伪满财政收入的来源项目：

表12　　　　　　　　　　　　　　　　　　　单位：千元伪满币

项目	1937年	1938年	1939年	1940年	1941年
税收	153029	172957	203293	323853	377107
印花	9097	9888	14987	19180	32149
专卖利益金	44367	52325	76608	56007	65014
公债	15000	366916	396428	558690	385598
其他	26604	505278	543122	1229922	854660
合计	248098	1107364	1234438	2187652	1714528

资料来源：根据《满洲经济十年史》编制

注：1937年"其他"项内包括官业收入及上年度结余数。

从表12中我们可以看到伪满财政的来源，不外有两个：一个是沉重的苛捐杂税，仅仅四年当中，税收竟增加了一倍多，如与1932年的税收96553千元伪满币的数额比较,则增加了三倍左右。还有一个是公债和其他,在这一时期中伪满的公债计发行了1722632万元伪满币。所谓"其他"这一项来源,事实上就是由伪满中央银行的贷款。

在伪满的财政预算中,有一般会计预算与特别会计预算。其一般会计预算中,差不多有一半以上是属于日本侵略军事方面的支出,每年在所谓军政费、"国"防费或治安费等名目下,都占了一般预算的30%以上,还有在总务厅的项目下,也要占30%左右,这部分也是间接地为日本军事支出的费用。在特别会计预算中,则主要是用于对战略资源掠夺的财政投资,为了供应日本帝国主义推行其第一次五年产业开发计划,还专门设立了"投资特别会计",仅仅从1937年到1941年这五年中,特别会计历年累计额就达到了844400万元伪满币。从特别会计中专门投入第一次五年产业开发计划方面的,主要有下列这些内容(见表13)。

表13　　　　特别会计投资支出主要项目内容　　单位:百万元伪满币

项目内容	1936年	1937年	1938年	1939年	1940年	1941年	1942年
A 投资	23.9	144.7	326.2	280.3	252.7	219.9	202.7
B "国"有林事业	9.2	16.4	24.4	74.3	112.1	119.8	93.5
C 开拓事业	—	—	—	42.3	80.0	73.3	69.1
D 北边振兴	—	—	—	—	86.9	85.0	—
E 科学试验	—	—	2.2	4.8	6.7	6.4	7.1
F 水力电气	—	3.1	16.4	30.6	32.0	39.7	37.4
G 治水事业	—	—	1.8	5.0	5.5	4.0	4.1
H 大东港建设	—	—	—	—	14.3	9.5	11.5
I 采金事业	0.1	1.5	5.4	—	—	—	—

资料来源:根据东京银行集会所:《满洲、财政、金融、物价》,第107页。"满洲国"通讯社编:《满洲经济十年史》,第109页数字编制。

根据上述伪满财政收支的情况，日本帝国主义对伪满的第一次产业开发五年计划的资金，有很大一部分是依靠伪满的财政搜刮来的，而财政资金的来源，一为残酷的苛捐杂税；另一则为发行公债和从伪满央行的借款。那么，它是如何利用伪满金融机构进行信用膨胀的掠夺呢？

伪满中央银行除去对伪满政策贷款，供应其财政支出和财政投资之外，还大量承受伪满政府的公债，膨胀它的信用；它还通过对伪满兴业银行的长期贷款，以及它本身的信用放款来膨胀信用。

伪满兴业银行之成立，是专为供应军事产业的工、矿企业部门长期资金的，规定它本身可以发行数十倍于它资本额的兴业债券和储蓄债券，它可以从伪满央行和伪满政府借入大量信用借款，以供日本的军事资源的掠夺之用。从1937年第一次产业开发五年计划开始以后，伪满兴业银行就进行大量的信用膨胀，在1937年其信用放款为25800万元伪满币，1938年底就增加到41200万元伪满币，膨胀了0.6倍；到了1939年底增加到79000万元伪满币，比开始的第一年增加了将近2倍，到了1940年，更一跃而至129400万元伪满币，仅仅四年工夫，其信用膨胀就增加了将近4倍。在五年计划的最后一年1941年，还又放出了11亿元伪满币，总共这五年计划期间就放出了309000万元伪满币。它还承受了伪满政府的公债、日本国债和其他公司债等，五年间共计购进了12900万元伪满币的有价证券。上述情况说明其信用膨胀的程度和速度实在是惊人的。伪满兴业银行除去其本身可以发行债券，制造信用外，其资金来源绝大部分是从伪满央行和伪满政府借入的资金，似乎有一半以上是伪满央行对它的信用贷款。

表14是伪满兴业银行自第一次产业开发五年计划以后，

直到日本投降，它的主要业务项目的比较，其中存款项目的增加，显然是其放款的结果，其中存款项目的来源，这一点须要注意。

表 14　　　　　伪满兴业银行历年主要账目内容　　　单位：百万元伪满币

年月	发行债券 兴银债券	发行债券 储蓄债券	存款	放款	有价证券	借入款 伪中银	借入款 伪满政府	鲜银	其他
1937/12	—	—	244	258	85		65		29
1938/12	10	5	388	412	119	17	65	13	17
1939/12	30	11	568	790	115	159	65	48	16
1940/12	75	18	739	1294	144	326	153	41	25
1941/12	114	26	985	1099	576	252	193	40	32
1942/12	158	36	1161	1222	719	261	213	40	20
1943/12	186	48	1384	1884	11092	990	228	40	15
1944/12	203	63	1895	3076	2259	2780	227	40	15
1945/6	202	64	2290	3604	2872	3515	228	40	15

资料来源：根据伪经济部《金融参考资料》。

同时，伪满中央银行本身也直接从事商业金融业务的放款，这个数额也是惊人的。其一般信用放款（包括同业在内）1936年为 13000 万元伪满币，1937 年为 17500 万元伪满币，1938 年一跃而增至 31000 万元伪满币，1939 年增至 48100 万元伪满币，1940 年猛增至 77400 万元伪满币。在伪满央行的资产项目中，有价证券的数字不断上升，其中主要是接受伪满政府所发行的公债。在 1936 年伪满央行保有 11700 万元伪满币公债，到了 1937 年则增至 2 亿元伪满币。1938 年为 19300 万元伪满币，这一年因其他债券的数字增加 11000 余万元伪满币，1939 年其公债保有额为28600万元伪满币，1940年则增至78000余万元伪满币。1941年其有价证券保有总额竟增加到122000余万元伪满币。

表15系伪满中央银行自第一次产业开发五年计划以来的主要业务项目的历年比较，从中我们可以看出日本帝国主义是如何通过信用膨胀的渠道进行对中国东北残酷掠夺了。

表15　伪满央行主要业务项目历年比较　　单位：百万元伪满币

年度	货币发行额 纸币	货币发行额 硬币	存款 伪满政府	存款 一般及同业	放款 伪满政府	放款 一般及同业	有价证券 内债	有价证券 日本国债	有价证券 其他
1937	307	22	133	125	36	175	117	65	11
1938	425	27	164	206	109	310	200	113	9
1939	623	33	455	262	390	460	286	113	18
1940	947	44	145	358	98	773	667	114	68
1941	1261	55	210	374	184	572	833	272	117
1942	1669	58	411	523	153	536	1039	571	138
1943	3011	68	567	385	221	1965	972	726	58
1944	5805	71	632	1013	243	6331	625	712	254
1945	7626	83	183	970	243	9893	377	703	312

资料来源：伪满经济部：《金融参考资料》。

注：自1941年以后，放款部分主要为对同业放款之增长，而一般放款虽也增长但比例则缩小了。

据伪满所公布的统计，在1941年底，即第一次产业开发五年计划终了的那一年，日伪通过发行纸币，公债以及通过伪满中央银行、伪满兴业银行等的信用膨胀，所筹集的资金，共达299000万元伪满币，差不多占伪满第一次五年计划所需要资金

60亿元伪满币的半数,这一数目比1936年伪满可以动用的资金861万元伪满币,增加了346倍,由此可以说明敌伪如何利用货币金融机构,进行杀人不见血的强盗掠夺。

由于日本侵略者在这一段时期中,依靠强权和武力全面控制了中国东北的一切经济命脉,进行了系统的掠夺和垄断,在东北的工业中,几乎没有中国民族资本存在的余地了。据1940年调查,在全部东北工业中,日本资本占到了资本总额的80.8%,其他国家占2.2%,中国民族资本仅占17%。在1942年,东北的民营公司,其中日本私人资本占97%、中国私人资本只占3%了。到了日本投降前夕的1945年6月,在伪满的特殊公司和准特殊公司的资本中,中国民族资本只占了0.2%[①]。

据伪满"官方"统计,从1932年到1944年间,日本输入东北的资本约90亿日元,而同时期从东北汇回的利润达32亿日元,占资本输入额的35.5%以上[②]。但是伪满的第一次产业开发五年计划,其中有半数的资金是通过信用膨胀的手段来实现的,所以日本帝国主义对中国东北的掠夺,远非这部分汇回的利润所能说明的。

经过第一次产业开发五年计划,日本从中国东北所掠夺去的工矿业的战略资源究竟有多少?下面是日本占领中国东北期间的十一种工业产品的产量及其指数,从这些产量中我们可以大致估计出日本从中国东北所掠夺去的战略资源(见表16)。

---

① 东北财经委员会调查统计局编:《东北经济参政资料》(二)(11),第19页。

② 吴承明编:《帝国主义在旧中国的投资》,第93页。

附录　日本军国主义"九一八"后对中国东北的经济掠夺(1931—1945年)　383

表16　日本从中国东北所掠夺去的战略资源大致估计

产品	单位	1993年 数量	1993年 指数	1937年 数量	1937年 指数	1943年 数量	1943年 指数	1944年 数量	1944年 指数
煤	千吨	10888	100	14387	132	25398	238	26527	244
电力	百万度	212	100	1600	755	4500	2123	4500	2123
生铁	千吨	433	100	80	187	1700	393	1180	273
钢	千吨	20	100	520	2600	870	4350	470	2350
水泥	千吨	543	100	860	158	1500	276	1140	210
火柴	千箱	362	100	402	111	421	116	?	?
棉纱	千包	88	100	174	198	160	182	95	108
棉布	千匹	4350	100	5530	127	4550	105	2680	62
麻袋	千条	4000	100	11240	281	7380	185	6150	154
面粉	千袋	9000	100	28670	319	15250	169	?	?
香烟	千箱	200	100	294	147	240	120	?	?

资料来源：严中平等编：《中国近代经济史统计资料选辑》，第146页。

从上述十一种工业产品的增长发展的变化中，我们可以看到日军为何从一开始对中国东北战略资源进行掠夺的阴谋。在1937年以前，火柴等六种轻工业产品，其增长速度都很慢，自第一次产业开发五年计划实施以后，即自1937年以后，则显著下降。但重工业方面则相反，日本所需要的钢、铁、电力和煤炭的增长率，一直都很快。如以1933年的产量指数为基数，则1937年钢的产量指数，就增加到2600，电力增加到755，第一次产业开发五年计划完结以后，1943年是它发展的最高峰。太平洋战争爆发以后，日本帝国主义的掠夺更加残酷，从1944年以后，轻工业的生产急剧下降，同时在重工业方面也因日本帝国主义节节战败，物资缺乏，开始下降，钢下降了46%，生铁产量下降了 30.5%，这表明日本帝国主义的财政经济已经到了崩溃的前夕。

同时，日本帝国主义在这一段期间对农业方面的垄断和掠夺，也更加残暴了。大量的农民土地遭受剥夺，1936 年制订了所谓二十年移殖百万户、五百万人的移民侵略计划，1937 年设立了"满拓公社"以代替原来的"满洲拓植会社"，负责进行移民的侵略活动。1939 年日本帝国主义又组织了"满洲土地开发株式会社"，着手实行所谓"农地造成"的事业。到 1945 年 8 月日本投降为止，日本共向中国东北移民 10.6 万户，计 31.8 万人。一共在中国东北强占了 3900 多万垧土地。

在对农产品的掠夺方面则设立了"专卖局"和农产品收购的专门机构。对农产品的收购，则规定农民须按照官定价格与数量交售给伪满政府，官定价格很低，如农民交售 100 公斤大豆，按市价可值 200 元，但交售给官厅只得官款 17 元，还要缴纳储蓄存款 2%；并且规定农民交售的数量也很大，如农民耕地一垧，预计可产粮一吨，则须交售 700 公斤到 800 公斤，只能留 200 公斤到 300 公斤食用，若收获不足交售量时，还得由农民自行设法补足。由于日伪采取了强迫交售的毒辣手段，所以东北农产品的"出售"量是很高的。例如 1943 年大豆的"出售"量占生产量的 74.2%，稻子占 69.9%，苞米占 32%，高粱占 38.2%，小麦占 36.2%，谷子占 17.1%，平均出售量约为 42%[①]。这种"商品化"的程度愈高，也就是被日本帝国主义所掠夺去的物资愈多。因此日本帝国主义每年从中国东北掠夺去的农产品的数量，就可以从每年农产品的产量中推算出来。如果拿

[①] 东北财经委员会调查统计局编：《东北经济参考资料》（二）（1），第 16—23 页。

1939年的农产品的产量来看，1939年大豆产量为460万吨，这一年日本帝国主义就掠夺去了约320万吨，其他像高粱，如以1939年的产量来计算，共掠夺高粱为468万吨；另外，还掠夺谷子313万吨、苞米230万吨、小麦97万吨。此外，棉花的收获量从1937年到1941年这五年期间就有12500万公斤。根据上述情况，日本帝国主义霸占中国东北十四年间，被它掠夺的中国农产品的数量，是一个惊人的庞大的数字。

日本侵略者对中国东北农村的掠夺，可以说是无孔不入，还通过工农产品价格的剪刀差进行剥削，各种苛捐杂税，更是不胜负担，例如1938年伪满的财政预算收入30400余万元，其中租税收入（包括专卖利益金），就占了74%，这些负担当然主要落在中国农民头上。

总起来说，1937年以后，日本帝国主义在中国东北所实行的殖民统治是愈来愈残酷了，对中国东北的掠夺，达到了敲骨吸髓的程度，日本帝国主义本想用加强掠夺来挽救其败局，但其结果与日本帝国主义的愿望相反，它的残酷的反动统治和无情掠夺，正更快地招致了失败的来临。

（四）太平洋战争爆发后恶性通货膨胀的疯狂掠夺（1942—1945年）

（一）"战时紧急经济方策纲要"的实施

自日本帝国主义大举向中国本土进攻以来，各帝国主义国家就一直大量供应日本作战资源，其中美帝国主义占首要地位。如以日本的六项主要战略资源的进口而言，1938年美国供给了汽油及其附属制品占65.57%，冶金机器占67.09%，铜90.89%，飞机及其零部件76.92%，汽车及其零部件附件64.67%，钢铁材料中废铁、屑铁及钢材占90.39%，铁属合金占82.71%，其他钢铁半制品占53.65%，综计为63.02%。在1938年美国对日作战资源的输出总值共17100余万美元，在美国对日输出总额中，每百美元的商品中就有67元多系属于战略物资。其次是英国，英国对日战略物资的输出，在1937年为7000万美元，1938年为6300余万美元。由于日本帝国主义鲸吞了中国大部分领土，英、美帝国主义与日本发生了直接利害冲突，美帝国主义才在1939年开始禁止工作母机输往日本，接着在1940年一月宣布废除日美通商友好条约，断绝了对日本作战物资的供应。日本帝国主义一向是以出口贸易来换取进口原料作为其经济循环基础的，由于美、英对日经济封锁，冻结资金，日本经济受到了很大的影响，于是进一步加强对中国资源的掠夺。1940年10月决定了"日'满'华经济建设纲要"，企图把日、"满"、华北、内蒙地区及其前进据点的华南沿岸特定岛屿打成一片作为"自存圈"，加强政治、文化、经济综合性组织，同时为了促进和充实"国防经济"，必须确立包括华中、华南、东南亚及南方各地区的东亚共荣圈[①]。要求伪满洲国作为与日本不可分割的一环，迅速调整和发展重要的关键工业。但由于日本帝国主义为了确保和夺取东南亚的战略资源，实现其"东亚共荣圈"的侵略野心，1941年12月8日发动了太平洋战争，于是伪满的经济，在上述"日满华经济建设纲要"的基础上，又宣布了"战时紧急经济方案纲要"，要求对日作出贡献，以支持其形将崩溃的侵略战争经济。从此以后，日伪经济进入了垂死挣扎地对中国人民进行疯狂掠夺的第三阶段。所谓"战时紧急经济方策纲要"，一句话就是要从中国人民身上搜刮一切资材供日本帝国主义侵略战争的消耗。它的主要内容是：

---

① 日本《日本外务省档案》WT87号。

1. 为了推行战时经济，集中发挥综合的经济力量，以适应民生与经济情况的有效的经济统制为目标，对过去的统制经济方式作进一步的加强。

2. 生产力计划中对日要求供应的资财，应仅限于日本战时物资动员计划及战时运输计划的编制限度之内，必须主要以"国"内生产的各种资财为基础，进行扩充；计划内容应限于战时紧急需要并能立即见效的产业部门。

3. 应积极增加农产品生产，集中全力收购，进一步加强"国"内配给制度，力争对日输出能力的增大。过去凡属依存日本之物资，须努力自行供给，或改用其他自给的农产品。

4. 凡属日本战时紧急需要之物资，应彻底限制"国"内之使用和消费，进一步谋求各种积极的增产方策，以期尽全力扩大对日贡献。在重要产业中凡过去因煤炭不足不能全部开工者，可以限制不急需产业之开工，而增加紧急需要产品之增产，并进一步要求华北增产煤炭，以全部开工，从而增加对日经济的支援和贡献。其中特别需要对日支援和贡献的为：（1）钢铁；（2）煤；（3）液体燃料、轻金属、非铁金属；（4）农产品①。

从上面这个"紧急纲要"中，我们再也看不到像在前一阶段中所实施的全面开发重工业生产痕迹，它的唯一要求在于如何加强掠夺；搜刮一切物资，支持濒于崩溃边沿的日本战时经济了。但已被日本帝国主义残酷地搜刮得水尽山穷，求生不得的中国东北人民，又何能有更多的物资来供日本侵略战争的需要呢？尽管中国东北人民已处于饿死的边缘，日本帝国主义自太平洋战争爆发以后，乃疯狂的滥发纸币，膨胀信用，发动了绝灭人性的疯狂掠夺。1942年，还制订了第二次产业开发五年计划，要在

---

① 日本《朝日经济年史》，昭和十七、十八年版。

发展重工业的同时，还要发展轻工业和增产粮食，以供日本战时的消耗，预定资金是 100 亿元伪满币。在初期，预定由日本国内投资 2/3，由伪满本身出资 40 亿元伪满币。但事实上日本国内经济已处于四面楚歌，物资缺乏，根本已再不能作任何新的更多的投资了，这个计划只有落在进一步掠夺中国东北人民头上，进一步施行其货币金融的掠夺了。

在日伪企图增发伪币，膨胀信用，进行掠夺的这一时期，日本帝国主义由于国内通货膨胀，日元贬值，伪满币原以日元为基础的，因而伪满币的价值也如江河日下，信用下降。至于日伪所施行的第一次产业开发五年计划，虽然已在 1941 年初步完成，但这些产业只停留在生产设备的增加方面，并未达到开工生产的地步，在计划末期，日本无力增加开动这些生产设备的能力，所以前一阶段的大量投资，对增强伪满战时经济的生产并不增加多少有利的影响。日本侵略者为应付战时紧急需要，不得不集中全力，采取重点主义，增加对煤炭的采掘，供应日本国内的急需，对伪满的生产设备也无法充分利用。在农产品的增产方面，虽然采取了各种阴谋诡计，由于收购价格太不合理，农民不卖，大豆上市很少。日本帝国主义者虽用刺刀命令伪满供应日本粮食，但它本身又无力支付对等物资，因而其结果颇为不妙。甚至于想刮用中国东北的民间资金，供其作为掠夺物资的工具，但中国东北的民间资金，本已受到极大的限制和打击，数额有限，且多集中在中小商业部门，追逐高利，苟延残喘，根本不可能被动员到产业部门中来。所有这些因素，都促使日伪经济更加恶化，而日本帝国主义不顾中国东北人民的死活，太平洋战争爆发后，日本在中国东北的庞大的军队，一切军事费用开支，完全要由当地供应，以减轻日元的负担，这样就促使伪满币进入无止境的恶性通货膨胀的深渊。

(二) 日本侵略者为加紧疯狂掠夺，实施各种货币金融的措施

日本帝国主义为了使伪满经济供其侵略战争的消耗，进一步掠夺中国东北人民的生命和资源，在货币金融体制上又作了一番集中和加强控制的措施。在1942年11月，改组伪满中央银行，使之成为纯粹的金融统制的中心机关。在这以前，1942年1月公布了《产金补助金交付规则》，希图增产黄金，增加外汇；在同年5月规定了《经济平衡资金制度》，对所有重要物资，实行调整价格差价，征收统制费和调正费，用以来补偿"满洲炭矿公司"因增产煤炭所需要的费用。又在同月勒令中国在东北的中国、交通、大中以及全城等银行，全部关闭，防止资金外流。在同年8月颁布了关于振兴地方产业、活用地方资金的纲要，希图利用地方资金、资源和人力，来发展生活必需品工业、出口工业以及五年计划产业之附属工业，同时还以放松配给限制为诱饵，动员中国民间资金。又在同年10月，公布了"产业统制法"，以代替过去所颁布的"重要产业统制法"，将统制管理的对象，扩大到轻工业生产部门，希图增加轻工业生产，控制生活必需品。所有这一切紧急措施，充分暴露了日本战时经济在太平洋战争爆发后濒临崩溃的边缘。

在伪满的货币金融机构方面，为了适应上述日本帝国主义战时经济掠夺的需要，在1942年10月26日，修改了《伪满中央银行法》，自11月起，伪满中央银行由特殊公司的形态改组为资本额1亿元伪满币，全部由伪政府出资的特殊法人组织，停止普通商业银行的业务，专门作为银行之银行，发挥其金融行政管理的中枢作用。有关农业的交给兴农金库，其他则交给普通商业银行。在1943年4月，对专门负责工矿企业金融的伪满兴业银行，也进行了改组，其资本额由6000万元伪满币增资为1亿元

伪满币，以便更多地膨胀信用，其过去所经营的有关农林、畜产和水产方面的业务，也划归兴农金库，使兴农金库成为专门从事农业金融的机构，这个机构是为了专门进一步掠夺农民大众而在7月间新设的。它的任务是担负对农、畜产品的长期金融业务，以实现日本帝国主义对农产品掠夺的要求。原来担当都市中小工商业金融的商工金融合作社，也改组为公家性质的机关，从事都市方面的中小金融业务。对一般普通商业银行则进行了进一步的控制和淘汰，1941年还有44家普通商业银行，到了1943年减少到23家，最后只剩下了16家，还多半是日伪资本的银行。在1943年2月，伪满的横滨正金银行分行与伪满中央银行签订了5亿元伪满币的借款合同，改变了它过去的资金来源依靠其国内总行的营业方针，并将其大部分资金汇回国内，采取依靠伪满中央银行，利用伪满币，进行对中国金融掠夺。

日本帝国主义对伪满金融机构，进行了上面按产业系统的整顿工作以后，乃进一步全面控制资金运用的过程。一方面强迫普通银行降低利率；另一方面采取重点供应资金的政策。在1943年3月，颁布了《矿业特别金融对策纲要》，根据这个纲要，对伪满兴业银行的放款，由"政府"保证其本利，其目的在于保证日本战时急需的铜、铝、亚铝等16种战略物资的生产，使它们可以获得无限制的资金供应。在4月，伪满中央银行对所有商业银行设定了"共同融资特别账户"，规定所有普通银行的存款使用，其中60%要由伪满央行指定其放款的对象，其中15%要用于消化公债、15%用于承受公司债，还有30%作为"共同融资"，投放到战时经济急需的产业部门。在同年11月，又将对伪满兴业银行所适用的由"政府"保证本利的放款制度，扩大到一般生产部门，对兴农金库的放款，也同样适用这个保证制度。

由于上述一系列的措施和金融机构的整顿，伪满央行、伪满兴银行、伪兴农金库以及所有普通银行的资金，就都集中到日本帝国主义战时急需的部门中来了，换句话说，也就是一切物资都被集中到供日本侵略者的战争需要了，这就实现了日本帝国主义所要求的一切为了"对日贡献"的具体措施，同时还在制度上保证了无限制的通货、信用膨胀的掠夺阴谋。

自太平洋战争爆发以后，伪满币的发行是飞速增长，在开战初期，1941年的发行额还仅有130000万元伪满币，到了1942年增至167000余万元伪满币，1943年猛增至301000余万元伪满币，到了1945年8月，增加到88亿元伪满币。但在日本投降时的伪满央行的账户上，伪满币的膨胀额竟达到了1358300余万元伪满币，仅仅在四年半的时间内，发行额竟膨胀了9倍以上，其掠夺的残酷，令人惊愤。

但仅仅考察敌伪货币发行额的增长的速度和数额，远不能说明和概括日本帝国主义对中国东北的金融掠夺的全貌。其实际的掠夺，由于货币流通的速度，由于伪满金融机关的信用膨胀，以及其他非法的掠夺，是一个更加惊人的数字。

伪满中央银行直接对伪政府及一般工商企业的信用放款，在太平洋战争前夕，1940年为87200万元伪满币，但到了1943年5月，日本投降的前夕，竟增加到85500万元伪满币，增加了10倍多。伪满政府自从1937年实施第一次产业开发五年计划以来，到1944年，共发行了81种公债，合日伪币金额37亿余万元伪满币，这些公债事实上又都是由伪满中央银行所承受下来的。还有伪满兴业银行的信用膨胀，伪满兴业银行对工矿企业的信用放款，在太平洋战争爆发的前夕，1940年为129400余万元伪满币，到了1945年3月，其放款额增加到369100余万元伪满币；兴农金库，在1945年5月的放款额，也增加到2313794元伪满币。仅仅通过这三个金融机构的信用膨胀，就远远超过了伪满币的发行总额。就拿1945年5月整个伪满金融机关的存放款的情况来看，其全部存款为8331665万元伪满币，而其放款总额竟达到了18814560万元伪满币。放款超过了存款竟达到100多亿元伪满币，何况这些存款，并不构成放款的来源，也不是实际资金的积累，而是伪满金融机关本身放款的结果。

还有值得注意的，在1944年5月，伪满全部金融机关的放款总额，已经达到了7466382万元伪满币，但到了1945年5月，仅仅一年的时间，其放款总额竟膨胀到18814560万元伪满币，增加了一倍半，平均每月信用膨胀达10亿元伪满币。由此可见日本帝国主义在垂死挣扎的前夜，对中国东北同胞所进行的疯狂掠夺，是如何残酷。

在伪满金融机关大量膨胀信用、滥发纸币的掠夺下，伪满物价飞速上涨，虽然公定物价指数，如以1936年为100；则1941年增加到248.70；1942年为267.90；1943年为298.70；1944年为358.30。但这种公定物价只是日伪统制阶级所能享受，而绝大多数人民所赖以生活的市场物价，则远不能据此以类推的。其城市的黑市物价指数，自太平洋战争开始以后，如在长春以1940年为100，1941年增加到142.2；1942年为214.3；1943年为638.3；1944年猛增至1423.1；1945年6月则增长到2626.7。其恶性通货膨胀的严重程度，可以想见。

表17　　　　1945年5月伪满金融机关存放款表　　单位：千元伪满币

机关名称	存款	放款
伪满洲中央银行	1045404	8552955
伪满洲兴业银行	1786753	3506330
伪兴农金库	946004	2313749

续表

机关名称	存款	放款
普通银行	1511510	533555
横滨正金银行	249559	2768478
东洋拓植银行	1890	103986
中国银行	6866	5951
商工金银合作社	562447	146037
兴农合作社	1035703	674964
邮政储金	1057371	/
邮便贮金	37713	/
无尽会社	31212	41654
大兴公司	59223	166901
小计	8331665	18814560
前月计	7906545	17518069
前年同月	4869377	7466382

资料来源：《伪财政部档案》。

注：1. 不包括关东州地区敌伪金融机关的数字；

2. 邮便贮金系4月份数字。

表18　　　　伪满城市黑市物价总指数　　　　1940年为100

年月	长春	沈阳	哈尔滨
1941	142.2	155.0	163.8
1942	214.3	439.7	354.1
1943	638.3	790.5	703.0
1944	1423.1	1645.5	1518.9
1945/6	2626.7	3053.7	2136.0

资料来源：根据伪满中央银行调查课资料。

最后让我们看一下日伪直接从中国东北人民手中收夺购买手段，压缩人民消费生活，回笼货币，以集中供应其军事掠夺的所谓"国民储蓄运动"。自1939年12月伪满央行成立了贮金部，为了加强吸收资金，压缩人民消费，开展了强迫性的"国民储蓄运动"，其储蓄资金的来源，计有邮政贮金、银行存款、合作社存款、保险公司、无尽公司、大兴公司等资金，还有公司职员的公积金、公司公积金和私人有价证券投资等。自1939年到1944年度日本投降前夕，其集中的储蓄资金就达到89亿元伪满币。

表19　　　　历年伪满国民储蓄实收数额表　　　单位：伪满币

年份	目标额（千元）	实收额（千元）	达成比例
1939		638265	
1940	800000	830454	140
1941	1100000	893294	81
1942	1500000	1160304	77
1943	1600000	1646588	103
1944	3000000	3732913	124
合计	8000000	8900818	/

资料来源：伪财政部档案。

表20　　1944年度（自"康德"11年4月到"康德"12年3月）国民储蓄实绩表　　单位：千元伪满币

分	类	目标额	实收额	达成比例（％）
贮金部门的资金	官吏年金	5000	2538	50.8
	官吏互助金	3000	7532	251.6
	邮政储金	300000	392182	130.7
	邮政生命保险	30000	31937	106.4
	小计	338000	434189	128.2

续表

分	类	目标额	实收额	达成比例（%）
银行存款	伪满洲中央银行 伪满洲兴业银行 普通银行 外国银行 小计	250000 590000 50000 890000	32027 449511 70973 921980	147.8 76.2 142.0 103.6
兴农金库 兴农合作社 }存款 商工金融合作社	兴农金库 兴农合作社 商工金融合作社 小计	170000 450000 200000 820000	331932 686103 208978 1227013	195.3 152.5 104.5 149.7
其他金融机关存款	满洲生命 大兴公司(有奖储蓄) 其他 小计	10000 40000 32000 82000	12390 40790 27525 80705	123.9 102.0 86.0 98.4
一般有价证券投资	股票投资 公债投资 一般民间消化 其他 小计	180000 150000 (120000) (30000) 330000	236202 82450 (45819) 36631 318652	131.2 55.0 38.2 122.1 96.0
其他	公司职员公积金 公司公积金	80000 460000 540000	89600 660774 750374	110.6 143.6 138.9
合计		3000000	3732913	124.4

但如从1944年度伪满的"国民储蓄"的实际资金来源看，这种储蓄运动事实上是强迫所有金融机关将其存款部分，通过储蓄形式，集中到日本帝国主义者的手中，供其作为掠夺手段之用，并不是真正减轻市场的货币流通压力。其次就是强迫集中机关职员的年金、公积金等，压缩他们的消费，日本帝国主义者更通过"邮政储金"广泛地强迫一般老百姓储蓄存款，供其集中资金，作军事掠夺，从而压缩广大人民的购买力。就拿1944年度的实收成绩表看，在储金部门中这是最大的一项来源，占储金部门资金来

源的93％左右。自1933年至1943年，这十年间累计强迫储金人数达1542162人，金额达483374千元伪满币。但据1944年12月31日的数字，仅"关东州"方面的邮政储金，人数达1092462人，金额达16118.8万元伪满币，平均每人强迫储蓄147.87元伪满币。在同一时期，伪满方面的邮政储金，人数竟达9613673人，金额达到78402.2万元伪满币，平均每人强迫储蓄达82元伪满币[1]。到了1945年仅仅半年多的时间，其强迫邮政储金的户数达到了12062998户，金额达到了110158.2万元伪满币，平均每户金额为91.31元伪满币[2]。由此，可以想见日本侵略者对中国东北同胞血汗换来的一点微薄工资也没有放过，在实际上也即是强迫中国东北同胞束紧裤带供日本强盗侵略战争的消耗。

（三）从伪满中央银行"日元资金支付账"中，看日本垄断资本的残酷掠夺

太平洋战争爆发以后，日本帝国主义对中国沦陷区加强了疯狂的战略物资和农产品的掠夺，要求一切对日支援和贡献，这种情况当然也要反映在日伪的资金收付的关系中。凡日本帝国主义在伪满为了掠夺战略资源和农产品的一切货币支出，就完全转嫁在中国东北人民的头上。伪满的财政预算空前的飞速膨胀，在1942年，其一般会计预算为82300万元伪满币，特别会计预算为175000万元伪满币，总计为257400万元伪满币。但到了日本帝国主义投降的那一年，1945年的财政预算一般会计增加到138500万元伪满币，较1944年增加了47000万元伪满币，特别会计则增加到323200万元，还有"其他"一项的会计预算417000万元伪满币，这后二项较1944年增加了143000万元伪满

---

[1] 伪财政部档案：《东北财经接收委员报告》。
[2] 伪满经济部：《金融参政资料》。

币，其总计竟达到740200万元伪满币。1945年的财政预算中一般会计和特别会计包括其他会计总共为878700万元伪满币，如与1932年的17000万元伪满币比较膨胀了将近51倍。

除去通过增加伪满财政支出，转嫁其一切军事掠夺的负担以外，日本帝国主义还将其驻在中国东北的庞大关东军的军费负担，直接由伪满中央银行支付，以减轻其日元资金的支出。在太平洋战争以前，在中国东北的日本关东军的军需物资，一般是由日本国内供应的，但自太平洋战争以后，加强了对中国沦陷区的掠夺，军队供应采取"现地自活"的掠夺政策，一切军需物资，武器弹药，日常生活必需，全部要由当地供应。在以前由于伪满中央银行是日本银行的代理，代办伪满境内日本国库金（以关东军为主）的收支事项，其支付之款则由日本银行转账给伪满中央银行东京分行。这样，即构成伪满中央银行的在日本的日元资金账户存款。但是太平洋战争以后，关东军的军事掠夺加强了，军费支出大增，日本帝国主义为了减轻日元资金的负担，将它转嫁到中国人民头上，决定关东军军费采取"现地筹办"的政策，由在长春的日本横滨正金银行分行向伪满中央银行借款，将此借款贷给日本政府，再拨给日本银行在伪满的代理处，亦即伪满中央银行总行营业部，供应关东军的军费支出，这样的一种骗人手法，就给关东军开辟了无限制的军事掠夺的方便之门。自从太平洋战争发生以来，关东军的军费支出，其增长的速度是惊人的。1942年。其预算为134200万元伪满币，1943年增至179100万元伪满币，到1944年底则膨胀到20余亿元伪满币。1945年关东军的军事预算竟达到了39亿元伪满币。这庞大的军费支出，除支付其被服粮秣、燃料以及建筑资财等一般费用外，主要用于扩充军备，作最后挣扎。让我们看一下它1945年军费支出的用途计划，就可以看出日本帝国主义如何准备作最后垂死的挣扎了。它的1945年军费用途计划如下：

"一、扩充关东军直接经营之军需工厂,如扩充奉天辽阳之兵工厂、锦西燃料厂(制造酒精,供航空飞机之燃料)及三棵树之火药工厂等。

二、扩充关东军直接经营之关东州造船所,进行大量制造机帆船、帆船,组成一种所谓'蚁船团',以运送我沦陷区及南洋日本占领地区之间的直接交易物资。

三、以黑市高价强迫收购民间所收藏的军需物资。

四、加强关东军本身之配备,加强东边道区及北鲜地区之防卫工事(从关东军之对苏作战计划看,这是加强其最后防线)。

五、计划迁移一部分兵器工厂及兵器修理工厂到东边道地区。"[①]

由于日本帝国主义将掠夺中国东北沦陷区的战略资源和农产品所需要的货币资金,完全转嫁到中国人民头上,于是在日伪的资金收支关系上,就形成了伪满处于应该收进资金的地位,而日本则处于负债的地位了。

表21　　　　　　　　　　　　　　　　　　单位:百万元伪满币

收支项目		1942年	1943年
资金供应项目	财政资金	2188	2614
	产业资金	1795	1621
	对外投资	132	121
	合计	4115	4356
资金筹集来源	财政课税	1642	2015
	储蓄动员	1148	1671
	对外筹集	1131	670
	合计	3940	4356

资料来源:根据日本《日本外务省档案》WT27号胶卷编制。

---

① 资料来源:伪满央行理事梅震及总行营业部部长代理加藤勇二:《关于关东军军费资金之说明》,绝密。

自太平洋战争以后，伪满的货币资金收支计划，完全依靠加强对中国沦陷区人民的掠夺。从表21中，我们可以看到帝国主义为供应其军事掠夺目的所需支出的财政资金和产业资金，完全是依靠增加对中国东北人民的财政课税和强制储蓄来筹集的。1942年其财政课税为16亿元伪满币，到了1943年就增加到20亿元伪满币；强制储蓄在1942年动员11亿元伪满币，到了1943年就增加到16亿元伪满币，而在1932年其财政税收总额（包括专卖利益金等）还不过1亿元伪满币。

在表21中，资金筹集来源项下有"对外筹集"一项，这原系指由日本国内的投资，但自太平洋战争以后，日本对伪满的投资。日益下降，1943年以后，每年只有1942年的半数。据日本外务省档案的材料，日本对伪满投资计划的变化情况大致如下：

表22　　　　　　　　　　　　　　　　　　　　　单位：百万元伪满币

年份	1939	1940	1941	1942	1943	1944	1945
数额	1099	1430	1050	1053	585	551	327

资料来源：根据日本《日本各务档案》WT27号编制。

在太平洋战争爆发以后，日本帝国主义对伪满虽然还断断续续有一些投资，但日伪之间的资金关系，日本对伪满的支出已不像以前还大于其收入了。因为处于日暮途穷的日本帝国主义，唯一办法在于向殖民地和中国沦陷区大肆掠夺，以支持其残局，要求中国东北作"对日贡献"，因之在资金关系上也反映出，日本处于收大于支的地位。就拿1943年的情况来说，这还是日本企图挣扎，军需物资生产最高的一年，在日伪资金收付关系中，日本就已经欠伪满7亿余万元伪满币。以后的情况当然要更多地从中国东北搜刮去大量的物资，在资金关系上更要处于收大于支。如果再把由伪满央行代付的关东军的军费加进去，日本积欠伪满的资金数额就更加庞大惊人了。

表 23　　　　　　1943 年日、伪满间之资金收支概况　　单位：百万元伪满币

日本对伪满的收支	伪满对日本的收支
收入 { 1. 贸易　　845 　　　 2. 非贸易　1496 　　　 3. 合计　2341	收入 { 1. 贸易　　710 　　　 2. 非贸易　2349 　　　 3. 合计　3059
支付 { 1. 贸易　　710 　　　 2. 非贸易　2349 　　　 3. 合计　3059	支付 { 1. 贸易　　845 　　　 2. 非贸易　1496 　　　 3. 合计　2341
差额　　　　+718	+718

资料来源：根据日本《外务省档案》WT27 号"日本综合资金计划"数字编制。

×××　　×××　　×××

历年来，日本对伪满的大量投资，从伪满大量掠夺中国东北的战略资源和农产品，由于通过伪满央行代理日本国库支出大量资金，所以伪满在日本的日元资金为数是极其庞大的。但自太平洋战争发生以来，日本垄断资本家看见形势不妙，逐渐开始向本国抽回资金，因此，使伪满中央银行倒过来反欠日本银行的资金。1944 年除去把伪满的日元资金耗费得一干二净外，还倒过来积欠日本银行 6 亿 4600 万日元，产出半年，在 1945 年 6 月日本投降前夕，竟积欠日本银行 22 亿 1300 万日元之巨款。由此，可以看出日本垄断资本家自太平洋战争以后，由伪满汇回国内的资金总额是一个庞大惊人的数字。

现在，让我们根据太平洋战争爆发以后，通过伪满中央银行汇回日本国内的汇款内容和数额，看一看日本垄断资本家他们如

何达到了他们保本保利，本利双收的侵略目的。

1. 伪满与日本邮汇结账的汇款

这部分的汇款主要是在伪满工作之日人职工的所得、薪津和中小企业经营者的利润等。

1942年	4亿9000万日元
1943年	5亿2900万日元
1944年	7亿4900万日元
1945年6月	3亿5400万日元
四年总数计	21亿2200万日元

2. 为收兑伪满币的日元支付

这部分是由伪满流出于大连及朝鲜方面的伪满币，需由伪满央行以日元资金去收兑回来的，这实际上也是一种资金外逃的结果。这部分计：

1942年	3亿5600万日元
1943年	2亿7700万日元
1944年	3亿2800万日元
1945年6月	2亿9900万日元
四年总数计	13亿1000万日元

3. 归还华北伪联银的汇款

伪满中央银行欠华北伪联银之款，必须由日人控制监督，在东京以日元资金偿还。这部分欠款系关东军的军费支出。

1942年偿还旧债1亿3000万日元，1943年偿还伪联银8600万日元。但至1944年，军需资金一律规定改由现地供应，不再偿还。故共计支付2亿1600万日元。

4. 伪满兴业银行的对日汇款

这部分汇款，除去属于伪满兴银账尾清算部分的汇款以外，绝大部分是日本垄断资本家投资于伪满的特殊公司及"满铁"

公司向日本国内的汇款。这是伪满央行对日汇款的主要部分。

1942 年　　　　　　6.95 亿日元
1943 年　　　　　　10 亿日元
1944 年　　　　　　11.45 亿日元
1945 年 6 月　　　　5.1 亿日元
四年共计汇回　　　　33.5 亿日元

5. 横滨正金银行的对日汇款

历年来，横滨正金银行皆由东京调拢头寸到东京来贷放的，同时又将在中国东北所吸收之存款汇回东京，两地间之资金调动，极为频繁。但自太平洋战争以后，由日本拨来头寸，大为减少。1943 年正金银行与伪满中央银行签订了借款合同，向伪满央行借款 5 亿元伪满币，利用伪满央行资金在伪满进行掠夺，而在同年把自己在东北的资金汇回日本 8.24 亿日元，采取了偷天换日的办法，把本利都撤回日本去了，以后则利用伪满资金进行活动。1944 年又汇回日本 2.39 亿日元，1945 年 6 月汇回 0.59 亿日元。自太平洋战争发生以后，正金银行汇回本国的资金共达 11.22 亿日元。

6. 伪满央行的卖汇

这部分汇款为通过伪满央行经办之军部及财阀利润汇回本国之款项。其中包括有"满洲重工业公司"的公司债付息，"满铁"及军部的资金，还有三井及三菱财阀和农产公社向日本国内之巨额汇款。

1942 年　　　　　　3 亿日元
1943 年　　　　　　约 3 亿日元
1944 年　　　　　　3.34 亿日元
1945 年 6 月　　　　2.2 亿日元
四年间总共汇回达　　11.54 亿日元

7. 其他由伪满央行支付和拨出之汇款

除上述各项汇款之外，这部分乃"满洲重工业公司"、"满铁"以及军部，直接从伪满中央银行东京分行及大连分行，所提取的巨额日元资金。还有一部分系伪满央行为购买日本公债所支出的日元资金，以及伪满央行为支付日金公债的本息和买进日本银行券等的付款。

其中属于购买日本公债部分计1942年为3.7亿日元，1943年为1.06万亿日元，1944年因伪满央行日元资金紧张而未买。与其他各项支付合并，在1942年支出日元资金共7.78亿日元，1943年为6.2亿日元，1944年为7.8亿日元，1945年6月底计支出日金公债本息0.59亿日元。买进日本银行券（因日军队调动所带进）计0.32亿日元。同年"满铁"及"满洲重工业公司"在伪满央行东京分行提取了5.8亿日元，故1945年6月底止，共支出日元资金共达5.99亿日元。几年来，这部分汇回到日本国内财阀手中的数额总计达26.87亿日元[①]。

如果我们把上述各项汇回日本国内的数字加起来，则自太平洋战争爆发以后，仅仅四年不到的时间，日本垄断资本家包括军部通过伪满央行汇回到日本去的资金，总数竟达到了119.61亿日元。其中绝大部分是属于日本垄断资本家的"满铁"及"满洲重工业公司"等财阀组织的，但自日本帝国主义侵占中国东北，发动"九一八"事变以来，从1932年到1943年止，通过"满铁"及"满洲重工业公司"系统的各种特殊公司的对伪满的投资总额，历年来累计共为65.1亿元伪满币[②]。即使加上其他

[①] 资料来源：上述各项数字来源系根据伪满央行理事梅震书面报告：《伪满央行日元资金近年来收付概况》计算。

[②] 根据日银调查局：《金融资料要录》总计。

各种投资，日本对中国东北的投资总额，从 1932—1944 年间，日本资本输入中国东北约 90 亿日元。但据调查在同时期内从中国东北汇回的利润就有 32 亿日元[①]。根据以上由伪满汇回日本的日元资金数额，我们完全可以肯定日本垄断资本不管日本帝国主义侵略战争如何失败，日本人民在穷兵黩武的法西斯压制下遭受家破人亡的凄惨命运，而日本的垄断资本家还是达到了它们本利双收的目的。

在这里值得我们注意的一个现象是，由于日本垄断资本家看到形势不利，急忙从伪满大量抽回资金，到 1944 年伪满央行的日元头寸已经很少，结果只得向日本银行借款应付，在 1944 年底计结欠日本银行 6.46 亿日元，而不到半年时间，到了 1945 年 6 月底，竟结欠日本银行 22.13 亿日元。这一事实显然是日本帝国主义政府当局，在伪满央行根本没有日元资金可供垄断资本抽回资金，汇款需要的时刻，命令日本银行大量借款垫付，不惜膨胀日元，增加发行，牺牲日本国内人民，以保证日本垄断资本家们的本利安全回国的措施。通过伪满中央银行汇回去的日本垄断资本，实际上都是属于虚拟资本的性质，这完全是日本军国主义政府，通过伪满中央银行与日本银行之间的信用关系，利用汇兑转账的把戏，在日本投降的前夕，确保了日本垄断资本家的资本所有，为他们从千百万人民死亡的血泊中保障了他们的最大限度的利润，这正是帝国主义的本质表现。仅仅在四年不到的时间中，日本帝国主义竟从中国东北汇回将近 120 亿日元的资金，这个数目超过了日本帝国主义自日俄战争（1904 年）以后直至 1944 年的 40 年间的投资总额，于此可见，日本帝国主义在太平洋战争爆发以后对中国东北的掠夺是何等的残酷无情。

---

① 吴承明编：《帝国主义在旧中国的投资》，第 98 页。

从上述日本帝国主义与垄断资本相勾结的罪恶活动中，我们可以看到日本帝国主义虽然战败投降了，但日本的垄断资本并没有被摧毁，日本的资本主义制度并没有被消灭，在投降后受到了美帝国主义的一手控制和扶植下，又在较短时期内，不但恢复了原状，而且还成了世界经济大国。从这些不完整的资料分析中也可以看到一切侵略战争最终总是要失败的，只有和平、发展、共存、共荣才是人类的正道。

（作于1961年春季）

作者简历和著述年表

1915 年
生于江苏省。
1938 年
毕业于东京第一高等学校。
1941 年
毕业于东京帝国大学经济学部。
1945 年
毕业于东京帝国大学经济学部大学研究院（M. A）。
1946 年
曾任上海沪江大学城中商学院和复旦大学经济系西洋经济史、经济思想史教授。
1950 年
调入中国人民银行金融研究所任专门委员。
1979 年
调入中国社会科学院经济研究所任研究员，并兼任中国社会科学院研究生院教授、博士生导师。
1992 年
兼任中国社会科学院日本市场经济研究中心理事长。
1984 年
多次任东京大学经济学部客座研究员、客座教授。
1989 年
任英国格拉斯哥大学社会科学院客座研究员。
1990—2002 年
曾任北京大学现代日本研究班客座教授。
2007 年
被推选为中国社会科学院终身荣誉学部委员。曾任全国外国经济学说研究会名誉会长、中国《资本论》研究会顾问、全国日本经济研究会副会长，还任全国政协第七届委员，北京市政协第六届、七届的委员、常委，祖国和平统一促进会第一届理事，中华日本学会顾问等。

2000 年

著《经典经济学与现代经济学》（北京大学出版社 2000 年版）

主编《日本市场经济与流通》（经济科学出版社）、主编《现代日本社会科学名著译丛》系列丛书共七册，（中国人民大学出版社出版）；［日本］关口尚志、林直道、朱绍文合编《中国的经济体制改革——成就与展望》（日文，东京大学出版社 1992 年版）。

翻译：德国历史学派罗雪尔著《国民经济学讲义大纲》（商业印书馆 1949 年版）；日本林直道著《国际通货危机与世界经济危机》（商务印书馆 1976 年版）；

合译：日本植划益著《微观规制经济学》（中国发展出版社 1992 年版）。